신민법총칙론 (상)

소재선 지음

경희대학교 출판국

CONTENTS

CONTENTS

제1편 총 론

제1장 민법의 의의와 구성

제2장 민사재판의 적용법규(민법의 法源: 제1조)

제3장 근대민법의 기본원리와 수정방향

제4장 민법의 해석

제5장 민법의 효력

제6장 민법상의 권리

제1장 민법[1]의 의의와 구성

제1절 민법의 의의

Ⅰ. 민법총칙[2]의 의의

민법은 모든 인간의 생활관계의 기초가 되는 법[3]으로 우리 민법은 모두 1118개 조문으로 된 우리나라 최대의 법률이다. 그중 에서도 민법총칙은 특히 민법 **全篇의 기본원칙을 체계화[4]한 것**이다. 민법총칙은 매우 중요한 과목

---

1) 民法이라는 용어는 독일어로 "Bügerliches Recht" 고하다. 이는 로마법의 ius civile(市民法)를 번역한 것으로, 이는 ius gentium(萬民法)과 대립하여 어떤 국민에 특유한 법을 의미한다. 당시의 ius civile의 의미는 多義的이었고 중세에 있어서는 ius canonium(교회법)과 대립시켜 왔다. 영미법에선 civil law, 프랑스어로는 droit civile라고 사용하고 있으며, 스위스민법 및 구동독민법에서는 Zivilrecht라는 용어를 사용하고 있는데 이는 스위스와 구동독이 민상법 통일체제를 이루기 때문에 민상법 통일체제하에서의 민법은 私法(Zivilrecht) 이란 용어가 더 적합한 용어이기 때문이다. 그러므로 엄밀한 의미에서 "私法(Zivilrecht)"은 "民法(Bürgerliches Recht)"(民法≺私法) 보다 넓은 의미로 보아야 할 것이다. 네델란드어로는 Burgerlyk Regt라고 하고, 이를 일본의 律田眞造가 1867년 「民法」이라고 번역하여 사용하면서부터 民法으로 사용하기 시작한 것으로 보인다; Wieaker, Privatrechtsgeschichte der Neuzeit(2. Aufl., 1967), 461 면.

2) 民法總則
   - 通則(法源[제1조]·信義誠實의 原則·權利濫用의 禁止[제2조])
   - 權利의 主體
     - 人(自然人)[3-30조]
     - 法人[31-97조]
   - 權利의 客體
     - 物件[98-102조]
   - 權利의 變動
     - 法律行爲[103-146조]
     - 條件·期間[147-161조]
     - 消滅時效[162-184조]

3) 「사회가 있으면 법이 있다(Ubi societas ibi ius)」라는 법언은 사회생활(단체적 공동생활)은 단체의 구성원이 일정한 규칙(준칙)에 따라서 행동하는 때에 비로소 가능하며, 사람간의 공동생활은 서로의 이해와 충돌과 그로 말미암은 다툼이 필연적이기 때문에, 이러한 다툼을 조절하고 피하기 위한 행위규범이 필요하다는 사실을 나타내는 말이다; 곽윤직, 민법총칙(제7판), 1면.

4) 민법의 체계는 로마식(Institutiones System: 민법전을 인사편·재산편·소송편 으로 대별하는 방법을 말한다, 대표적으로 불란서민법과 영미법이 여기에 속한다)과 독일식(Pandekten System: 민법을 총칙·물권·채권·친족·상속의 5편으로 나누는 방식으로 독일민법·일본민법·한국민법등이 이에 해당한다)이 있다.

이지만 내용이 추상적 원리로 되어있고 난해한 학설의 대립이 많고 방대하기 때문에 다른 법률과목에 비하여 매우 어려운 과목이다. 그러나 사람이 살아가는데 가장 밀접한 가족·신분관계[5]와 재산관계[6]에 관련된 분야이기 때문에 민법총칙은 가장 기초가 되고 우리 인간과 가장 중요하고 밀접한 관계가 있다.[7] 우리나라의 통설이 민법을 「私法의 一般法」이라고 하는 것에서 우리는 민법의 중요성을 확인할 수 있다.

1. 형식적 의미의 민법(형식적민법) = 민법전

법률을 공부할 때 필수적이고 중요한 것은 法典이라고 해도 과언이 아니다. 이 法典에 총 1118개 조문의 민법이라는 우리나라 최대의 법률이 포함되어 있는데 이를 민법전이라 한다. 형식적 민법은 곧 이 민법전을 일컫는 것으로 실질적 의미의 민법과 구별한다. 현행 우리민법전은 **1958년 2월 22일, 법률 제471호로서 제정 공포되어, 1960년 1월 1일부터 시행되고 있는「民法典」**(지금까지 9차(가족법의 일부개정)의 부분개정이 있었고 현재는 제10차

5) 가족 이라 함은 夫婦·父母와 子 등을 중심으로 구성되어 있다. 민법의 親族·相續法은 이러한 가족을 중심으로 구성되어 있다.

6) 우리들의 인간생활에서 일어나는 법적문제는 물건을 지배하는 물건과의 관계인 소유권, 사람사이의 관계인 계약으로 집약하여 표시할 수 있는데 이는 민법의 二大支柱를 이루고 있다; 김주수, 民法槪論(제5판), 5-6면.

7) 예컨데 사람이 출생하여 사망할때 까지의 인생여정에서 民法과의 關係의 대략을 정리해보면: "출생하면 親子. 혹은 兄弟關係(家族關係)가 형성되고, 성장하면서 학교를 다니고 졸업하면 회사(法人)에 취직(고용)을 하게 된다. 출근을 위하여 매일 지하철이나 버스를 이용하게 되고(運送契約), 직장부근에 공중교통수단이 없으면 자동차를 구입(매매, 할부판매)하여 출퇴근을 하게 된다, 월급날이 되면 가족과 같이 백화점에 가서 물건(권리의 객체)을 사고(각종 매매계약), 절약하여 주택적금을 든다(소비임치), 차를 운행 중에 부주의로 사고를 당하면 불법행위의 가해자 혹은 피해자가 되어 손해배상을 받든지 하든지 하게 된다. 결혼을(혼인) 하면, 집을 세얻어 살고(임대차), 저축한 돈과 은행의 융자(소비대차)로 집을 사서 소유권 이전등기(등기)를 하게 된다. 은행의 융자를 갚기 위하여, 구입한 집을 담보로(담보물권) 돈을 빌려 사업자금으로 사업을 할 수도 있고, 빚을 갚을 수도 있겠고(채권의 소멸: 변제), 빚을 갚지 못하여(채무불이행) 경매를 당하는 경우도 있을 것이다. 부부간에 살다가 뜻을 합하지 못하고 결혼생활이 파탄에 이른 경우 이혼하는 경우도 있겠고, 요즈음은 재혼하는 경우도 많다. 이혼 후 퇴직을 하고 홀로 살다가 노인이 되어 자녀에 신세를 지는 경우(부양)도 있겠고, 평소 축적한 재산을 정리하여 재단법인을 설립하거나(財團法人), 동창회나 교회에(권리능력 없는 사단)에 기부금(증여)을 내는 경우도 있을 수 있다. 더 늙으면 유언(유언)과 유서를 써놓고 사망하며 재산은 상속인에게 상속된다(상속), 유서에 타인에게 증여한 사실이 있으면 사인증여로 처리되고, 증여로 상속인들의 상속분을 최소한 보호하는 유류분제도가 규정되어 있고, 공동상속인간의 공평을 위하여 기여분제도가 규정되어 있다. 이처럼 민법은 출생에서 사망에 이르기 까지 우리와 가장 밀접한 관계를 유지하는 제도이다.

개정작업이 법무부에서 진행되어 국회에 상정중에 있다: ① 1962.12.29, 법률 제1237호, ② 1962.12.31, 법률 제1250호, ③ 1964.12.31, 법률 제1668호, ④ 1970.6.18, 법률 제2200호, ⑤ 1977.12.31, 법률 제3051호, ⑥ 1984.4.10, 법률 제3723호, ⑦ 1990,1,13, 법률 제4199호)을 말한다. 특히 형식적 의미의 민법은 실질적 의미의 민법을 체계화 내지 집대성한 것이나 그 전부가 포함된 것은 아니다(즉 일치하지는 않는다). 또한 민법전에는 私法 이외의 공법적 성격의 규정(에컨대 법인의 이사・감사・청산인에 대한 처벌규정 등: 제97조 참조)도 포함되어 있다.

2. 실질적 의의에 있어서의 민법(실질적 민법)

民法典 뿐만 아니고 그밖에도 이러한 민법전 주변에 있는 국민의 일반적인 私法生活의 실체적 법률관계를 규율하고 있는 법령[8]을 총칭하여 "실질적 의미의 민법"이라 하고, 일반적으로 이러한 민법을「私法의 一般法」이라 하며, 私法 가운데에서 상법 그 밖의 特別私法을 제외한「一般私法」만을 말한다. 그러나 오늘날에 있어서는 民法典을 私法의 一般法으로 성격 지우는 것[9]에 반대하여 민법은 다양한 성격을 가지는 규정의 복합체라고 하는 의견이 새로이 주장되기도 한다.[10]

따라서 상기한 兩者〔(1)・(2)〕는 독립한 별개의 관계가 아니고 실질적 의의에 있어서의 민법은 형식적 의미의 민법을 포함하는 광의의 민법이라고 설명할 수 있다. 따라서 실질적 의의에 있어서의 민법은 민사부속법령, 민사특별법, 기타 공법적성격의 법령(예컨대 법인의 이사, 감사, 청산인에 대한 벌칙규정; 97조 이하)에 이르기까지 폭 넓게 산재해 있다. 민법 제1조는 바로 이러한 실질적 의의에 있어서의 민법의 적용순위를 규정하고 있는 것이다.

---

8) 에컨대 부동산등기법(1960.1.1.법률 제536호), 유실물법(1961.9.18. 법률 제717호), 공탁법(1958.7.29. 법률 제492호), 호적법(1960.1.1. 법률 제535호), 공장저당법(1961.10.17, 법률 제9호), 가등기담보등에 관한법률(1983.12.30. 법률 제3681), 자동차저당법(1993.12.27. 법률 제4646 전면개정), 신탁법(1961.12. 30. 법률 제900호), 입목에 관한법률(1973.2.6, 법률 제2484), 실화책임에 관한법률(1961.4.28, 법률 제607호), 손해배상보장법(1984.12.31. 법률 제3774호), 주택임대차보호법(1981.3.5. 법률 제3379호) 등이 있다.

9) 星野英一, 「民法の意義」, 民法論集 第4卷(有斐閣), 4면 이하.

10) 平井宜雄, 民法施行100年えるにあたつて, シ リスト (1998, Bd. No. 1126), 6면.

II. 민법은 私法이다

법을 公法과 私法으로 구분한 것은 로마법 이래의 전통적인 태도이며,[11] 民法은 私法으로서 公法과 구별되고, 一般法으로서 상법등의 특별법과 구별되는 법이다. 법질서를 이렇게 구분할 경우 민법은 私法에 속하는 법이고 공법과 구별되는 개념이다. 실정법 가운데서 헌법·행정법·형법·형사소송법·민사소송법 등은 공법에 속한다고 하고, 민법·상법은 私法에 속한다고 하는 것이 종래의 지배적인 견해이나 公·私法을 구별하는 이론적 정설은 아직 없는 실정이다.

1. 公法과 私法과의 관계(공법과 사법의 구별)

公法과 私法의 구별을 어떠한 표준으로 하느냐에 관한 논쟁은 로마법이래 오래 전부터 계속되어 왔으며 민법이 私法에 속한다는 것은 로마법 이래의 전통이다. 이하에서는 이러한 학설들을 역사적 주장순서에 따라 간략하게 설명하고자 한다.

1) 이익설(Interessentheorie=목적설)

이익설(Interessentheorie)은 사익보호를 목적으로 한 법은 私法이고, 공익보호를 목적으로하는 법은 公法이라고 하는 입장으로 로마법이래 가장 오래된 학설이나 公益과 私益을 모두 보호하여야 하는 경우에 있어서는 본 설에 의한 구별로는 명확하지 않다는 점이 그 한계로 지적되고 있다. 특히 현대사회는 법률의 엄격한 구별이 거의 불가능한 영역이 많이 나타나고 있기 때문에 이 설을 전적으로 수용하기가 곤란하다.[12] 예컨대 부정경쟁방지법·혼인 등은 私益을 목적으로 하는 동시에 公益을 목적으로 한다고 볼 수가 있으며, 현대사회에서 점점 더 그 중요성이 더해 가는 사회보장제도의 목적은 공익을 추구하고 있지만 결국은 개인이 혜택을 받게 되므로 私益保護에 깊게 관계가

---

11) D. Medicus, Allgemeiner Teil des BGB, 6. Aufl., Rn. 1.
12) 즉 혼인·부정경쟁방지·사회보장 제도등은 사·공익을 동시에 추구하는 것이다.

되고 있다고 볼 수 있으며,[13] 교육과 도로건설 등의 경우도 법의 목적은 공익의 추구에 있으나 실제로 개인이 그 이익을 享受하게 되기 때문이다.

2) 성질설(Subjektionstheorie = 종속설)

성질설(Subjektionstheorie)은 법이 규율하는 법률관계 중 평등(대등)관계(Gleich- ordnung)를 규율한 것은 私法이고, 불평등관계, 즉 지배복종관계의 상하관계(Über- und Unterordnung) 혹은 불평등(수직)관계를 규율하는 것은 공법이라는 입장이다. 이 설은 법의 지도원리를 표준으로 하는 견해이지만 연방국가에 있어서는 지방간, 국제사회에서 국가간의 관계규율인 국제법이 공법에 속한다는 것이 전통적인 견해이나, 국가간에 평등관계가 유지되는 점 등을 명확하게 설명 할 수 없다는 단점이 있다. 친자관계의 경우가 친족 즉 私法關係이지만 父와 子와의 사이가 거소지정권(민법제914조), 친권자의 징계권(민법 제915) 등처럼, 실질적으로는 평등관계가 아니므로 본 설에 의하면 친족법이 私法이 아닌 公法의 영역이라고 주장할 수 있게되는 모순이 있다. 이에 관하여 최근 독일에서는 가족법은 公·私法의 혼합적 성질을 가진다는 견해가 주장되기도 한다.

3) 주체설(Subjekttheorie: 현재 독일의 다수설)

주체설(主體說: Subjekttheorie)은 법이 규율하는 생활관계의 주체를 기준으로 개인상호간이나 私人으로서의 국가와 개인과의 관계를 규율하는 법이 私法이고, 국가 기타의 공공단체 상호간의 관계 혹은 이들과 개인간의 관계를 규율하는 법이 공법이라는 입장이다. 이 설은 현재 독일에서 다수설[14]의 입

13) 타인의 재산을 절도한 자는 절도죄로 처벌하는 것은 공익을 보호하는 형법의 내용이지만, 그것은 동시에 사인의 재산(私益)을 보호하는 것이다.

14) 독일 뮌헨대학교의 D. Medicus 교수는 ① 국가가 통치권자로서 공권력을 행사하는 경우 예컨데, 형법·경찰법·세법 등을 공법관계로, ② 국가가 이러한 공권력을 행사를 포기하는 경우, 예컨데 국가가 私人의 자격으로 個人과 私契約을 체결한 경우, 예컨데 국가가 개인컴퓨터회사로부터 PC를 구입하는 경우는 私法關係로, ③ 국가가 특별히 공권력을 개입시키지 않으나 私人과 동일하게 행위하지 도 않는 경우 예컨데, 건축과 교육, 에너지와 수도의 공급, 쓰레기와 폐수의 처리 등은 사회법 관계로 설명하고 있다; Medicus, Allgemeiner Teil des BGB, Rn. 2.

장이며, 국가가 법률관계를 관여하는 형태를 기준하여 公·私法을 구분하고 있다. 그러나 현대사회처럼 국가의 기능이 다양하고 국가의 개인에 대한 간섭의 형태가 다양해지면서 公·私法의 구별을 점차 다원적으로 설명하지 않으면 안 되는 상황이 주체설의 한계이다.[15] 에컨대 행정관청에서 필요한 물품을 구입하는 경우 私人間의 관계와 다를 바 없으나 이를 공법관계라고 하는 것은 문제가 있다.

4) 생활관계설(현재 우리나라와 일본의 통설)

인류로서의 생활관계를 규율함이 私法이고, 국민으로서의 생활관계를 규율함이 공법이라는 입장이다. 생활관계설은 일본에서의 통설로서 위에서 말한 3)의 주체설과 크게 다르지 않을 뿐만 아니라, 현대국가·사회의 형태가 국가생활과 사회생활의 구별이 모호하다는 것이 그 단점으로 지적되고 있다.

5) 절충설

기본적으로는 위 3)의 주체설의 입장을 따르면서, 동시에 다른 학설을 종합하여 公·私法을 구별하려는 입장이다.[16] 즉 국가 기타의 공공단체와 개인과의 관계 및 공공단체 상호간의 관계를 규율하는 법으로서 원칙적으로 수직관계 내지 상하관계에 있는 법이 公法이며, 私人 상호간의 관계를 규율하는 법으로 원칙적으로 수평관계에 있는 것이 私法이라고 설명하고 있다. 그러나 본설은 상기한 각 설의 단점까지도 모두 포함하고 있어 한계를 드러내고 있다.

6) 사적자치설

"사적자치의 원칙"이 적용되는 법이 私法이고, 그 것이 적용되지 않는 법이 公法이라는 사적자치설이 있는바, 이는 사적자치가 지배하는 私法의 영역에서도 선량한 풍속 기타 사회질서에 반하는(민법 제103조) 경우 등에 의한 제한이 있고, 특히 현대국가에서는 재산법과 가족법 영역에서도 사적자치의 원칙의 수정의 모습을 적용하기 때문에 전체적으로 수용하기에는 그 한계가 있다.

---

15) 이영준, 3.
16) 곽윤직, 민법총칙 9면.

7) 통치권설

통치권설은 통치권의 발동에 관한 법은 공법이고, 통치권의 발동과 관계가 없는 법을 私法이라고 한다.

8) 사 견

상기한 구별들은 그 시대의 산물로서 변천되어왔기 때문에 당대 사회의 역사성을 생각하지 않을 수 없다. 어느 설의 입장을 취하든 급변하는 사회에서 公·私法을 이해하는데는 도움이 되나 나름대로의 한계성을 가지고 있음을 확인할 수 있다. 생각컨대 오늘날 公.私法 사이에는 서로 교차하는 부분이 점차 많아지고 있다는 점이다. 종래에는 오직 私法關係에서만 규율되던 것이 이제는 공법내에서도 규율하는 경우가 점차 확대되고 있기 때문이다. 예컨대 公法이 私法의 영역까지 확대된 경우로서는 사회보장기본법, 생활보호법 등의 사회보장제도등이 公法에 속한다고 보고 있으나 결국은 그 수혜자들이 私人이므로 私人에게도 깊게 관계가 되고 있으며, 개인의 주택건축에 행정관청의 허가를 받아야 가능한 점, 기타 비영리법인의 설립에 주무관청의 허가를 필요로 하는 점 등이다. 반대로 私法이 公法의 영역을 침투한 경우로서 공물이나 營造物에 관하여 公法의 규정이 없는 경우 私法規定을 適用하고 있는 경우가 바로 그것이다. 예컨대 철도·우편 등이 종래에는 전적으로 국가나 공공기관에 의해서 운영되었으나 오늘날에는 점차 민영화가 이루어지고 있는 추세가 이를 반영하고 있다. 특히, 최근 들어 국내외적으로 큰 문제가 되고있는 사회법(근로기준법 등)이나 환경관계법(환경정책기본법, 대기환경보전법, 수질환경보전법 등)·경제법(공정거래법·독과점금지법 등)·약관의규제에관한법률 등의 출현으로 公·私法의 어느 영역에도 속하지 아니하는 새로운 법 영역이 형성되면서 양자의 구별이 더욱 모호하게 된 것이 최근의 흐름이고 보면, 결국 公·私法의 구별은 법의 개념으로부터 이끌어 낼 수 있는 구별개념이 아니고 다분히 역사성·사회성을 가지고 있는 상대적인 것이어서, 그 시대의 국민정서와 시대상황에 의해서 지속적으로 변천해 오면서 보편 타당한 표준을 찾아왔음을 묵과할 수 없다. 특히 친족에 관한 규정의 대부분이 사회의 기본 공동체인 친족단체를 강행규정으로 규율하고 있는 점에서 이미 "공법적성격"을 다분히 띄고 있지만, 이를 대륙법계 국가들이 "家"의 권력적 성격을 해체하면서 종래의 친족편을 民法典에 두게 되었고, 일본이 통일적 권력이 국민을 직접 파악하는 매개체로서 친족집단을 위치설정 하면서 친족편의 공법적성격을 한층 분명하고 강하게 규정하였으며, 일본의 영향하에 우리가족법도 상당부분이 공법적 성향이 강한 私法으로 남게 된 것이다.

결국 현대국가는 어떤 생활관계를 법으로 적용함에 있어서 公·私法에 구별됨이 없이 문제의 상황에 따라서 적절하게 법규를 찾아 집행하는 시대에 살고 있다고 볼 수 있다. 더구나 최근에는 사이버공간에서 전자계약이 이루어지고 국가간의 장벽을 뛰어넘는 거래가 이루어지는 현실에 있어서는 더욱 그러하다. 지금 이 순간에도 사인관계에 공권력이 개입되고, 공적관계가 사인간의 이해관계에 밀접하게 영향을 끼치면서 우리사회가 급변하고 있기 때문이다. 결국 양자의 구별의 실익은 점차 급속하게 감소하고 있다고 생각할 수 있다.

그럼에도 불구하고 굳이 公·私法을 구분해야 한다. 왜냐하면 법률상 쟁송에 관하여 행정사건과 민사사건의 구별의 표준을 세우기 위해서도 공·사법 구별의 필요성을 부인할 수 없는 것이다. 결국 실정법이 그 구별을 인정하고 있고, 또한 실정법상 공·사법의 구별이 가지는 의의에 비추어 적어도 양자의 구별은 필요한 것이다. 따라서 私法은 그 기초가 비교적 자유로운 결정 (freie Entscheidung) 즉, 사적자치의 원칙을 주된 내용으로 하는 경우이고,[17] 公法은 비교적 구속적인 결정, 즉 理由强制(Begrüdungszwang)의 원칙이 적용[18]된다는 데서 구별의 실익을 찾고자 한다.

특히 민사소송법이 공법이라는 것은 우리나라에선 당연한 것처럼 되어있으나, 최근 K. Larenz 등 독일의 일부 법학자들에 의하여 公·私法의 구별은 실체법에서만 그 구별의 의미가 있고 절차법은 특별한 법 영역으로 보아야한다는 입장이 주장되고 있다.[19]

17) 同旨 李英俊, 4면; H. Köhler, BGB Allegeminer Teil, 18. Aufl. 6면.
18) Bydlinski, AGBG, Rn. 4, zu § 1.
19) K.Larenz, AT, S.I; 라렌츠는 공사법의 구별은 실체법에서나 타당하지 절차법은 공사법 어디에도 속하지 않는다고 본다.

2. 一般法과 特別法

민법은 상기한 바처럼 *私法*의 일반법으로 상법 등 특별법과 구별한다. 즉 민법은 사법관계의 일반원칙을 정한 법으로 제한 없이 *私法一般*에 넓게 적용되는 법이다. 이에 반하여 *私法*에 속하는 법 중에도 상법처럼 오직 상인간의 관계에만 적용되는 법이 있다. 여기서 상법은 *私法關係* 중 특정한 범위를 규율의 대상으로 하고 있기 때문에 민법에 대한 특별법이다(*商法* 제1조). 양자의 구별의 실익은 법률의 적용순위를 명확히 한다는데 있다. 즉 양자의 규정이 서로 대립될 때 「특별법은 일반법을 깨트린다*(Lex specialis derogat legi generali)*」는 원칙에 의해 특별법이 일반법 보다 우선적으로 적용된다. 예컨대 민사에 관하여 주택임대차보호법 · 부동산등기법 · 집합주택의소유및관리에관한법률 · 가등기담보등에관한법률 · 공장저당법 · 호적법 · 입목에관한법률 · 신원보증법 · 유실물법 · 공탁법 등은 민법의 특별법에 해당한다. 따라서 최근 사회문제로 대두되고 있는 임대차에 관한 법률문제가 발생한 경우, 먼저 특별법인 주택임대차보호법이나 상가입대차보호법이 적용되고, 이에 관한 해당규정이 없는 경우 민법 제618조 이하의 임대차, 민법 제303조 이하의 전세권에 관한 규정이 적용된다.

3. 민·상법 통일화의 문제

상기한 바처럼 우리나라의 경우 상법은 민법의 특별법으로 되어 있으나, 법 앞에 평등의 원칙에 근거한다면 상인계층을 특별히 일반 거래자 보다 우선시킬 근거가 없기 때문에, 민사와 상사의 구별이 곤란한 경우도 있을 수 있다. 이런 까닭에 민 · 상법을 통일하여 구별하지 않는 입법 예가 있다. 예컨대 스위스채무법(1911)·이태리민법(1942) · 구동독민법(1974) · 태국민법(1925) · 중국민법(1929) 그밖에 최근 제정 시행되고 있는 중국합동법(2000) 등의 경우가 그것이다. 이들 국가에서는 민법내에 상법이 포함되어 있는 민 · 상법 통일법전화가 이루어져 있다. 특히 우리민법에 많은 영향을 준 독일의 경우 상법이 독립된 법전으로 분리된 것은 당시 여건상 상법전의 제정이 불가피한 상황하에서 독일민법의 제정에 앞서 1861년 먼저 상법의 성문화가 먼저 이루어 졌기 때문이다. 그러나 민 · 상법은 본질적으로 차이가 없기 때문에 상기의 경우처럼 민법의 특별사법이 일반사법화 되어 민법전내에 삽입되는 추세[20]이고 보면, 상당부분 스위스 민법의 영향을 받은 것으로 확인되고 있고, 최근 중국의 합동법이 민상법 통일의 형태로 제정 시행되는 것을 보면서, 민·상법 통일론은 결코 경시할 법 체제가 아님을 확인할 필요가 있다.

표 1-1 民商法 統一論과 分離論의 區別

民·商法 分離論	民·商法 統一論
1) 일반시민의 생활관계와 구별되는 기업적 생활관계가 존재하므로 이를 규율하는 상법이 따로 존재함이 마땅하다. 특히 상업등기·상업장부·상호·상호계산·보험·공동해손 등은 기업특유의 제도이다.	민·상법의 분리는 중세사회의 소산으로 현대사회에서는 맞지 않는다.
2) 민·상법의 관계와 한계를 밝힘으로써 사법학의 진보를 가져올 수 있다.	상거래와 일반거래를 구별하기 어려우므로 상법의 적용범위가 명확하지 않다.
3) 독일·프랑스·영국·미국에서는 商事法院을 별도로 설치하고 있는데 이는 상사사건의 특성을 존중한 것이다.	상법의 분리는 결국 私法全體의 통일된 이론의 형성과 발달을 저해하는 요인이 된다.
4) 민법이 상법화 한다고 하지만 민사거래의 일회적 특성으로 상법원리의 흡수에 한계가 있으며, 특히 가족법영역은 상화되기가 어렵다.	상법은 기업의 이익을 보호하기 위한 법이므로 상법의 분리는 결국 일반시민의 이익을 희생시킨다.

4. 實體法과 節次法

실체법이란 직접적으로 권리의무의 실질적 사항, 즉 권리·의무의 성질·내용·범위 및 발생·변경·소멸 등을 규율하는 법을 말하고, 실체법상의 권리를 실행하거나 또는 의무를 실현시키기 위한 절차[21], 특히 재판절차·민사

20) 民法과 比較하여 商法은 營利性·集團性·個性喪失性·國際性·迅速性 등의 特色을 가지지만 이러한 특징이 현대사회의 재산거래관계에서 민법상의 거래관계에 끊임없이 침투(民法의 商化)하는 추세이고 보면, 적어도 財産去來에서의 民·商法 區別은 점점 그 理由를 喪失하고 있다고 볼 수 있다; 김주수, 민법개론, 5면 이하.

21) 민사절차법으로 중요한 것을 열거하면: 법원조직법.민사소송법.소송촉진에관한특례법.소액사건심판법·가사소송법·부동산등기법·선박등기법·공탁법·중재법·파산법·화의법·

집행절차 등을 절차법[22]이라 한다. 절차법은 실체법에 의해서 부여된 권리와 의무를 강제적으로 실현하는 권리구제 수단을 정하는 규범이다. 즉, 당사자간에 법률관계의 실체에 의견이 대립되는 경우에 그에 관한 최종적 판정을 하는 기관은 法院이다. 이처럼 민사관계에 분쟁이 발생했을 경우에 법관이 재판할 때에 기준이 되는 역할을 하는 것이 실체법인 민법이고, 법관이 분쟁을 해결하고 판결할 때 실효성을 가질 것이 요구되는 절차를 정한 것이 절차법이며, 그중 민사에 관한 절차를 규정한 것이 민사소송법이다. 물론 실종선고의 취소의 경우처럼 개인의 개개 행위에 관하여만 적용되는 준칙(행위규범) 이며, 동시에 법관이 재판하는데 그 기준으로 될 수도 있는 것이다(재판규범). 즉 민법은 행위규범으로서의 성격과 재판규범으로서의 성격을 동시에 가지고 있다고 볼 수 있다.[23] 실체법인 민법도 궁극적으로는 절차법인 민사소송법을 통해서만 그 실제적 효력을 발휘할 수 있다.

제2절 民法의 發達과 歷史

Ⅰ. 大陸法과 英美法

1. 총 설

현대문명의 발달은 컴퓨터·통신기기 등의 보급 확대로 점차 「**공통적인**

비송사건절차법·민사조정법·부동산등기특별조치법·간이절차에 의한 민사분쟁 사건처리특례법 등이 있다.

22) 그밖에 중요한 절차법은 민사소송규칙(1983.7.9. 대법원규칙 제848), 법원조직법(1949.9.26. 법률 제51호; 1987.12.4 법률 제3992로 전면개정), 가사소송규칙(1990.12.31.법률 제4300), 가사소송규칙(1990.12.31. 대법원규칙 제1139호), 민사조정법(1990.1.13.법률 제4202호), 소송촉진 등에 관한 특례법(1981.1. 29. 법률 제3361호), 소액사건 심판법(1973.2.24. 법률 제2547호), 비송사건절차법(1962.12.29. 법률 제1240호), 회사정리법(1962.12.12.법률 제1214호), 중재법(1966.3.16. 법률 제1767호), 파산법(1962.1.20. 법률 제998호), 화의법(1962.1. 20. 법률 제997호) 등이 있다.

23) 동지, 곽윤직, 민법총칙(제7판), 10면 이하.

관행(Unitarische Habitus)」에 의하여 인간의 삶을 영위하는 형태로 자리 잡아 가고 있다. 따라서 자연과학 분야, 즉 기술이나 자연과학, 특히 의학 등의 분야에서는 점차 지역적 전통이 사라지고 있으나, 아직도 법학분야 만은 자연과학에 비하여 비교적 사상적 · 전통적 · 지역적 특수성이 여전히 두 개의 기본적인 틀로 상이한 유형을 이루면서 세계 각국의 법을 대륙법계와 영미법계로 대별시키고 있다.

대륙법계는 영미법계 국가를 제외한 대부분의 국가가 이에 속하는데, 독일 · 프랑스 등의 유럽제국과 이들 국가의 법을 계수한 국가들과 라틴아메리카의 국가 및 문화적으로 이들의 영향을 받은 국가, 기타 구소련 지배하의 동구권 국가들과 이집트, 시리아 등 대부분의 중동지역 국가들도 대륙법계 국가에 속한다.[24] 영미법은 영국과 영연방에 속해 그의 영향을 받은 미국 및 그 영향 하에 있는 나라들의 법이다.[25]

대륙법은 로마법 전통의 영향이 주축을 이루고, 여기에 게르만 법적 요소가 가미된 것인데 반하여, 영미법은 로마법의 전통이 결여된 거의 순수한 게르만(German)법을 계수하고 있다는 점이 다르다. 우리나라는 대륙법계에 속하기 때문에 우리민법에는 아래 표와 같이 로마법적 요소와 게르만 법적 요소가 혼재하고 있음을 알 수 있다.

2. 대륙법과 영미법의 구별

영미법에서는 법원이 판단을 내리는 것을 법(Richterrecht) 이라고 한다면, 대륙법 국가에선 법은 법률에서 정하는 법(Gesetzrecht)으로 대비된다. 대륙법은 상기한 것처럼 근본적으로 로마법의 영향 하에 발달된 법체계라면, 영미법은 간접적으로 로마법의 영향을 받은 상속법분야를 제외하고는 로마법의 영향을 거의 받지 않은 법이다. 그밖에도 대륙법은 대학강의과 학문연구의 결정적인 영향 하에서 생성 발전된 이론 중심의 실체법이 중심인 반면에 영미법은 실무가들(주로 법관 등)의 실무, 즉 판례를 중심으로 절차법에 주안점

24) 예외적으로 스칸디나비아국가와 아프리카국가 및 케나다의 퀘백주는 양법권 사이에서 독특한 영역을 유지하고 있다.

25) 예외적으로 영국의 스코틀랜드와 미국의 루이지애나 주는 영미법을 따르지 않고 있다.

을 두고 발달한 법 영역에 속한다. 따라서 대륙법에선 "법이 인간에 의해서 창조된 것(成文法)으로 이해"하는 반면에, 영미법에선 "자생적인 것이며 아직도 생성되는 것(判例法과 慣習法 등)"으로 이해하고 있다. 따라서 성문법국가인 대륙법계에선 법이 인간의 처분에 달려있고 이에 대하여 인간이 책임을 지고 또 기존의 법이 불충분할 때에는 그를 개선할 의무가 인간에게 있다고 본다. 결론적으로 말해서 대륙법계의 전통은 법의 "이론화" 혹은 "학문화"로 특징 지워지는 반면에 영미법계 국가에서는 "판례(법원실무)"가 결정적 요인으로 작용하고 있다. 그러나 대륙법계와 영미법계의 분류도 현대국가 · 사회에서처럼 정보통신이 발달되어 우주적인 협력체를 형성하는 시대에 있어서는 대륙법계 · 영미법계의 법적 특성이 서로 조화와 균형을 이루는 방향으로 연구되고 발전되어 가고 있다.

표 1-2 우리민법상 로마법적요소와 게르만법적 요소

로마법적 요소(개인주의)	게르만법적 요소(단체주의)
① 개인주의적 소유권(전면적지배권)	① 동산과 부동산의 구별(토지중시)
② 소유권과 제한물권 엄별	② 부동산 등기제도(형식주의)
③ 물상청구권, 점유회수, 점유보호청구권 (Possessio)	③ 사실상지배로 점유권 인정(Gewere) 권리추정력
④ 地役權, 消滅時效	④ 선의취득
⑤ 占有者의 果實取得權	⑤ 자력구제권
⑥ 占有權의 訴와 本權의 訴의 分離	⑥ 간접점유
⑦	⑦ 점유의 상속
⑧ 共有	⑧ 총유 · 합유

Ⅱ. 민법의 편제

민법의 편제는 크게 둘로 대별되는데, 그 하나는 로마식 편별법(Institutionen System)으로 이는 민법을 ① 인간에 관한 法(人事編) ② 물건에 관한 법(財産編) ③ 訴權에 관한 법(訴訟編)으로 3분하는 편제로서, 대부분의 영미법국가가 이를 취하고 있다. 대륙법국가 중에서도 특히 프랑스 민법은 로마식편제를 취하고 있다. 한편 민법을 총칙 · 채권 · 물권 · 친족 · 상속으로 5분하는 독일식 편별법(Pandektensystem)이 있다. 판덱텐체계는 19세기 독일의 판덱텐학파(대표적인 학자 : Windscheid 등)에 의하여 완성되었고, 이를 1863년 작센(Sachsen) 민법을 처음 채용한 이래 오늘날에는 독일민법을 비롯하여 오스트리아, 스위스, 일본, 우리나라 등이 독일식편제(Pandektensystem)를 따르고 있다.

독일식 편제의 특징은 민법총칙편을 두어서 동일한 법리가 물권법 · 채권법 · 가족법에서 반복되는 것을 가급적 피할 수 있다는 장점이 있으나,[26] 반면에 매우 추상적인 규정으로 되어있어서 민법을 난해하게 만들었다는 점 등이 단점으로 지적되고 있다.

Ⅲ. 우리나라 민법총칙편의 내용

민법총칙(제1조-제184조)은 통칙규정으로 法源(제1조) · 신의성실의 원칙(제2조①항) · 권리남용 금지의 원칙(제2조②항)이 있고, 권리의 주체로는 자연인(능력, 주소, 부재와 실종) · 법인(설립, 기관, 해산, 벌칙), 권리의 객체로는 물건(제98-102조) · 권리의 변동으로 법률행위(의사표시, 대리, 무효와 취소, 조건과 기한) · 기간 · 소멸시효의 6장으로 구성되어 있다.

Ⅳ. 근대민법의 성립과 한국민법의 발달

근대 민법전의 대표적인 것을 그 제정 순서로 나열하면 프랑스민법(1804) · 오스트리아민법(1811) · 일본민법(1896) · 독일민법(1900) · 스위스민법(1907) 등이 있다.[27] 우리민법은 그 내용면에서 독일민법과 프랑스, 스위스

---

26) 민법총칙은 민법 전체에 대한 기본원칙으로 쉽게 풀이하면 수학의 인수분해에서 ax + bx + cx + dx = y 라는 식에서 x(a + b + c + d) = y 로 묶을 수 있는데 여기서 공통항 x에 해당하는 것이 민법총칙이라고 설명할 수 있겠고, 총칙(물권 + 채권 + 친족 + 상속) = 민법 이라고 쉽게 민법총칙의 구조상의 중요성을 설명할 수 있겠다.

27) 근대민법을 제정순위로 나열하면, 프랑스민법전(1804년 3월 21일 제정).오스트리아민법(1811

민법 등의 영향을 많이 받은 것으로 확인되고 있다. 우리민법의 제정 전에는 일본민법이 조선민사령(1912년 제령 제7호)에 의해 우리나라에 적용되었는데, 일본민법은 제정 당시부터 독일(1888년 독일민법 제1초안)과 불란서(1804년의 프랑스 민법전)의 영향을 많이 받아 제정되었다.[28] 우리나라의 신민법은 1958년 2월 22일 법률 제471호로 제정 · 공포되고, 1960년 1월 1일부터 시행되고 있으나, 실은 일본을 통하여 독일과 프랑스 등의 제도를 간접적으로 계수한 면을 많이 찾아 볼 수 있다. 단, 물권변동에서 형식주의(민법 제185조, 제186조)를 취하는 등 일본민법 보다는 불란서민법의 영향을 줄이고 오히려 독일법 및 이를 계수한 스위스 민법을 더 많이 수용하고 있다는(민법 제2조, 실종선고 등) 점에서 구민법(현행 일본민법)과는 약간의 차이가 있다.

Ⅴ. 한국 민법전의 연혁

1. 민법전 제정 이전의 상황

우리나라에서 民法이라는 용어가 처음 사용된 것은 1894년 12월 12일(陰曆) 홍범14조 중에서 "民法과 刑法을 엄명하게 작정하고 ... 人民의 목숨과 재산을 보전(제13조)"에서부터 유래된 것으로 추정된다.[29] 이듬해인 1895년 3월부터 법률교육기관인 법관양성소[30]에서 교과과목으로 민법을 가르치게 되었으며, 동년 6월15일 법부내에 법률기초위원회를 설치하여 "형법 · 민법 · 상법 · 치죄법 · 소송법 등을 개정 또는 제정하는 법안을 기초" 하도록 하였

년).일본민법전(1890년 공포 1896년 시행).독일민법(1896년 8월 24일 공포 1900년 1월 1일 시행).스위스민법(1907년) 순이다.

28) 우리민법은 독일민법과 크게 유사한데, 그 배경은 일본의 강점(1910년) 이후 조선민사령(1912년 제령 제7호)에 의하여 일본민법이 우리나라에 그대로 의용 되었고 그것이 해방 후 1960년 현행민법이 시행되기 전까지 계속되었다. 그런데 이러한 일본민법이 연혁 적으로 독일민법 제1초안(1888년)과 프랑스민법(1804년)의 영향을 받아 제정되었다. 그러나 현행 우리민법은 기초적으로 일본민법을 대폭 따르면서도 물권변동에서는 형식주의를 취하여 프랑스법적 요소를 제하고 대신 독일민법과 스위스민법의 요소를 상당히 추가하였다.

29) 이에 관한 자세함은 양창수, "한국민법사", 민법학의 회고와 전망(1993), 11면.

30) 본 법관양성소는 1896년 폐소 되었다가 1903년 재 개소되어 1909년 통감부법학교의 설치와 동시에 폐지되기 까지 계속 법률가를 양산해 냈다.

다.[31] 그러나 1910년 9월 29일 한일합방으로 우리나라에 있어서의 입법사항에 관한 명령을 조선총독부에 부여하고,[32] 1912년 3월 18일에는 우리나라에서의 민사관계를 다루는 조선민사령이 제령 제7호로 발포되었으며, 그 후 우리나라에서의 민사분쟁은 일본민법을 그대로 적용하는 소위 의용민법시대를 맞이하게 된다.

이처럼 우리의 신민법이 1960년 1월 1일부터 시행되기 이전 소위 의용민법시기에 우리가 일본민법을 통하여 근대민법을 접하게 되었음은 인정하지만, 불행하게도 그중 상당부분이 일본의 정략적 동화정책의 계획 하에 왜곡[33]되었음을 간과해선 안 된다. 광복 후에도 미군정당국이 1945년 11월 2일 군정법령 제21호를 공포하여[34] 일본민법(舊民法)의 사용을 강행하였으며, 이는 신민법의 제정 시행시(1960 1.1) 까지 계속된다.

2. 민법전의 제정과정

정부는 1948년 9월 15일에 "법전편찬위원회직제(대통령령 제4호)"[35]를 공포하여 법률체제의 정비에 들어갔다. 법전편찬위원회에서는 "민사·상사 및 형사의 기초법전과 기타 소송·행형 등 사법법규의 자료를 수집·조사하며 그 초안을 기초·심의 하도록 하였다"(동 제2조). 동 위원회는 업무처리방식으로 법전의 기초에 앞서 요강을 작성하고, 그 요강에 따라 법안을 기초하도록 하였는데, 민법에 관해서는 모두 112개 항목에 걸쳐 민법전편찬요강[36]이 작성되었다.

상기한 민법전편찬요강이 마련된 후 6.25동란으로 민법 제정작업이 일시

---

31) 1895년. 6.15. 법부령 제7호 법률기초위원회규정 제2조.
32) 양창수, 한국민법사, 14면.
33) 이에 관한 자세함은 양창수, 전개서, 15면 이하; 李相旭, "韓國相續法의 成文化過程", 경북대학교박사학위청구논문(1987), 79면 이하, 同, "일제하 전통가족법의 왜곡", 朴秉濠기념논문집 II(1991), 371면 이하.
34) "모든 법률 또는 조선총독부가 발포하고 법률적 효력이 있는 규칙·명령·고시 기타 문서로서 1945년 8월 9일 시행중인 것은, 그간 이미 폐지된 것을 제외하고 미군정의 특별명령으로 폐지할 때까지 그 효력이 존속 한다"고 공포하여 일본민법의 의용을 강행하고 있다.
35) 이에 관한 상세함은 "법조협회잡지" 1권 2호(1949.5), 88면 이하.
36) 이에 관한 상세함은 張 厚永, "현대민법총론(1950)", 307-327; 梁 彰洙, "민법안의 성립과정에 관한 소고", 민법연구 제1권(박영사 1993), 100-110면.

중단되었다가, 1953년 9월 30일에야 비로소 민법전의 공식 초안이 정부에 이송되고, 2년 후 국회에 정부안으로 제출되게 된다. 동 초안은 민의원 법제사법위원회에 회부되어 2년간의 예비심의를 거친 후 국회 본회의에서 1957년 12월 통과되고, 1958년 2월 22일에 본문 1111개조, 부칙 28조로(법률 제471호) 제정 공포되었으며, 2년 후인 1960년 1월 1일부터 시행되기에 이른다.

3. 신민법전의 변천

신민법이 제정 시행된 후 현재에 이르기까지 모두 9차에 걸친 개정이 있었다.[37] 이중 1962(2차)·1964(3차)·1970(4차)에는 부칙의 경과규정과 부칙 제3조 제3항에 관한 것이었고, 민법 본문의 개정은 1962(1차)·1977(5차)·1984(6차)·1990(7차)·2002(8차)·2005(제9차)의 6次에 걸쳐 행해졌다. 그나마 재산법분야의 주요한 법률은 특별법으로 제정 또는 개정되면서 사회의 변천에 대응하고 있는 실정이다.[38] 친족·상속편은 1977년 12월(제5차 개정)에 일부의 개정이 있었고, 그 후 1990년 1월의 제7차 개정에서는 가족법의 상당부분이 개정되었으며, 그 후 가족법중심의 제8차 민법개정, 그 후 호주제 폐지 및 동성동본불혼제의 폐지를 골자로 한 제9차 민법개정이 되었고, 현재는 재산법 전체에 관한 개정작업이 진행되고 있다.[39] 이번 민법총칙편의 개정방

---

37) 이에 관한 상세함은 김증한, "한국민법의 발전", 서울대 법학 24-2.3, 4이하; 동, "민사법개정의 배경과 입법과정, 민법개정의 요점", 한국민사법학회 편, 개정민사법해설(1985), 21면 이하.

38) 이에 관한 것으로 "주택임대차 보호법", "가등기 담보등에 관한 법률", "집합건물의 소유 및 관리에 관한 법률", "약관의 규제에 관한 법률" 등이 있다.

39) 1999년 2월 5일 법무부에 민법개정특별분과위원회가 구성되어, 그 동안 민사법학계에서 지속적으로 요구하던 민법개정작업이 드디어 현실화되었다. 우리민법은 상기한 바처럼 1958년 제정되어 1960년 1월 1일부터 시행된 이래 모두 여덟 차례의 개정이 있었다. 그러나 그 개정내용을 보면, 3차례의 개정은 부칙의 개정에 불과하고 1984년 6차 개정을 제외하고는 나머지 4차례는 모두 친족상속법편의 개정에 지나지 않았다. 비록 1984년 민법개정시 유일하게 재산법을 개정하였으나 현실에서 문제되는 재산법의 핵심적 내용은 제대로 손질을 못하고 극히 부분적인 개정에 그쳤다. 이번 민법개정은 민법전 중 민법총칙, 물권법, 채권법을 망라하는 재산법 전 분야를 대상(제1조에서 제766조까지)으로 하는 개정으로서 민법 제정 후 처음 있는 역사적인 개정이다. 민법개정특별분과위원회는 李時潤 위원장(전감사원장, 경희대법대교수)을 포함하여 제1소위원회에 이영준(동국대법대교수), 이상경(헌법재판소재판관), 김상용(연세대법대교수), 이은영(한국외대법대교수), 백태승(연세대법대교수: 1소위간사), 윤진수(서울대법대교수), 제2소위원회는 서민(충남대법대교수), 김용담(대법관), 양창수(서울대법대교수: 총간사), 하경효(고려대법대교수), 소재선(경희대법대

향은 첫째, 민법의 대원칙인 사적자치의 원칙을 존중하고 둘째, 현실에서 규율의 필요성이 절실하게 요청된 사항은 그 문제점을 조속히 제거하여 법의 현실적합성을 강화하고 셋째, 국민들이 쉽게 이해하고 접근할 수 있으면서 논리적으로 탄탄한 구성을 갖춘 법이 되도록 함에 있다.

이하에서는 종래 우리민법의 개정과정을 간략하게 개관해 보기로 한다.

1) 제1차 개정(1962년 12월 29일, 법률 제1237호)

민법 제1차 개정은 혼인에 의한 *法定分家制度*를 도입하는 것을 내용으로 한다. 그 내용으로 "가족은 혼인하면 당연히 분가된다"(§ 789 I)는 규정이 신설되어 1963년 3월 1일부터 시행되었다. 이 개정을 통해서 혼인을 하면 당연히 분가가 되는 제도를 도입하게 되었고 아울러 호적법도 개정되었다(호적법 § 19-2 신설).

2) 제2차 개정(1962년 12월 31일, 법률 제1250호) 및 제3차 개정(1964년 12월 31일, 법률 제1668호)은 모두 부칙 § 10 I(등기기간의 연장)에 대한 것이었다.

3) 제4차개정(1970년 6월 18일, 법률 제2200호)

교수: 2소위간사), 남효순(서울대법대교수) 등 모두 13명의 개정위원으로 구성되어 있다. 방대한 작업을 효율적으로 분담하기 위하여 동 위원회는 제1소위(민법총칙, 물권법 분야의 개정)와 제2소위(채권법 분야의 개정)로 구분·운영되고 있다. 개정 작업은 민법개정위원을 비롯하여 대법원, 민사법학회회원, 대한변호사협회, 법무사협회 등에서 제시한 민법개정제시의견을 분담자가 종합검토하고 이에 대하여 대략 격주로 위원들과 심도 있게 토론을 하는 식으로 진행하여 개정착안점을 하나하나 확정하여 나갔다. 그리고 민법 전반과 관련된 사항은 개정위원전체회의를 통하여 조율하였다. 그러니까 부분작업과 전체작업을 병행하며 조정하였다. 민법총칙 분야에 대하여 개정 제시된 의견은 큰 항목으로만 분류하여 53개 항목에 달하였으나 이번 개정착안점으로 채택된 사항은 20여개 항목이다(단순한 용어변경은 제외).민법재산법편의 전면개정에 대하여 학회의 전면적인 지지와 기대를 안고 민법개정위원회가 출발하였지만 법무부가 마련한 일정에 맞추다 보니 우선 현실에서 시급하게 개정의 필요성이 제기된 항목부터 처리할 수밖에 없었다. 보다 신중하고 장기적인 검토가 필요한 과제는 다음 개정 시 반드시 반영되어야 할 것이다. 예를 들어 성년후견제도를 비롯한 무능력자제도 전반에 관한 개선, 등기의 공신력 문제, 새로운 계약유형의 입법화, 손해배상법 전반에 대한 검토가 그 것이다. 이 개정작업은 마무리 단계에 있으며 곧 국회에 상정될 예정이다.

제4차 개정은 부칙 § 3 III 에서 정하는 서면에 일자의 확정을 청구하는 경우에 있어서 비용부담(수수료)의 개정으로 종전 10원의 인지를 첨부하던 것을 개정하여 그 수수료를 법무부령이나 대법원규칙으로 정하도록 하는 것이었다.

4) 제5차 개정(1977년 12월 31일, 법률 제3051호)

제5차 개정은 주로 신분법의 개정이라 볼 수 있겠는데, 그 주요골자를 보면,

(1) 종전에는 남 27세, 여 23세 미만의 자가 혼인하려면 부모의 동의를 얻어야 했던 것이, 미성년자를 제외하고는 이를 필요로 하지 않게 되었다(민법 제808조).
(2) 혼인에 의한 성년의제제도의 신설이다(민법 제826조의 2조).
(3) 부부재산 중에 누구에게 속하는 지가 불분명한 재산을 부의 특유재산으로 추정하던 것을, 공유재산으로 추정하도록 하였다(민법 제830조 2항).
(4) 협의이혼의 경우에는 그 의사를 가정법원으로부터 확인 받도록 하였으며(민법 제836조 1항 신설), 부차적으로 호적법도 개정되었다(호적법 제79-2조 신설).
(5) 종래에는 모가 있는 경우에도 부만이 친권을 행사하도록 하였던 것을 부모가 공동으로 행사하도록 하였다(민법 제909조). 그러나 단서에서 "부모의 의견이 일치하지 않는 경우에는 부가 행사 한다"(민법 제909조 1항 단서)고 하여 친권행사의 경우 아직도 부권의 우위를 인정하고 있다.
(6) 특별수익자는 그 수익의 상속분을 초과하여도 이를 반환하지 않아도 된다고 하는 민법 제1008조 단서조항을 삭제하였다.
(7) 여자의 상속분을 남자와 동등하게 개정했다(민법 제1009조 1항, 2항), 그러나 동일가적내에 없는 女子(결혼한 출가외인)의 상속분은 남자의 1/4로 하여(동조 2항), 여전히 남녀 차별이 잔재해 있음을 볼 수 있다.
(8) 처의 상속분을 종전의 남자의 1/2에서 호주상속 남자와 동일하게 하고, 직계존속과 함께 상속하는 경우 그 1/2을 가산하도록 하였다

(민법 제1009조 2항).

(9) 유류분제도(민법 제1112조 내지 제1118조)를 신설하였다.

5) 제6차 개정(1984년 4월 10일, 법률 제3723호)[40]

제6차 개정은 주로 민법총칙과 물권법의 일부개정에 한정된 것이었는데, 그 주요골자를 보면,

(1) 특별실종기간을 3년에서 1년으로 단축하고, 특별실종 사유로 항공기실종을 추가하여(민법 제27조 2항), 빈번한 대형 항공사고에 대응하였다.

(2) 집합주택과 고층아파트 등의 건축이 일반화된 시대에 부응하여 "구분지상권에 관한 규정 신설"이다(제289의 2, 제290조 2항).

(3) 기타는 주로 전세에 관한 것으로서 종래 학설이 대립되던 전세권의 우선변제적효력을 인정하였으며(제303조 후단), 종래 최단존속기간이 없어 문제가 되어왔던 것을 개정하여 건물전세권의 최단존속기간을 1년으로 정하였다(민법 제312조 2항). 또한 건물전세권의 법정경신을 임차권의 법정경신(민법 제639조)과 병행하여 새로 인정하였고(민법 제312조 4항), 당사자에게 전세금증액청구권을 인정하되, 특히 증액의 경우에는 제한을 할 수 있도록 하였다(민법 제312의 2조).

6) 제7차 개정(1990년 1월 13일, 법률 제4199호)

제7차 개정은 주로 가족법의 대폭개정이 있었는데 그 주요골자를 보면,

첫째; 친족의 범위를 비교적 합리적으로 조정하여

(1) 부계와 모계를 동일하게 8촌 이내로 하고 인척은 4촌 이내로 하였다(민법 제777조).

(2) 자매의 직계비속, 그리고 직계존속의 자매의 직계비속을 혈족에 포함시켰다(민법 제768조).

(3) 배우자의 일방이 사망한 후 생존배우자가 재혼한 경우 인척관계가

---

40) 이에 관한 상세함은 황적인, "민법 중 개정법률 해설", 36면 이하; 김용한, "민법일부개정의 배경과 내용", 同書, 45면 이하.

소멸하도록 하였다(민법 제775조 2항).

둘째; 호주제도가 대폭적으로 개정되어 호주의 권리와 의무가 대폭 축소되었다.

(1) 호주상속제도를 호주승계제도로 바꾸고(민법 제980조), 호주상속비용(民法 제983조), 호주상속에서 태아의 지위(민법 제988조), 대습상속(민법 제990조), 호주상속인의 분묘 등의 승계규정(민법 제996조)을 삭제하였다. 더 나아가 호주승계권을 포기할 수 있도록 하고(민법 제991조), 여호주의 가에 그 가의 계통을 승계할 남자가 입적하면 그 여호주는 가족이 되고 호주상속이 개시되던 제도를 없앴다(민법 제792조, 제980조 4항).

(2) 호주의 한정치산·금치산선고청구권(민법 제9조, 제12조), 입적동의권(민법 제 784조 1항), 가족에 대한 거소지정권(민법 제798조) 및 부양의무(민법 제797조)를 부인하고, 호주의 직계비속 장남자의 去家를 금지하던 규정(민법 제790조)을 삭제하였고, 귀속이 불명한 재산은 호주의 것으로 추정되던 것이 가족공유로 추정되게 되었다(민법 제796조 2항). 기타 호주의 직무대행에 관한 규정(민법 제799조)이 삭제되었다.

셋째; 당사자의 의사와 관계없이 친자관계가 인정되던 계모자 및 적모서자 사이에도 법률상 당연히 친자관계가 생기지 않는 것으로 하고 인척관계로 하였다(민법 제773조, 제774조 삭제).

넷째; 혼인관계에 있어서도,

(1) 약혼해제사유가 종전의 "폐병" 대신 "불치의 정신병(제804조 3항)"으로 바꾸고 "2년 이상의 생사불명"을 "1년 이상(제804조 6항)"으로 단축하였다.

(2) 부부의 동거장소는 부부의 협의에 의하여 정하도록 하고, 협의가 성립되지 않을 경우 가정법원이 정하도록 하였고(민법 제826조 2항),

(3) 공동생활비용은 당사자간에 특약이 없는 한 공동부담 하도록 하였다(민법 제833조).

(4) 기혼자가 금치산 또는 한정치산의 선고를 받은 경우 배우자가 후견인이 되도록 하였다(민법 제934조).

다섯째; 이혼하는 경우에도,

(1) 자의 양육에 관하여 부모가 협의하도록 하였고(민법 제837조 1항),

(2) 자를 양육하지 않는 부모는 면접교섭권을 가지되, 경우에 따라서는 이를 제한 혹은 배제할 수 있도록 하였다(민법 제837조의2).

(3) 이혼 배우자의 재산분할청구권을 신설하여, 이혼의 경우 배우자의 일방이 다른 일방에 대하여 기여도에 따라 재산분할을 청구할 수 있도록 하고, 재산분할에 대하여 협의가 이루어지지 않을 경우 가정법원이 관여하도록 하였다(민법 제839조의2).

여섯째; 입양제도에서는

(1) 가를 위한 양자제도를 폐지하여, 사후양자(제867조), 서양자(제876조), 유언양자(제880조)의 제도가 삭제되었다.

(2) 호주의 직계비속 장남자도 양자가 될 수 있도록 하였다(민법 제875조 삭제).

(3) 미성년자가 양자가 됨에 있어서 후견인이 동의하는 경우 또는 후견인이 피후견인을 입양하는 경우에는 가정법원이 허가를 얻도록 하였다(민법 제871조 단서, 제872조).

(4) 부부공동입양제도를 부부평등하게 하고, 부부의 일방이 양자가 될 때에는 다른 일방의 동의를 얻도록 하였다(민법 제874조).

일곱째; 친권의 행사에 있어서도 부모의 평등을 보장하였다. 즉 부모가 친권을 공동으로 행사하는 중에 의견이 일치하지 않으면 가정법원이 정하도록 하였다(민법 제909조 2항 단서). 또한 혼인 외의 출생자가 인지되거나 부모가 이혼한 경우에는 부모의 협의로 친권을 행사할 자를 정하고, 협의가 이루어지지 않으면 가정법원이 정하도록 하였다(민법 제909조 4항).

여덟째; 재산상속의 경우 차별을 없애고 상당히 합리적으로 개정하였는데,

(1) 상속인의 범위를 4촌 이내의 방계혈족으로 제한하고(민법 제1000조 1항), 배우자의 일방이 사망 시 직계비속이 없는 경우 생존배우자는 그 사망 배우자의 직계존속과 공동상속 하도록 하였다(민법 제1003조 1항).

(2) 직계비속간에 상속분의 차등을 완전히 없애고, 단지 배우자에게만 5할을 가산하도록 하였다(민법 제1009조 1항, 2항).

(3) 공동상속인 중에 피상속인 재산의 유지 또는 증가에 특별히 기여한 자가 있으면(피상속인을 특별히 부양한 경우 포함), 상속개시 당시의 재산가액에서 기여분을 공제한 것을 상속재산으로 보도록 하였으며, 협의가 되지 않거나 협의할 수 없는 때에는 기여자의 청구에 의하여 가정법원이 기여분을 정하게 하였다(민법 제1008조 2항).
(4) 상속인이 없는 재산의 청산에 있어서 소정의 기간 내에 상속권을 주장하는 자가 없으면, 가정법원은 피상속인과 생계를 같이하고 있던 자 등 피상속인과 특별한 연고가 있던 자의 청구에 의하여 상속재산을 전부 또는 일부 분여할 수 있도록 하였다(민법 제1057조의2).
(5) 재산상속인이 동시에 호주상속을 할 경우 고유의 상속분에 5할을 가산하는 제도(제1009조 제1항 단서)를 폐지하였다.

7) 제8차 개정

제8차 가족법 개정안의 주요내용은 「개정취지」가 "헌법 이념인 개인의 존엄성과 남녀평등의 원칙에 위배된다고 비판을 받아 온 동성동본불혼제도를 포함한 불합리한 제도를 합리적으로 개선하고, 종래 실무에서 개정이 요망되었던 각종 제도를 정비한다는 취지에서 법무부 가족법개정위원회에서 국회에 상정되었으나, 결국 국회 법사위원에서 통과되지 못하고 폐기되기에 이른다.

그러나 그 후 2001년 정기국회에서 상기한 법안들이 수정 상정되어 동년 12월 20일 국회를 통과(법률 제6591호)하여 2002년 1월부터 시행되게 된다. 그 주요내용을 보면,

상속회복청구권의 제척기간과 한정승인제도를 개정하였다. 즉, 상속이 개시된 날로부터 10년이 경과하면 상속회복청구권이 소멸되는 것으로 되어있던 것을, 상속권의 침해행위가 있은 날로부터 10년이 경과하면 상속회복청구권이 소멸되는 것으로 개정 하였고(제999조), 한정승인에 대해서는 상속인이 중대한 과실 없이 상속채무의 초과사실을 알지 못하고 단순승인을 한 경우에, 상속인 보호의 필요에 따라 다시 한정승인을 할 수 있게 하기 위하여 제1019조 제1항의 규정에도 불구하고 상속인이 상속되는 채무가 상속재산을

초과하는 사실을 중대한 과실 없이 제1항의 기간 내에 알지 못하고 단순승인을 한 경우에는 그 사실을 안날로부터 3월내에 한정승인을 할 수 있도록 하였다(제1019조 제3항).

8) 제9차 개정

2005년 그 동안 숙제로 남겨왔던 호주제도와 동성동본불혼의 원칙의 폐지와 친양자제도의 신설을 포함하는 개정안이 통과됨으로써, 우리나라 친족상속법이 봉건적인 색채를 상당부분 불식하고, 개인의 존엄과 양성 평등의 원칙에 입각한 새로운 모습을 갖추게 되었다. 그 내용을 보면 다음과 같다.

(1) 호주제도를 폐지하면서, 가족의 범위를 다음과 같이 신설하였다.
① 다음의 자는 가족으로 한다.
A) 배우자, 직계혈족 및 형제자매
B) 직계혈족의 배우자, 배우자의 직계혈족, 배우자의 형제자매
② 제1항 제2호(B)의 경우에는 생계를 같이하는 경우에 한 한다(제779조).

(2) 子의 성과 본에 대해서는 종전과 같이 子는 父의 성과 본을 따르는 것을 원칙으로 하되, 종전과는 다른 것이 부모가 혼인신고를 할 때 모의 성과 본을 따르기로 협의한 경우에는 모의 성과 본을 따르도록 했다(제781조 제1항). 그리고 혼인 외의 출생자가 인지된 경우 子는 부모의 협의에 의하여 종전의 성과 본을 계속 사용할 수 있도록 하고(제781조 제5항 본문) 다만, 부모가 협의 할 수 없거나 협의가 이루어지지 아니한 경우에는 子는 가정법원의 허가를 받아 종전의 성과 본을 계속 사용할 수 있도록 하였다. 그리고 子의 복리를 위하여 子의 성과 본을 변경할 필요가 있을 때에는 父, 母 또는 子의 청구에 의하여 법원의 허가를 받아 이를 변경 할 수 있도록 하였다(제781조 제6항 본문). 다만, 子가 미성년자이고 법정대리인이 청구 할 수 없는 때에는 제777조의 규정에 따른 친족 또는 검사가 청구 할 수 있도록 하였다(제781조 제6항 단서).

(3) 동성동본금혼규정을 폐지하고 근친혼 금지규정을 아래와 같이 신설 하였다.

① 8촌 이내의 혈족(친양자의 입양전의 혈족을 포함한다) 사이에서는 혼인하지 못한다.

② 6촌 이내의 혈족의 배우자, 배우자의 6촌 이내의 혈족, 배우자의 4촌 이내의 혈족의 배우자인 인척 이거나 이러한 인척이었던 자 사이에서는 혼인하지 못한다.

③ 6촌 이내의 養父母系의 혈족이었던 자와 4촌 이내의 양부모계의 인척이었던 자 사이에서는 혼인하지 못한다.

(4) 여자의 재혼금지기간(제811조)을 삭제 하였다.

(5) 종래에는 子의 친생부인에 있어서의 당사자 적격을 夫에게 국한시키고 있었으나, 혈연진실주의와 부부평등의 이념에 부합하도록 하기 위하여 처에게도 친생부인권을 인정하도록 하였다(제847조). 그리고 친생부인의 소는 子의 출생을 안 날로부터 1년 내에 제기하도록 되어 있었으나, 친생부인의 사유가 있음을 안날로부터 2년 내에 이를 제기하도록 하고(제847조 제1항), 상대방이 될 자가 모두 사망힌 때에는 그 사망을 안 날로부터 2년 내에 검사를 상대로 하여 친생부인의 소를 제기 할 수 있도록 하였다(제867조 제2항).

(6) 양자가 될 자가 15세 미만인 때 법정대리인이 그에 갈음하여 입양을 승낙할 경우에, 후견인이 입양을 승낙하는 경우에는 가정법원의 허가를 받도록 하였다(제869조 단서).

(7) 15세 미만의 양자가 협의파양을 할 때에는 입양을 승낙한 자가 협의파양을 하게 되는데, 이 경우 후견인 또는 생가의 다른 직계존속이 승낙하는 때에는 가정법원의 허가를 받도록 했다(제899조).

(8) 일정한 요건을 갖춘 15세 미만인 자에 대하여 가정법원의 허가를 받으면, 친생부모와의 신분관계를 단절하고 신분등록부에 양부모의 친생자로 기재되는 친양자 제도를 신설하였다(제908조의2 내지 제908조의8).

(9) 친권규정에 있어서 권위주의 색채를 불식하는 동시에(제909조, 제910조), 子의 복리를 최우선 적으로 고려하고(제912조), 나아가 이를 실현시키기 위한 수단으로서(특히, 이혼 등에 관한 가족의 위기상황에서) 부모의 자율적 합의에 대한 국가의 감독권이 강화되었다(제909조).

(10) 가정법원은 피후견인의 복리를 위하여 후견인을 변경 할 필요가 있다고 인정되는 경우에는, 피후견인의 친족이나 검사의 청구 또는 직권에 의하여 후견인을 변경 할 수 있도록 하였다. 그리고 이 경우에 후견인에 대해서는 민법에 규정된 후견인의 순위에 불구하고 4촌 이내의 친족 그밖에 적합한 자를 후견인으로 정할 수 있도록 하였다(940조).

(11) 기여분 권리자에 "상당한 기간 동거 · 간호" 그 밖의 방법으로 피상속인을 특별히 부양한 자를 추가 하였다(제1008조의 2).

4. 한국민법의 현대적의의와 과제

상기한 우리나라 민법의 연혁에서 확인할 수 있듯이, 우리 민법은 우리나라 전래 고유의 관습법이나 조선왕조의 법률제도가 성문화된 부분이 거의 없을 뿐만 아니라, 우리의 전통문화와 환경을 배경으로 생성 발전된 것도 아니고, 오히려 일본이 계수한 타국의 법이 일본민법을 통하여 우리에게 강제의용되다가 우리의 토양 위에 뿌리를 내린 이질적 계수에 해당한다. 게다가 타국의 법전을 거의 그대로 차용하여 성문화 하면서도 대륙법계의 여러나라 법을 일본의 강점하에 일본법을 통하여 간접적으로 계수 한 점을 부인 할 수 없다. 결국, 일본의 강점에 의한 피정복국으로서 강제적으로 의용된 후 광복후 반세기가 지났지만, 아직도 우리의 고유법과 연계된 법을 제정 내지는 접목하지 못한 채 오늘에 이르고 있다.

따라서 우리의 당면한 과제는 ① 우리 민법상 각종제도의 근원지를 찾아 연구 검토하면서 타국적 문화와 환경 속에서 생성발전 된 제도들이 과연 우리의 법문화와 법상황에서도 접목됨이 합리적이고 합당한지, 또한 우리가 어느 면에서 어떻게 법을 개선 발전시킴이 우리의 현실에 적합한지를 부단히 연구 검토해야 되겠고, ② 우리나라에 축적된 많은 판례들이 과연 우리들 스스로 연구하여 축적된 법원으로 볼 수 있는지, 아니면 판례마저도 외국 특히 일본의 판례를 아직도 답습하여 양산하는 것은 아닌지 살펴볼 필요가 있다. 따라서 우리가 비록 성문법국가이고 대륙법을 계수한 나라이지만 우리 고유의 법원 찾기에 얼마나 고심하고 노력해 왔는지를 살피고 반성하는 계기가 있어야 하겠다. 더 나아가서 급변하는 정보·통신과 컴퓨터의 발달 및 이용에 따른 거래질서의 변화에 대처할 수 있는 성숙한 법으로의 부단한 개정·검토 작업이 이루어져야 할 것이다. 상기한 바처럼 이러한 문제에 대응하여 1999년 이래 법무부에서 재산법개정특별심의위원회가[41] 구성되어 재산법전체의 전반적인 개정작업이 진행되고 있다.

41) 법무부는 1999년 2월 1일 이시윤 교수(경희대법대교수)를 위원장으로 하는 재산법개정특별심의 위원회를 구성 위촉하였는바, 위원에는 이영준(변호사·동국대법대교수), 서민(충남대법대교수), 김용담(현대법관), 김상용(연세대법대교수), 이은영(현 국회의원), 하경효(고려대법대교수), 양창수(서울대법대교수), 백태승(연세대법대교수), 소재선(경희대법대교수), 윤진수(서울대법대교수) 등 11명과, 후에 추가로 이상경(전 헌법재판소재판관 고등법원장), 남효순(서울법대교수) 등이 참여하여 현재 개정최종 작업이 진행 되어 2004년 국회에 상정되어 있다.

제2장 민사재판의 적용법규(민법의 法源: 제1조)

제1절 총 설

法源(Rechtsquellen)이란「법의 연원」의 약칭이며 법철학 상 사용문맥에 따라서는 ① 法을 제정하는 힘, ② 법을 구성하는 재료, ③ 법률지식을 얻는 자료, ④ 재판의 기준이 되는 것 등 여러 가지 의미로 사용되고 있다. 여기서 우리민법 제1조에서의 법원의 의미는 어디에 해당되는지 검토해 볼 필요가 있다.

우리민법 제1조는 "민사에 관하여 法律에 규정이 없으면 慣習法에 의하고 慣習法이 없으면 條理에 의한다"고 규정하고 있다. 본 조에서 형식상 "... 의한다"는 意味는 "법관이 재판하는데 그 기준이 될 수 있는 것"을 말한다고 볼 수 있다.[42] 따라서 민법 제1조의 순서를 무시한 재판은 위법이 된다.

이에 관하여 우리나라 민법전의 발달에 상당부분 영향을 주고 있는 외국의 입법 예를 살펴보면, 우리는 스위스 민법전이 제1조 2항에서 "...에 의하여 재판하여야 한다"는 조문을 발견할 수 있다. 생각건대 우리민법 제1조의 "... 의한다"도 스위스 민법의 경우와 같이 해석함이 타당하지 않을까 생각된다. 민법 제1조에 관한 우리나라의 입법자료를 확인해 보아도,[43] "재판관은 법률 또는 관습법이 없다고 하여 재판을 거부할 수 없으므로"라고 하여 "재판관이 ... 재판하여야 한다"로 해석하는 근거가 되고 있다. 이와 같이 우리민법 제1조는 민법의 법원으로서 인정되는 범위와 그 적용순위를 ① 법률(성문법 또는 제정법) ② 관습법 ③ 조리의 순서로 규정하고 있다. 다만 "재판의 기준"이 되고 불문법 국가에서의 중요한 法源 중의 하나인 판례가 제1조에서 제외

42) 상세함은 김욱곤, "판례의 법원성", 김증한교수 회갑기념논문집, 1면 이하.
43) 민법안심의록(上), 3.

되어 판례의 법원성(법원으로서의 자격)에 대하여 학설상 다툼이 되고 있는 것은 우리민법 제1조의 문제점으로 지적할 수 있다.

제2절 성문법(제정법)과 불문법

법은 그 존립의 형태에 따라 成文法(ius scriptum; geschriebenes Recht)과 不文法(ius von scriptum)으로 구분된다. 전자는 일정한 형식과 절차에 따라서 제정되어 문자로 표현된 법을 말하고, 문자로 확정되지 않은 법을 불문법이라고 한다. 우리민법 제1조에서의 법률은 성문법이고 관습법과 조리는 불문법에 속한다. 대륙법계의 국가 예컨대, 프랑스·독일·이탈리아 · 스위스·일본·우리나라 등은 성문법을 법원으로 하고 있다(성문법주의). 반면 영미법계의 국가 예컨대 영국·미국 등은 불문법국가에 속한다. 성문법국가에서는 제정법이 중요한 법원으로 적용되고 있으며, 불문법 국가에서는 판례에 의하여 형성된 판례법이 가장 중요한 법원이며, 그밖에도 관습법과 조리를 중요한 법원으로 하고 있다.

성문법주의와 불문법주의는 각각 장 · 단점이 있는데 성문법주의는 ① 법의 통일정비가 용이하고 ② 법의 명확성 ③ 법적안정성의 보장이란 장점이 있는 반면에 ① 사회사정의 변천에 적응력이 약하고 ② 법적질서의 유동성을 저해하며 ③ 법의 경화가 심하다는 단점이 있다. 이에 대하여 불문법주의는 이와 정반대의 장·단점을 가지고 있다. 우리나라는 대륙법계의 입장을 따라 성문법주의를 취하고 있다.

※ 성문법주의와 불문법주의와의 관계

오늘날 영미법 국가의 경우에도 불문법의 문제점과 단점을 보완하기 위하여 법적안정성확보의 이념과 실천적 요구에 부응하여 법의 제정, 즉 법의 성문화가 급속하게 이루어지고 있으며, 반대로 대륙법 국가에서도 상기한 성문법(제정법)의 단점을 보완하는 차원에서 구체적 타당성과 실질적 정의확보를 위한 성문법의 흠결·보완책으로 관습법·판례법·조리 등이 중요한 법원으로 자리매김 하는 등 양 주의의 조화와 접근이 시도되고 있다.

우리 민법의 경우도 제1조에서 성문법(법률)과 불문법(관습법·조리)이 조화를 이루고 있음을 볼 수 있으나, 그러나 불문법원에서 가장 중요한 판례가 법원에서 빠진 것은 우리 민법전의 흠결 사항으로 지적하지 않을 수 없다.

1-3 성문법주의와 불문법주의의 특징

주 의	특 징	해 당 국 가
성문법주의	① 제정법이 제1차적 법원 ② 불문법 특히 관습법의 법원성을 인정하지 않거나, 보충적효력만 인정한다	대륙법국가(독일을 비롯한 프랑스·스위스·이탈리아·일본·우리나라 등, 영미법 국가중에도 예외적으로 영국의 스코틀랜드와 미국의 루이지애나)
불문법주의	① 제정법 이외에 관습법과 판례법이 제1차적 법원이다 ② 성문법은 불문법의 불비를 보충내지 수정하기 위하여 제정된다.	영미법국가(영국·미국과 그들의 연방국이었던 나라, 상기한 스코틀랜드와 루이지애나는 제외)

제3절 민법상 法源의 종류

Ⅰ. 법 률

성문법주의를 취하고 있는 우리민법은 제1조에서 제정법인 법률 즉 국회에서 제정된 형식적 의의의 민법뿐만 아니라 명령(헌법 제95조; 예컨대, 대통령령·국무총리령·부령)·헌법재판소결정(헌법재판소법 제47조, 제75조)·대법원규칙(헌법 제108조; 예컨대, 부동산등기법시행규칙·가사소송규칙·공탁금의 이자에 관한 규칙 · 공탁사무처리규칙 등)·조약(헌법 제6조 제1항; 국가 간의 조약·협정·의정서 등)[44] · 자치법규(예컨대 조례), 헌법재판소의 결정 등을 포함한다. 물론 이중 제일 중요한 법원은 민법전이지만, 그밖에 다수의 특별법[45]도 민법 제1조의 법률에 해당한다.

Ⅱ. 관습법

1. 의 의

인간의 생활관계에서 상당기간 반복된 동일한 행위가 하나의 습관으로 형성되는데, 이러한 개인의 생활들이 상당기간 반복적으로 지역적으로 확대되고 일반화되어 행하여진다고 인정되는 상태를 관습이라 한다. 이러한 관습이 일반화되고 강제력과 법적확신을 가지게 된 때 즉, 그 사회 구성원에게 법적확신 내지 법적 구속력이 있다고 의식되는 관습을 관습법(Gewohnheitsrecht)이라고 한다.

2. 관습법의 성립

관습법의 성립에 관하여는 의사설(Willenstheorie)[46] · 관행설(Úbungstheorie)[47]·

44) 유류오염손해에 대한 민사책임에 관한 국제협약, 세계저작권협약, 공업소유권의 보호를 위한 파리협약, 음반의 무단복제로부터 음반제작자를 보호하기 위한 협약 등 비준 공포된 조약으로서 民事에 관한 것은 民法의 法源이다.

45) 예컨데, ① 민법총칙에 관계된 특별법으로; 부재선고등에 관한 특별 조치법(1967년 법1867호), 공익법인의 설립운영에 관한 법률(1975.12.31. 법률 제2814호) 등이 있고, ② 물권법에 관계된 특별법은 집합건물의 소유 및 관리에 관한 법률(1984.4.10. 법률 제3725호), 입목에 관한 법률(1973.2.6. 법률 제2484호), 가등기담보등에 관한 법률(1983.12.30. 법률 제3681호), 부동산실권리자명의등기에관한법률,공장저당법, 광업재단저당법, 자동차저당법, 중기저당법, 항공기저당법, 농지저당법, 신탁법, 외국인토지법, 농지개혁법, 특허법, 상표법, 저작권법, 광업법, 수산업법, 산림법, 도로법, 하천법, 토지수용법, 국토이용관리법, 환경보전법, 부동산등기법, 유실물법 등이 있으며, ③ 채권법에 관계된 특별법은; 이자제한법(폐지), 주택임대차보호법, 상가임대차보호법, 실화책임에 관한 법률, 신원보증법, 국가배상법, 자동차손해배상보장법, 원자력손해배상법, 환경정책기본법, 대기환경보전법, 수질환경보전법 등이 있다. 그밖에 ④ 친족법의 특별법으로 호적법, 혼인신고특례법, 국적법, 섭외사법, 아동복지법, 모자보건법 등이 있고, ⑤ 상속법의 특별법으로 상속세법 등이 있다.

법적확신설(Rechts Bezeugungstheorie)[48] · 국가승인설[49] · 사회적필요설[50] 등이 있다. 우리나라에서는 법적확신설이 통설로 되어 있다. 그러나 현대사회는 급변하고 있으며, 극히 유동적이기 때문에 관습법은 예나 지금이나 앞으로도 계속 생성 발전되고 있음을 부인할 수 없다. 그러나 각 시대와 국가에 따라 관습법의 인정에 대하여는 입장이 일정하지 않다.

3. 요 건

관습법이 되는 요건은 ① 민사관행이 존재하고, ② 그 관행이 공서양속에 반하지 않고(민법 제103조), ③ 그 관습이 법적확신을 통하여 지지를 얻어야 한다.

4. 관습법의 효력(관습법과 성문법의 우열)

관습법의 효력이란 관습법이 성문법과의 관계에서 어떠한 효력을 가지느냐는 것인데, 이는 국가와 사회 그리고 시대에 따라 많은 논란이 있어왔던 문제이다. 고대 이래 중세에 이르기까지는 관습법이 중요한 법원으로 인정되었으나, 근대에 와서는 자연법사상에 의하여 관습법이 배척을 받게 된다. 이 시기에는 중앙집권의 확립을 위하여 국가가 모든 입법을 수중에 넣고 관습법

---

46) 관습법도 다른 법과 같이 공동체의 의사에 의하여 성립한다는 입장으로 이 의사는 일반적 관행으로 표시되며 따라서 의사표시는 관습법의 성립요건인 동시에 인식근거라고 한다. 독일의 私法學者인 Nipperdey에 의해서 주창되었다.

47) 이는 국민이 오랫동안 반복하여 관행하는 관습은 법으로 인정된다는 입장 즉, "관습이기 때문에 법이다(Es ist Rechtens, weil es Gewohnheit ist)"라는 입장으로, 독일의 민법학자인 Zitelmann(1852-1923)에 의해서 주창되었다.

48) 이설은 역사법학파인 Savigny, Puchta, Windscheid, Laband등에 의하여 주창된 입장이다. 이들은 관습법을 民族精神(Geist des Volkes)의 소산이요 확신이라고 하면서 관습법의 효력을 성문법보다 우월한 것으로 인정하고 있다. 이들은 "관습법은... 관습을 법이라 확신할 때 성립 한다"고 보고 있다.

49) 관습법이 형식적으로 유효하기 위해서는 국가의 승인을 요한다는 입장으로, 형법학자인 Binding(1841-1920)과 국가만능주의 법률관을 신봉하는 Adolf Lasson, 기타 Hegel 학파의 학자들과 H. Kelsen 등이 주장하였다. 그러나 본설은 국가만이 법을 창설할 수 있다는 그릇된 생각에서 출발하므로 인간생활의 역사적 발달을 무시한 것으로, 국가이전에 관습법이 존재한다는 사실을 경시한 과오를 범하고 있다.

50) 20세기 초에 프랑스의 자유법학자인 F. Gény에 의해 주장된 설이다. 이는 종전의 주석학적 법학방법론에 반대하면서 과학적 방법론을 제창한 학자로, 따라서 관습법에는 성문법의 불완전성을 해결하고자 하는 사회적 필요성에 부합되는 법규범력이 있다고 주장한다.

을 실제적 · 이론적으로 억압하게 되었으며, 18C말부터 19C초의 많은 제정법률(成文法)이 급기야는 관습법의 법적 효력을 부인하기에 이른다(요셉법전(1876), ALR(1974), 나폴레옹법전(1804)). 그러나 그 후 19세기에 이르면서 독일에서 역사법학파(소위 민족법학파)의 노력으로 성문법 만능주의에 제동을 걸고, 결국 이들을 통하여 관습법의 효력이 주장되어 논쟁 끝에 관습법의 효력에 관하여는 법전에 규정하는 것을 피하고 학설에서 관습법을 인정하기에 이른다. 그러나 그 후 독일민법시행령(EGBGB) 제2조에서 "민법전에서 의미하는 법률이란 모든 법규범을 말한다"고 규정함으로써 결국 관습법도 하나의 법규범으로 성문법과 동일한 효력을 인정하게 된다.[51] 그 후 독일법의 영향을 받은 스위스가 20C초(1907년) 민법전을 제정하면서 명문으로 관습법의 보충적 효력을 인정(스위스민법 제1조 2항)[52]하게 되었으며, 그리스 민법에서는 "법규범은 법률과 관습에 포함되어 있다(그리스민법 제1조 2항)"고 하여 관습법의 대등적 효력까지 명문으로 인정하게 된다.

우리민법은 제1조에서 "민사에 관하여 법률에 규정이 없으면 관습법에 의하고 관습법이 없으면 조리에 의한다"고 하여 관습법의 효력을 명문으로 인정하고 있다. 또한 제185조에서 "물권은 법률 또는 관습법에 의하는 외에는 임의로 창설하지 못한다"고 규정하여 성문법과 대등적 효력까지를 인정하고 있다. 이처럼 우리나라에서는 보충적효력설(다수설, 판례의 입장[53])과 변경적 효력설(소수설)이 주장되고 있는데, 본인은 아래와 같은 이유에서 변경적 효력설의 입장을 따른다.

1) 민법 제1조에서 성문법과 관습법이 저촉되는 경우에 성문법에 의할 것으로 이해하고 있으나, 성문법이 경화되어 사회사정에 적응할 수 없는 경우, 사회의 수요에 따라 자연적으로 발생하는 관습법의 성립과 적용을 저지할 수 없고 저지해서도 아니 된다는 것이다.

---

51) 同旨 연기영, 「民事에 관한 法源」, 法定考試 1996.4, 70면.

52) 스위스민법 제1조 1항:"법규정이 없으면 법관은 ... 관습법에 좇아서 재판하여야 한다(Das Gesetz findet auf alle Rechtsfragen Anwendung, für die es nach Wortlaut oder Auslegung eine Bestimmung enthält)"고 규정하고 있다.

53) 大判 1983. 6.14, 80 다 3231; 가정의례준칙 제13조의 규정과 배치되는 관습법의 효력을 인정하는 것은 관습법의 제정법에 대한 열후적 · 보충적 성격에 비추어 민법 제1조의 취지에 어긋난다.

2) 민법 제106조의 해석상 관습은 당사자의 의사가 명확하지 않은 때 법률행위의 내용이 되는 규범으로 임의법규를 개폐하는 효력을 가지는데, 사적자치의 범위 내에서 사실인 관습과 관습법의 구별이 그 실익이 거의 없는 현실에서 제1조는 그 의의가 없다고 본다.

3) 민법 제185조에서 명문으로 물권법정주의를 취함으로서 성문법과 대등한 효력을 인정하고 있고, 학설과 판례도 수목의 집단이나 미분리 과실의 소유권을 인정하고, 명인방법과 동산양도담보에서 관습법의 성립을 인정하고 있으며, 혼인의 경우 민법 제812조에서 신고를 성립요건으로 하고 있으나, 학설과 판례가 사실혼을 준혼관계로 파악하여 법적으로 보호하고 있다.

4) 우리나라는 일본을 통하여 외국법을 간접승계 하였고 특히 의용민법 시대에 민족동화정책으로 왜곡된 부분이 상당히 많을 뿐만 아니라, 우리 고유의 관습과 법제도가 계승 발전되지 아니하고 구민법(일본민법을 사용하던 依用民法)이 조선민사령에 의해 한반도에 시행되었으며, 그 후 격변기에 연구와 검토 없이 시대적 상황에 따라 외국법이 일본을 통하여 우리나라에 수용한 점을 고려한다면, 현실적으로 관습법의 효력을 성문법과 대등하게 인정하여 우리 고유의 관습법을 찾아 활성화함이 오히려 바람직하다고 사료된다.

상기한 바처럼 우리민법에 상당히 영향을 준 스위스민법이 명문으로 보충적 효력을 인정한 경우나, 그리스 민법에서[54] 대등적 효력을 명문으로 규정한 점이 우리에게 시사하는 바가 크다 하겠다. 결국 관습법의 대등적 효력을 인정하게되면 신법우선의 원칙에 의하여 관습법이 성문법을 개폐하는 효력까지 인정된다고 볼 수 있다. 특히 판례법과 관습법의 관계는 이론적으로 이미 존재하는 관습법을 법원에서 수용하는 것이 판례이며, 실제적으로 무엇이 관습법인가는 법원에 의하여 승인됨으로써 비로소 명백히 되고, 이것이 판례에 의하여 더욱 발전하는 관계에 있기 때문에 관습법의 법원은 판례의 법원성 인정과도 무관하지 않다고 볼 수 있기 때문이다.

54) 그리스민법 제1조에 "법규범은 법률과 관습에 포함되어 있다"고 규정하고 있다.

5. 우리 민법상 관습법이 인정되는 예

현재 우리 민법이 관습법으로 인정하는 것으로는 ① 수목의 집단이나 미분리의 과실을 토지와 독립하여 거래하고자 할 때 그 공시방법으로 인정하는 "명인방법", ② 토지와 건물이 동일인에게 속해 있다가 건물 또는 토지가 매매 등을 원인으로 소유자가 각각 다르게 된 때, 그 건물을 철거하기로 합의하는 등 특단의 사정이 없는 한, 건물 소유자는 토지 소유자에 대하여 그 건물을 위한 "관습상 법정지상권"을 인정하고 있다. 그밖에도 ③ 타인의 토지에 분묘를 설치한 자는 일정한 경우에, 그 분묘기지에 대하여 유사한 분묘기지권을 취득한 것으로 본다. 또한 민법이 규정하고 있지 않은 비전형담보제도 중 ④ 담보의 목적으로 권리이전의 형태를 취하는 "양도담보" 제도가 있고, ⑤ 사실상 혼인관계를 이루면서도 단지 혼인신고가 없다는 이유 때문에 법률상 혼인으로 인정되지 않는 "사실혼"을 일정한 경우 부부관계로 인정하고 있다. 그밖에도 당사자간에 신탁에 관한 채권계약에 의하여 신탁자가 실질적으로는 그의 소유에 속하는 부동산의 등기명의를 실체적인 거래관계가 없는 수탁자에게 매매 등의 형식으로 이전하여 두는 "명의신탁"이 지난 1912년 조선 고등법원 판결이래 확고한 판례법으로 형성되어 왔었는데, "부동산실권리자명의등기에관한법률(1995. 3.30, 법제4944호)"의 제정으로 많은 제한을 받게 되었다.

Ⅲ. 판 례

판결은 개개의 재판에서 어떤 사실관계에 대한 법원의 법적 판단을 말하고, 판례는 구체적 사건에 대한 재판에서 법원의 법적 판단인 판결을 통해서 밝혀진 추상적 이론, 법칙, 규범을 말하고, 法源으로 인정되는 판례를 판례법이라 한다. 판례는 통상 최고법원(대법원)의 판결을 칭하는 경우가 일반적이나 하급심(고등법원, 지방법원, 시 · 군법원 등)을 포함한 모든 판결을 총괄하여 판례라 한다. 우리나라는 민법 제1조에 판례가 빠져 있으며, 법관이 선례에 구속의무도 없다는 이유에서 판례의 법원성을 부정하는 입장이 다수설이다. 그러나 판례는 상기한 바처럼 관습법과 더불어 불문법 국가의 중요한 법원이고, 영미법에선 선례구속의 원칙에 따라 판례의 법원성을 인정하고 있으나, 대륙법계 국가에서는 판례가 단지 법인식원으로만 작용하고 법적 구속력이 없다고 하여 법원성이 부인되고 있다.

그러나 상기한 바와 같이 현대국가에서 완전한 성문법국가도 불문법국가도 찾아볼 수 없는 현실과 날이 갈수록 축적되는 판례의 중요성을 경시할 수 없기 때문에 판례의 법원적 가치를 인정하여야 마땅하다고 본다. 그리하여 판결의 부동요(consistency of judicial decisions)를 유지하여 법원으로서의 실용적 가치를 판례에 부여함으로써 법적안정성을 기할 수 있기 때문이다. 그러므로 우리민법 제1조에서 판례가 빠진 것은 성문법의 흠결 사항의 하나로 지적함이 마땅하다 하겠다.

우리나라에서는 판례의 법원성을 부정하는 입장이 다수설 인데, 부정하는 측의 주장을 살펴보면 ① 민법 제1조에 판례의 규정이 없고, ② 상급심사건은 하급심사건만 구속하기 때문에(법원조직법 제8조) 판례법의 구속력은 제도적으로 보장되지 않고 있으며, ③ 판례는 개개의 구체적사건에 대한 법원의 객관적 판단에 지나지 않고, ④ 판례의 법원성을 인정함은 법원에 입법권을 부여하여 삼권분립에 반하고, ⑤ 법관은 헌법과 법률에 의하여 그 양심에 따라 독립하여 심판(헌법 제103조) 하여야 하며, ⑥ 판례가 존중되는 이유는 판례의 일관성과 법적안정성을 유지하기 위한 목적이며, 판례 그 자체가 구속력을 가지고 있지는 않다는 것이다(이은, 60 이하). 그러나 위의 ①은 상기한 바처럼 입법상의 흠결 사항이라 볼 수 있겠고, ②는 제도적으로는 그렇다 하더라도 일반적으로 법관들이 대부분 대법원판결을 사실상의 선례로써 후의 재판을 구속하고 있으며, 제도적으로도 대법원판례가 변경될 경우 대법관 전원합의로 판결해야 하기 때문에(법원조직법 제7조 제1항 제3호) 대법원 판례의 변경이 쉽지 않고, 또한 실제로 하급법원은 대법원판례를 따르는 경우가 보통이고, 만일 정당한 이유 없이 판례를 무시한 판결은 상급심에서 파기환송될 염려가 있어 판례는 하나의 법규범으로 법원을 사실상 구속한다. ③ 또한 개개의 구체적 사건에 조리는 포함되면서 판례가 빠진 것은 그 적용 순서상 잘못이며, ④ 입법기관인 국회의 복지부동으로 국민의 생활에 밀접한 영향을 주는 민법이 사회발전에 적응하지 못하고 법의 경화현상이 극심한 우리의 현실에서 법관이 상급법원의 선례인 판례를 재판에 적용함은 응당 당연하고 타당한 대응방법이라 생각된다. 특히 민법의 경우 그 구체적 유형화가 판례를 통하여 이루어짐을 볼 수 있었고, 부정확한 해석과 학설 등의 의문점이 판례에 의해서 명백히 되는 점 등을 감안한다면, 판례는 우리나라에서 없어서 안될 중요한 법원 즉, 재판기준이 된다고 볼 수 있다.

특히 헌법재판소의 결정은 법원이나 기타 국가기관, 지방자치단체를 기속하므로(헌법재판소법 제47조, 제67조, 제75조) 그 결정내용이 민사에 관한 것이면 당연히 민법의 법원이 된다고 볼 수 있다. 우리나라에 헌법재판소가 문을 연 후 민사에 관한 주요 결정과 판결로는 먼저 한정위헌결정으로 제764조에 대한 한정위헌결정(헌재결 1991.4.1, 89헌마160), 구 국유재산법 제5조 제2항에 대한 한정위헌결정(헌재결 1991.5.13, 89헌가97), 헌법불합치결정으로는 제778조 등에 대한 헌법불합치결정(헌재결 2005.2.3, 2001헌가9 내지 15, 2004헌가5), 제809조 제1항에 대한 헌법불합치결정(헌재결 1997.3.27, 95헌가14, 96헌가7), 제1026조 제2호에 대한 헌법불합치결정(헌재결 1998.8.27, 96헌가22, 97헌가 2.3.9, 96헌바81, 98헌바24.25), 위헌결정으로는 제999조 제2항에 대한 위헌결정(헌재결 2001.7.19, 99헌바9.26.84, 2000헌바11, 2000헌가3, 2001헌가23) 이 있다.

Ⅳ. 條 理

법관이 법원에서 구체적으로 사건을 재판할 때 법률이나 관습법 또는 판례가 아무런 재판의 기준이 될 수 없다고 하여 재판을 거절 할 수는 없기 때문에 법관은 조리에 따라 재판하여야 한다. 조리란 "사물의 도리" 혹은 "사물자연의 이치"라 표현하고 있으며, 일반사회인이 보통 인정한다고 생각되는 객관적인 원리 또는 법칙을 말한다. 대부분의 학자들은 조리의 법원성을 부정하고 있지만,[55] 민법 제1조에 조리가 명문화되어 조리의 법원성을 인정하고 있으므로, 조리의 법원성을 부정하는 것은 우리민법 제1조를 부정하는 결

55) 곽윤직, 38면.

과가 되어 크게 모순이 된다 하겠다. 결국 우리 민법은 조리의 법원성을 명문(제1조)으로 인정하고 있기 때문에 조리의 법원성이 인정되고 있음은 재언을 요치 아니한다. 조리에 관한 외국의 입법례를 살펴보면, 프랑스는 "법관은 법률의 침묵, 불명확 또는 불충분을 이유로 재판을 거부하는 경우에 재판거부의 죄로 소추될 수 있다(민법 제4조)"고 규정하고 있으며, 스위스는 민법 제1조에서 이 법률은 문자 상 혹은 해석상 본법에 규정이 있는 모든 법률문제에 적용된다(동조 1항). 이 법률에 규정이 없는 경우에 법관은 관습법에 따라서, 관습법도 존재하지 않는 경우에 법관은 자신이 입법자라면 법규로 설정할 규칙에 따라서 재판하여야 한다(동조 제2항), 전2항의 경우에 법관은 확립된 학설 및 선결 예를 중시한다(동조 3항)고 되어 있어 조리의 법원성을 인정하고 있음을 알 수 있다.

Ⅴ. 學　說

대부분의 입장이 학설의 법원성을 부인하고 있다. 그러나 통상 조리는 많은 학설들을 통하여 수렴되는 것이 일반적이다. 또한 관습법이나 판례 등이 학설을 통하여 생성 발전되어 왔고 앞으로 더욱 그러하리라 생각된다. 스위스 민법은 제1조 제3항에서 "법관은 확립된 학설 및 선결예를 중시한다"라고 되어있는 점도 우리에게 시사하는 바가 크다. 그런 의미에서 학설도 중요한 법원이 된다고 본다. 특히 현대사회처럼 급변하는 상황에서 꾸준히 연구되어 나오는 학설이 재판의 적용에 영향을 주지않는다면 급변하는 사회와 시대의 변화에 대응하기 어려운 경우에 대처하기 힘들 것이다. 특히 법관들의 업무과중으로 연구하기가 어려운 우리나라의 현실에서 학자들의 주옥같은 업적인 학설은 법관들의 재판에 직접 혹은 간접으로 영향을 끼칠 것이 예견되기 때문이다. 만약 이런 역할이 되고 있지 않다면 그것은 법률문화 창달에 역행하는 것이며, 결국 그것은 게으르고 태만한 학자들에게 책임이 있는 것이지 그러한 사회현상을 학설 자체의 법원성 유무로 돌려서는 아니 될 일이기 때문이다.

제3장 근대민법의 기본원리와 수정방향

제1절 총 설

인간생활의 기초가 되는 민법도 근대에 들어서면서 종래의 중세 영주권이나 귀족에 대한 민권투쟁, 즉 신분적 계급사회에 대한 도전으로 개인을 이러한 봉건적 구속으로부터 해방하고 개인의 인격을 존중하는 것을 표방하던, 1789년 프랑스 인권선언의 사상적 배경인 개인주의와 자유주의사상에 의하여 발전하였다. 즉 근대민법의 4대 기본원리인 권리능력평등의 원칙 · 소유권절대의 원칙 · 계약자유의 원칙 · 과실책임의 원칙으로 체계화되어 발달되어 왔고, 이러한 기본원리를 근간으로 해서 자본주의의 사회적 기틀이 싹트게 된다. 그러나 현대에 와서는 자본주의와 기업의 발달 등으로 이들 원칙의 모순점이 노출되면서 많은 수정을 요하게 된다. 이러한 요청은 결국 Weimar헌법에서 최초로 소유권의 행사에 공공성을 인정한 이래 "공공복리의 원칙"이 現代私法의 중요한 이념으로 정착하였고, 거래안전 · 사회질서유지 · 신의성실의 원칙과 권리남용금지의 원칙 등의 원리와 같이 공공복리의 실천원리로서 4대원리는 이들과의 제한과 공조 속에서 수정되기에 이른다.

우리 민법도 자유주의와 개인주의를 바탕으로 19C에 성립한 근대민법이 일본을 통하여 간접적으로 계수된 것으로, 상기한 기본원리들을 기초로 하여 체계적으로 편성되었다. 민법의 기본원리가 무엇이냐에 관하여는 주장하는 입장에 따라서 약간의 차이는 있으나 권리능력평등의 원칙을 기본골격으로 하면서 여기에 사적자치의 원칙과 소유권절대의 원칙, 그리고 과실책임의 원칙들을 상당히 수정을 가한 형태로 수용한 것들로서 그런 의미에서 근대민법의 기본원리와 그 수정방향을 살펴봄이 우리민법을 이해하는데 도움이 될 줄 안다.

제2절 권리능력평등의 원칙

프랑스 인권선언 제1조[56]에서 천명한 "모든 개인은 평등한 권리능력을 갖는다"는 원칙이 곧 권리능력평등의 원칙이며, 이것이 근대민법의 근간이 되는 대원칙으로 확립되기에 이른다. 실제로 고대 이래 중세에 이르기까지 노예제도가 있던 시대에는 권리능력이 전혀 없던 상황이었고, 중세에는 농노들의 경우처럼 제한적으로 권리능력이 인정되다가, 근대에 이르러서는 대부분의 국가가 인정하고 있는 대원칙 이다. 이는 모든 인간은 국적·계급·직업·연령·성별 등의 사유로 구별을 받지 않고, 평등하게 권리의무의 주체가 될 수 있는 자격, 즉 권리능력을 가진다는 원칙이다. 우리민법은 제3조에서 "사람은 생존하는 동안 권리와 의무의 주체가 된다"고 규정하여 본 원칙이 그 사상적 배경으로 수용되었음을 볼 수 있다.

그러나 이 원칙도 자본주의가 고도로 발전하던 20세기에 이르러서는 독점화 등이 진행되면서 그 모순이 나타나면서 인간들 간의 심한 빈부의 격차를 초래하게 되었고, 경제적 약자와 강자간의 계급적 대립이 표출되면서 비판을 받게 되었고, 구체적인 인격은 실제로 결코 자유·평등한 인격이 아님이 확인되기에 이른다. 결국 법률상 평등은 경제적 약자에게는 형식적인 의미 밖에 없으며, 결국 실질적 불평등을 초래했고, 따라서 현대사회의 경제적·사회적 불평등 속에서 약자에겐 형식적인 의미만 부여한 셈이 되었다. 이러한 불평등을 해소하고 실질적인 평등이 이루어지도록 하기 위하여 등장한 것이 사회복지제도이다. 따라서 현대국가에선 이러한 문제를 해결하기 위하여 그 수정의 원리로서 복지국가이론과 사회적 형평의 원칙에 의한 배분적 정의로서의 실질적인 권리능력의 평등이 요청되기에 이른다. 노동법 사회법의 등장과 독점규제, 약관규제, 공정거래제도, 공해관계법, 소비자보호법 등은 실질적 평등을 도모하는 제도들이다.

---

56) 近代民法은 中世 封建社會에 대한 挑戰으로 個人主義的 법원리에 의하여 體系化 되었다. 그 사상적 背景은 1789년의 불란서대혁명 이후 선포된 人權宣言 제1조: "사람은 出生 및 生存에 있어서 自由 및 平等의 權利를 가진다"는 思想에서 그 由來를 찾아볼 수 있다. 그 후 프랑스민법에서 "모든 프랑스인은 私權을 享有한다"(제8조)고 하여 본 원칙을 명문화하고 있다.

제3절 근대민법의 기본원리

1. 사적자치의 원칙(계약자유의 원칙=법률행위자유의 원칙)

사적자치의 원칙이란 각 개인은 자유로운 의사에 의하여 각자의 법률관계를 형성할 수 있다는 원칙을 말하며, 이는 곧 자신의 일을 자기결정(Selbstbestimmung)·자기책임(Selbstverantwortung)·자기지배(Selbstherrschaft) 하에서 행한다는 것을 말한다. 이는 주로 19세기 이후에 제정된 유럽의 민법전들의 영향하에 자유주의적 세계관에서 제정된 민법전들에 포함되어 있다. 자유주의란 개인을 사회의 기초적 구성단위로 생각하고 개인의 의사를 존중하는 사상이다. 여기서 개인의 의사를 요소로 하는 「법률요건」이 법률행위이고 사적자치를 실현하는 수단은 법률행위에 적용할 때 나타나므로 이를 「법률행위자유의 원칙」이라고 하며, 법률행위의 대표적인 형태가 주로 계약의 형태로 나타나기 때문에 이를 「계약자유의 원칙」이라고도 한다. 물론 여기서의 계약자유의 원칙이 곧 사적자치의 원칙이 아니고 사적자치를 정책적으로 실현하는 법률적 실현수단의 대표적인 것이 계약자유의 원칙이다. 이는 경제적으로는 자유경쟁주의 내지 자유방임주의로 표현되며, 따라서 국가는 개인의 합리적인 인간활동에 관여해서는 아니 된다는 것이다.

계약자유의 원칙이란 ① 계약을 체결하느냐, 않느냐의 자유(체결의 자유) ② 계약을 누구와 체결하든(상대방 선택의 자유), ③ 어떤 내용으로 하든(내용결정의 자유), ④ 어떻게 체결하든(방식결정의 자유) 당사자간에 자유로 정할 수 있는 원칙을 말한다. 물론 이 원칙은 계약뿐만 아니라 유언과 같은 단독행위에서도 나타나지만 유언은 엄격한 방식을 요구(제1060조 이하)한다. 이 원칙을 통하여 사람들은 창의력을 바탕으로 경제활동을 하게 되었고, 그 결과 자본주의가 비약적으로 발전되는데 크게 기여하게 된다. 그러나 이 원칙도 자본주의사회의 모순으로 나타난 독점자본주의의 시대적 산물로 등장한 빈부의 격차, 즉 경제적 강자에 의한 계약강제, 독과점의 횡포 등으로 불평등이 초래된다. 이에 국가는 실질적인 인간의 평등을 확보하기 위하여 계약자유의 원칙에 적극적으로 국가가 개입하여 균형 있는 사회발전을 꾀하기 위하여 입법적 해결을 시도하게 되는데, 예컨대 이자제한법에 의한 고리대금 억제, 근로자의 최저임금제 보장, 보통거래약관법에 의한 소비자보호 등 각종 제도들이 그 것이다. 그밖에 해석에 의해서도 계약의 자유가 제한을 받게 되는데, 계약체결이 선량한 풍속과 기타 사회질서에 반하는 것을 내용으로 한 경우에는 무효로 하거나(민법 제103조), 사정변경의 원칙에 의하여 계약의 해제권·변경권 등을 인정하거나, 권리의 행사가 남용(민법 제2조 2항)되거나, 신의 측에 반하는 경우(민법 제2조 1항)에도 그 효력을 축소 내지는 부정하고 있다.

2. 소유권절대의 원칙(사유재산권 존중의 원칙)

이 원칙은 각 개인의 사유재산에 대한 절대적 지배를 인정하고 국가나 다른 타인의 방해나 침해를 받지 않고 자유롭게 목적물을 지배하거나 권리행사가 보장되어야 한다는 원칙이다. 이 원칙도 프랑스 인권선언 17조에서: "소유권은 불가침이고 신성한 권리이므로 법률에 의하여 공공의 필요성이 명백히 요구되고, 또한 정당한 보상의 조건하에서 하는 것이 아니면 박탈할 수 없다"고 하여 소유권의 신성불가침을 선언한 이래 각국의 근대민법이 수용한 대 원칙이다. 이 원칙이 인정될 때에 비로소 사람은 자기의 재화를 마음놓고 지배할 수 있게 된다. 사유재산권의 가장 전형적 유형이 소유권이기 때문에 이를 보통은 "소유권절대의 원칙"이라고도 한다. 이 원칙으로부터 우리민법상의 권리행사자유의 원칙, 물권법정주의(민법 제185조), 침해자에 대한 물권적청구권(민법 제213·214조 등), 매매는 임대차를 깬다(Kauf bricht die Miete)는 원칙 등이 도출되었다.

이 원칙은 소유권을 거래의 객체로 함으로써 자본주의 경제발전에 기여한 바가 지대하다. 지난 수년간 소련과 동구에서 일어난 사회주의국가의 몰락은 바로 이 원리의 적용이 없던 사회주의체제의 전복으로 그 의미가 실증된 셈이다. 최근의 중국민법이 이를 수용한 것은 동구권의 몰락을 타산지석으로 여긴 중국이 법제도의 개혁을 통하여 자본주의 시장원리와 제도를 대폭 수용한 것으로 평가할 수 있다. 그러나 이 원리의 수호도 각 개인이 어느 누구에게도 구속을 받지 않고 소유권을 행사할 수 있다는 확신으로 타인에게 손해를 가하는 경우가 발생하여 더 이상 방치할 수 없는 상황이 되게된다. 그리하여 1919년 Weimar헌법(제153조 3항)에서 "소유권도 의무를 부담하며, 그 행사는 동시에 공공의 이익에 좇아야 한다"고 규정한 이래 소유권의 행사에 사회성과 공공성이 요청되기에 이른다. 공해·토지의 공개념 등의 도입을 통한 본 원칙의 수정방향은 최근 공직자윤리법, 택지소유상한제 등 소유권의 제한이 가일층 높아졌고, 특히 공해 · 환경문제에서 소유권상대의 원칙으로의 수정이 불가피하게 되었다. 따라서 소유권도 공공복리의 범위 내에서 인정되며 헌법 (제23조 2항)과 민법(제211조)에서 일정한 범위 내에서의 소유권의 제한이 규정되어 다수의 특별법에 의하여 소유권자의 의사에 반하여 소유물이 수용되거나 사용수익이 제한되는 것을 볼 수 있다.

3. 과실책임의 원칙(자기책임의 원칙)

어떤 행위를 통하여 개인이 타인에게 손해를 가한 경우에 가해의 손해배상책임은 그 사람에게 일정한 귀책사유인 고의 또는 과실이 있는 경우만 가능하다는 원칙이다. 개인은 자기과실로 인한 행위에 대해서만 책임을 지고, 타인의 행위에 대한 결과에는 책임을 지지 않는다는 의미에서 "자기책임의 원칙" 이라고도 부른다. 본 원칙을 통하여 개인의 자유활동을 널리 보장하게 되므로 근대사회에서 기업발전에 크게 공헌하게 되었다. 우리 민법상 손해배상청구권을 발생시키는 대표적인 규정은 「채무불이행」의 경우와 「불법행위」의 경우이다. 즉 "채무자가 채무의 내용에 좇는 이행을 하지 아니한 때에는 채권자는 손해배상을 청구할 수 있다. 그러나 채무자의 고의나 과실 없이 이행할 수 없게 된 때에는 그러하지 아니하다"(제390조)는 규정이나, "고의 또는 과실로 인한 위법행위로 타인에게 손해를 가한 자는 그 손해를 배상할 책임이 있다"(제750조)는 규정 등에서 우리민법이 과실책임의 원칙을 수용한 것임을 확인할 수 있다.

그러나 이 원칙도 현대문명과 기술이 고도로 발달하면서 대 · 소규모의 재해가 발생하게되어 결국 피해자의 구제 · 손해의 공평한 분담이라는 측면에서 가해자에게 과실유무를 묻지 않고 손해배상을 묻는 「무과실책임」이 강력하게 주장되기에 이른다. 즉 제조업에서의 각종사고, 환경피해, 항공기 사고 등

위험을 스스로 내포하면서 막대한 이익을 거두는 대기업은 그로부터 발생하는 필연적 손해에 대하여 기업의 고의·과실을 묻지 않고 배상책임을 지우고 있다. 그러나 무과실책임을 무제한 인정하게되면, 기업의 위축을 초래할 염려가 있으므로, 그 인정에 있어서 보다 신중하게 다루어야 할 문제라고 생각한다. 대부분의 외국의 입법례도 원칙적으로는 과실책임을 인정하면서 예외적으로 무과실책임을 수용하고 있는 실정이다. 우리나라도 2002년 7월부터 무과실 불법행위를 정면으로 인정하는 제조물책임법이 제정 시행되고 있다.

제4절 우리민법의 기본원리

우리민법은 헌법(제23조 2항, 제37조 2항)의 기본정신[57] 아래서 자유·평등을 그 이념으로써 강조하여 사유재산권을 보호하고(민법 제211조) 있으며, 개인의사자치(민법 제105조-제106조), 과실책임의 원칙(민법 750조)을 인정하고 있으면서, 예외적으로 무과실책임(民法 제756조-제758조)을 규정하거나, 특별법에서 무과실책임을 인정하고 있다.[58] 즉 민법은 자유·평등을 그 이념으로 강조하고, 한편으로는 공공복리원칙으로 조화를 시도하면서 우리 민법의 일반조항인 신의성실의 원칙(제2조 1항)과 권리남용금지의 원칙(제2조 2항)을 보편조항으로 민법전면에 규정하여 이를 민법전반에 반영하고 있고, 아울러 거래안전·사회질서 등의 원칙들은 상기한 4대기본원리를 제한하고

57) 헌법은 한편으로 정치적 민주주의를, 타면에서는 경제적·사회적 민주주의를 선언하고, 이들을 합리적으로 조화·조정할 것을 근본이념으로 하고 있다. 즉 헌법 제10조에서 기본적 인권을 최대한 보장하고 있으며(헌법 제10조), 대한민국의 경제질서는 개인과 기업의 경제상의 자유와 창의를 존중함을 기본으로 하되, ...국가는 ... 국민주체간의 조화를 통한 경제의 민주화를 위하여 경제에 관한 규제와 조정을 할 수 있다(헌법 제119조 1항, 2항). 또한 인간다운 생활을 할 권리를 자지며, 생활능력이 없는 국민은 법률이 정하는 바에 의하여 국가의 보호를 받는다(헌법 제34조 1한, 2항)고 규정하고 있다; 곽윤직, 민법강의, 제7판, 37면 참조.

58) 광업법 제91조; 독점규제 및 공정거래에 관한 법률 제45조; 근로기준법 제78조; 국가배상법 제5조; 원자력손해배상법 제3조; 환경정책 기본법 제7조, 제조물책임법 등.

있다. 결국 우리의 민법은 근대민법의 기본원리를 외국입법을 통하여 간접적으로 수용하여 공공복리 등의 법 원리로 수정된 기본원리를 기본으로 하고 있음을 알 수 있다. 결국 근대민법의 4대 기본원리는 우리민법의 대원칙이기도 하지만 근대민법 초기의 절대적 자유를 인정하던 4대원칙 그대로의 모습이 아닌 근대에서 현대로 발진하면서 상당부분이 수정되고 변천된 4대원칙임을 간과해선 안 된다. 더구나 21세기에 들어서면서 급증한 사이버공간에서의 전자거래는 기본원리의 새로운 수정의 국면을 맞이하고 있다. 또한 가족법상의 기본원리로 헌법 제36조 1항에서 "혼인과 가족생활은 개인의 존엄과 양성의 평등을 기초로 성립되고 유지되어야 하며, 국가는 이를 보장한다"라고 규정하고 있으며, 민법 제7차 개정에서 상당부분 합리적인 방향으로 개정되긴 했지만, 아직도 남성우위의 가족법적 색채가 남아있어 낙후성이 잔존하는 입법임을 부인할 수 없다 하겠다.

제4장 민법의 해석

법의 해석은 법규가 가지는 의미나 내용을 명확히 하는 작용이며, 법규의 정립이 일반적·추상적 법규로 규정되는데 반하여, 개인의 행위는 대개 구체적·개별적으로 행하여지므로 이 구체적 사실이 일반적·추상적인 규정에 합치하는지 여부를 규명하는 작용을 법의 해석이라 말한다. 이러한 해석을 통하여 법적안정성(문리해석), 구체적타당성(논리해석) 여부를 찾고, 이익형량 등을 고려하여 법 적용을 명백히 하는 중개적 행위 혹은 법논리적·법기술적 조작을 할 수 있다. 따라서 민법의 적용에 앞서서 그 전제가 되는 法源의 내용을 확정하는 것이 민법의 해석이라 할 수 있다.

특히 민법의 많은 法源은 그 적용에 있어서 의문의 여지가 많으므로 다른 여타의 법률보다 법의 해석적용이 중요하다. 그 중에서도 성문법규의 해석이 가장 중요하고 어려운 분야이다. 민법의 경우 적절한 해석이 없다면, 한 조문도 그 뜻이 명확한 명문규정은 없다고 해도 과언이 아니다. 널리 법의 해석이라고 할 때 유권해석(공권적해석)과 학리해석(학설적해석)을 말하며, 특히 학리해석이 중요하다. 유권해석은 성문법규를 해석하는 것이고, 그에 대하여 다시 해석할 필요가 생기는데 이 경우가 대부분 학리해석에 의해 해석하게 된다.

제1절 민법해석의 기술(태도)

1. 문리해석

당해 조문의 문자가 가지는 의미에 따라서 내린 해석으로 성문법 국가에서 가장 기본적인 해석이다. 이는 입법자의 의사에 충실한 해석으로 법적안정성에 기여하는 해석 방법이다.

2. 논리해석(체계해석)

민법을 하나의 논리적 체계로 구성하여 법규정을 개별적으로 해석치 않고, 각 조문마다 적당한 지위를 두고 전체와의 상호관계 등을 고려하여 민법 또는 법질서 전체의 배후에 있는 가치를 판단하여 해석하려는 입장으로 구체적 타당성을 확보하기 위한 대표적인 법 해석 방법이다. 특히 민법은 하나의 조문을 해석함에 있어서 다른 조문도 고려할 필요가 있다.

3. 목적론적해석

상기한 1. 2.에 의하여 타당한 결론을 도출해 내지 못한 때 법률의 목적, 의미, 가치, 이익, 정신에 따라 행하는 목적해석의 방법에 의할 수밖에 없다. 이 방법은 법의 목적에 대한 해석의 차이로 ① 입법자의사설(주관적해석) ② 법률의사설(객관적해석)이 있다. 입법자의사설은 특히 입법자의 의사에 대한 탐구를 법률해석의 목적으로 하는 견해이며, 법률의사설은 입법자의 의사에서 해방되어 법률자체의 의사탐구를 목적으로 하는 견해이다.

제2절 민법해석의 종류

1. 반대해석

유사한 두개의 사실 중 하나의 사실에만 규정이 있는 경우, 법규정의 존재를 역이용해서 하나는 반대의 결과를 인정하는 법 해석을 말한다. 예컨대, 부부의 일방이 일상가사에 관하여 진 채무에 관하여 다른 일방이 연대책임을 진다는 규정(제832조)으로부터, 자녀가 일상가사에 관하여 진 채무에 부가 책임을 지지 않는다는 해석을 하는 것은 여기에 속한다.

2. 유추해석

유사한 두개의 사실 중 하나의 사실에 관하여서만 규정이 있는 경우에 , 「같은 종류는 동일하게 취급한다」는 원칙에 의하여 다른 아무런 규정이 없는 사실관계에 대하여도 이와 같은 효과를 인정하는 법 해석.

3. 축소해석

법규의 내용에 포함되는 개념을 다른 법규와의 상호관계를 고려하여 본래의 문자자체의 뜻보다 축소해서 효력을 인정하는 법 해석을 말한다.

4. 확대(장)해석

법규의 내용에 포함되는 내용을 단순한 해석으로 지정한 의미를 파악할 수 없는 경우에 문자 그 자체의 뜻보다 확장해석해서 효력을 인정하는 법 해석을 말한다.

5. 연혁해석

입법당시의 입법자의 의도와 상황 - 입법초안(입법준비초안), 이유서, 입법의견서, 의사록, 입법의 제안이유, 母法 기타 법률편찬에 참조가 된 외국법전 등 - 을 두루 참작하여 행하는 해석을 말한다.

6. 물론해석

법규정이 일정한 사례를 규정하고 있는 경우에 다른 사례에 대해서도 그 성질상 당연히 그 규정을 적용하는 해석방법을 물론해석이라고 한다.

7. 비교해석

외국법(母法), 구법 등을 비교·대조하여 해석하는 방법을 말한다.

8. 보정해석

법규의 자구가 잘못 되거나 표현이 부정확하다고 인정되는 경우에 그 字句를 수정·변경하는 해석방법.

제3절 민법해석의 방법

위에서 확인한 해석방법은 단순한 형식논리의 조작이며, 법 해석의 기술이기 때문에, 구체적으로 어떤 순서에 따라 어떻게 이용하느냐가 중요한 문제이다. 따라서 민법을 해석함에는 우선 민법전 기타 법률의 문언에 충실한 해석(문리해석)을 하여야 하며, 법전의 체계에 적합하도록 해석(논리해석=체계해석)하여야 한다. 이상의 방법으로도 타당한 결론을 얻을 수 없는 경우에는 당해 법규의 제정목적과 취지를 고려해서 해석하여야 한다(목적논적 해석). 그러기 위해서는 당해 법규의 입법당시의 상황과 입법자의 의사를 탐구하여 적절한 해석을 도출해 내도록 하여야 한다(입법자의 의사탐구). 입법자의 의사를 탐구한 후 현재의 상황변화를 고려해서 현 단계에서 어떠한 가치이익을 실현시킬 것인가의 문제와 현대사회에서의 문제점 해결과 법 기능이 입법자의 의도대로 현실적으로 적용되고 있는지 등을 비교형량 하여 타당한 결과를 이끌어 내야만 된다. 결국 법의 일반적·추상적 규정 속에서 개인간의 구체적 타당성을 유지하면서, 일반적 확실성에서 법적 안정성까지도 확보하게 하여 해석자가 합리적이고 타당한 결과를 끌어내는 것이다.[59)]

제4절 민법과 헌법과의 관계

헌법은 그 체계나 성질상 당사자간의 *私法的* 법률관계에 직접 적용되는 경우는 흔치 않으나, 헌법재판소의 결정이 일반법원이나 심지어는 대법원의 판결에도 영향을 미치므로 민법도 헌법의 이념과 정신에 부합되는 해석 및 적용을 하여야 된다. 헌법의 기본권 규정은 민법의 여러 원칙을 매개하여 간접적으로 개인상호간에 적용 된다는 것이 통설, 판례의 입장이다. 특히 민법

59) 법해석학에 관한 연구로는: 고상용, 「法解釋學의 硏究動向」, 成大論文集 25, 85면 이하 참조.

중 가족법은 개인의 존엄(헌법 제10조)과 양성의 평등(헌법 제11조, 36조)에 따라서 해석하여야 하겠고, 재산법은 사유재산의 보장(헌법 제23조)과 사회복지국가주의(헌법 제34조)가 해석의 기준이 된다 하겠다. 민법의 규정이 헌법에 위배되면 위헌심판에 의해 그 효력이 상실되므로,[60] 민법도 헌법의 이념과 정신에 부합되게 해석되어야 한다.[61]

※ 알아두어야 할 법률용어

① 準用 : 立法 기술상의 용어로 기존의 법규와 유사한 사항을 규정할 때, 법률을 간결하게 할 목적으로 그 문언의 중복을 피하기 위해서 표현하는 것이다.

② 推定 · 看做 : 입증의 곤란을 구제하기 위한 제도이다. 추정은 불확실한 사실을 일단 존재하는 것으로 보고 법률효과를 발생시키나, 추후에 반증이 있으면 즉시 그 효과를 발생시키지 않는 제도이다. 예컨대 민법 제30조에 "2인 이상이 동일한 위난으로 死亡한 경우에는 동시에 사망한 것으로 추정한다"고 되어있는 경우에, 다른 시기에 사망한 사실이 밝혀지거나 그들 중 생존자가 생겨 동시사망이 아님이 입증(反證)되면 推定이 즉시 번복된다. 반면 간주(...로 본다)는 추후 반증만으로 사실을 번복시키지 못하고, 일정한 취소절차를 거쳐야만 번복이 가능한 경우로, 예컨대 실종선고(민법 제28조)의 경우 반드시 실종선고의 취소절차(민법 제29조)를 통해서만 사망의 효과를 취소시킬 수 있는 경우가 여기에 해당한다.

③ 對抗**하지 못한다** : 당사자간에 발생한 법률관계를 제3자에 대하여 주장하지 못한다는 뜻으로, 주로 선의의 제3자를 보호하여 거래안전을 추구할 때 사용된다.

④ 善意 · 惡意 : 선의란 어떤 사정을 알지 못하고 행한 것이고, 악의란 이를 알고 있는데도 불구하고 행한 경우이다.

---

60) 헌법재판소의 위헌결정 효력은 위헌결정 이후에 제소된 일반사건에도 미치게 된다: 대판 1995.11.07, 95다33948.

61) 기본권의 對私人的 효력에 관하여는; 대결 1995.5.23, 94마2218 참조.

제5장 민법의 효력

제1절 생활관계적 효력

민법은 일상의 생활관계를 규율하는 일반사법이므로 그 적용되는 생활관계의 범위는 재산적관계·가족적관계이다. 더욱이 민법은 사회정책적 색채를 지닌 농지개혁법 등과 같은 특별법규를 포함하고 있으나 영리목적의 상행위(상법)는 포함하지 않는다. 따라서 민법은 사람(人), 장소 등에 특별한 제한 없이 생활관계에 일반적으로 적용된다.

제2절 時(때)에 관한 효력

모든 법률은 그 효력이 발생한 이후부터의 사실에 대해서만 적용된다. 이를 법률불소급의 원칙이라고 하는데, 이 원칙은 우리헌법 제13조 제1항에 명문화하여 형법에선 입법도 구속하나, 민법에서는 해석상의 원칙이지 입법을 구속하는 것은 아니다. 이 원칙은 법률의 소급으로 발생하는 사회생활의 혼란과 분규를 막고 법적안정성을 확보하기 위한 원칙이기 때문에 주로 기득권을 침해하지 않거나 정책상 필요한 경우에는 예외를 인정하고 있다. 따라서 입법으로 소급효를 인정하는 것은 상관없다. 신법의 적용으로 관계된 자가 유리하게 된다 든가 또는 기득권의 침해가 없는 경우, 특히 긴급한 사회·경제정책적인 필요에서 제정되는 입법에서는 이 원칙이 무시되는 경우가 있다. 물론, 헌법상(헌법 제13조 제1항)의 제약은 받는다.

우리민법은 1960년 1월 1일부터 시행되고 있으나(민법부칙 제28조), 민법부칙 제2조에서 "본 법은 특별한 규정이 있는 경우 외에는 본 법 시행일 전의 사항에 대하여도 이를 적용한다"고 하여 소급효를 입법정책적으로 인정하고 있다. 이 경우에도 동조 단서에서 "이미 구법에 의하여 생긴 효력에 영향을 미치지 아니한다"고 규정하여 기득권자는 침해받지 않는 조항도 동시에 취하고 있다. 따라서 민법에서는 신법의 소급적 적용을 통해 관계인들 간의 불이익이나 기득권의 침해가 우려되지 않는 경우에 한해서 정책적인 고려에 의하여 개정법의 효력을 소급해서 인정하고 있다. 따라서 민법에서는 신법의 소급적 적용을 통하여 관계인의 불이익이나 기득권의 침해가 우려되지 않는 경우 정책적 고려에 의하여 개정법의 효력을 소급해서 인정하고 있다. 결국 우리 민법에선 법률불소급의 원칙을 취하면서 그 예외를 인정하고 있는 셈이다. 최근 제정된 "부동산실권리자명의등기에 관한 법률"은 기득권자의 이익을 해하는 소급적 효력을 인정함으로 부동산 경기의 침체를 초래하여, 급기야는 개인과 기업과 국가가 IMF시대를 맞이하는 결과를 초래했다고 해도 과언이 아니다.

제3절 人(사람)에 관한 효력

민법은 사람의 인민주권의 효과로 인종, 신조, 성별, 사회적신분, 계급에 의한 차별 없이 국내의 모든 대한민국 국민[62)]에게 적용되고(속인주의), 영토주권의 효과로서 대한민국 영토내의 모든 내국인에도 적용된다(속지주의). 이러한 속인·속지의 두 중의를 병행하는 것은 근대국가의 법률에 있어서의 원칙이다. 그러나 민법은 각 나라에 따라 다르기 때문에 외국의 민법도 속지주의에 의거 적용이 되면 내·외국인간에 섭외사건(예컨대, 외국인간의 결혼

62) 大韓民國 國民은 大韓民國의 國籍을 가진 자이며, 국적 취득과 상실에 관하여는 국적법(1997년(全改) 5431)이 규정하고 있다; 곽윤직, 민법강의(I), 44면 참조.

의 경우, 한국에 거주하는 영국인이 일본인과 한국에 있는 부동산을 매매하는 계약을 체결하는 경우 등)의 경우 내외사법의 충돌이 생기기 때문에, 이러한 충돌을 해결하기 위해 국제사법(1962년 법률 제966호; 기존의 섭외사법이 2001.4.7, 법률 제6465호로 그 명칭을 국제사법으로 하고, 내용도 대폭 개정되었다)이 제정 시행되고 있다. 특히 국제화시대에 대비한 섭외사법의 역할은 더욱 커졌다 하겠다. 또한 우리헌법에서 "모든 국민은 법 앞에 평등하고, 성별·종교 또는 사회적 신분에 의하여 차별되지 않는다(헌법 제11조)"고 하여 일반사법인 민법은 모든 국민에게 제한 없이 적용된다. 최근 독일은 채무법의 개정을 통하여 국제적인 간격을 좁혀가고 있음을 보면서, WTO체제의 출범이 우리 민법에 미칠 영향도 생각하지 않을 수 없다. 특히「국제물품매매계약에 관한 UN협약(CISG)」의 출범은 국제간의 주요한 사법질서의 기준이 될 것으로 전망된다. 특히 최근 국제화의 진행과정에서 전자거래가 성행하는 문제와 이에 따른 국제상거래모델법이나 UN상거래통일규칙이 제정되면 이에 관한 문제점도 제기될 것으로 보인다.

제4절 장소(곳)에 관한 효력

법률은 특별규정을 두어 그의 적용범위를 일부지역에 한정하지 않는 한(限地法), 원칙적으로 우리 민법은 우리나라의 전 영토에 적용됨(헌법 제3조)을 원칙으로 한다. 따라서 북한 지역도 대한민국의 영토에 포함되므로 우리 민법이 적용됨은 물론이다. 다만 현실적으로 그 적용이 제한되고 있을 뿐이다. 환언하면 통일이 되면 별도의 입법 없이도 우리민법이 북한지역에 확대 적용된다 하겠다.

제6장 민법상의 권리

제1절 권리란 무엇인가

권리의 본질이 무엇인가를 한마디로 정의하기는 대단히 어려운 일이다. 권리의 정의에 관하여 중세 역사법학파인 Savigny, Puchta, Gierke, Windscheid 등은 권리를 「의사의 힘 또는 의사의 지배」로 이해하고 있으며(의사설), 목적법학파인 Jehring은 권리를 「법에 의하여 보호되는 이익」으로 이해한다(이익설). 그러나 의사설은 권리무능력자인 유아나 정신병자도 권리를 가짐을 설명하지 못하는 한계가 있으며, 이익설 역시 친권의 경우처럼 권리자에게 아무런 이익이 없음을 간과하고 있다. 그 후 Enneccerus, Merkel 같은 독일의 *私法學者*는 「이익을 향유할 수 있는 의사의 지배」로 이해하고 있으며(권리법력설=절충설), 최근에는 Duguit, Kelsen 등에 의하여 독립된 권리의 실체를 인정하지 않고(권리부인설) 권리 대신 법률관계[63]를 *私法*의 중심개념으로 대체 하려는 시도가 독일의 일부학자들에 의하여 주장되고 있다. 대표적으로 Raiser교수는「권리보호와 동시에 법률제도의 보호」를 강조하고 있으며, Coing은 법질서 기구이론을 통하여 「법질서는 개인의 법적지위를 보호하려는 것일 뿐만 아니라 법률공동체의 구성원이 공동목적을 실현하기 위하여 공동기능을 할 수 있는 기구」라고 주장하고 있다.

현재 우리나라는 독일의 다수설인 절충설을 보완하여, 권리란 「법에 의하여 인정되는 일정한 이익을 향수하는 것을 내용으로 하는 의사 또는 힘」이라고 정의하고 있다. 우리민법이 규정하고 있는 대표적인 권리는 소유권으로

---

63) 人間關係를 규율하는 社會規範에는 도덕, 관습, 종교, 법 등이 있는데 이중 법에 의하여 규율되는 社會關係를 "法律關係"라 한다. 도덕이나 관습, 종교 등은 강제력이 없으나 법은 그 효력이 강제적으로 실현시킬 수 있다는 점에서 차이가 있으며 따라서 법률관계는 이러한 비강제적 사회규범이 강제적 법률관계로 승화된 것이 많다. 신의측은 바로 도적률이 법률로 승화된 좋은 예라 할 수 있다.

서 「법률의 범위내에서 그 소유물을 사용, 수익, 처분하는」 것이 법에 의하여 인정된 물권법상의 대표적인 권리이다(§ 211).

제2절 公權과 私權

일반적으로 공법과 사법의 구별에 대응하여 공법상의 권리를 公權, 私法上의 권리를 私權이라고 한다. 그러나 공권과 사권의 구별의 실익은 전술한 바처럼 公·私法 구별의 의의가 약화되는 추세이기 때문에 구별의 필요성에 대한 찬반의견이 대립된다.

Ⅰ. 私權의 종류

1. 권리의 작용(효력)에 의한 분류

1) 지배권(절대권 혹은 대세권)

권리자가 타인의 행위에 대하여 자기행위를 통해서 권리행위를 실현할 수 있는, 즉 목적물을 직접적·배타적으로 지배할 수 있는 권리로서 전형적으로 물권이 이에 속하고, 기타 무체재산권과 신분법상의 친권도 이에 속한다. 지배권의 침해의 결과로 발생하는 방해배제청구권과 손해배상청구권은 지배권에 따르는 청구권이다.

2) 청구권(대인권 혹은 상대권)

권리의 내용실현을 위하여 일방이 타방에 대하여 일정한 작위 또는 부작위를 요구할 수 있는 권리로 채권이 대표적인 권리이고, 물권이나 신분권의 경우도 청구권이 생긴다(예컨대, 물권적청구권, 채권적청구권, 부양청구권, 부부간의 동거청구권, 상속회복청구권 등).

3) 형성권(가능권)

권리자의 일방적 의사표시에 의하여 법률관계를 발생·변경·소멸시키는 권리를 말한다(예컨대, 미성년자의 법률행위 취소권, 법률행위의 동의권·취소권·계약의 해제권·해지권·상계권 등). 형성권은 법원의 확정판결에 의하여 행해지는 형성권인 사해행위 취소권·혼인의 취소권(제816조)·채권자취소권(§ 406)·재판상이혼권(제840조)·친생부인권(제846조)·입양취소권(제884조)·재판상파양권(제905조) 등이 있다. 또한 청구권이란 용어를 쓰지만 그 실질에 있어서는 형성권인 것이 있는데, 지료증감청구권(제286조)·지상물매수청구권(제285조)·부속물매수청구권(제316조)·매매대금감액청구권(제572조) 등이 그것이다.

4) 항변권(반대권)

자기에 대한 타인의 권리, 특히 청구권의 행사에 대하여 그 작용을 저지하는 것을 목적으로 하는 권리이다(예컨대, 쌍무계약의 당사자에 의한 동시이행의 항변권 및 보증인의 최고·검색의 항변권·상속인의 한정승인의 항변권 등). 항변권의 성질에 관하여는 상대방의 권리는 승인하면서 그 권리의 작용에 일방적으로 변경을 일으킨다는 점에서 특수한 형성권으로 보는 게 일반적이다. 이에는 청구권의 행사를 일시적으로 저지하는 연기적항변권과 영구적으로 저지하는 영구적항변권이 있다. 상기한 동시이행의 항변권(제536조)이나 보증인의 최고 검색의 항변권(제437조)은 전자의 예이고, 상속인의 한정승인(제1028조)은 후자의 예이다.

2. 권리의 내용에 의한 분류

즉 권리자가 향유하는 사회적 생활리익을 기준으로 분류한 것으로 이에는 인격권·신분권·재산권·사원권 등이 있다.

1) 인격권

인격권은 권리의 주체와 분리할 수 없는 인격상의 이익에 관한 권리로써, 이에는 생명 · 신체 · 자유 · 명예 · 신용 · 정조 · 성명 · 초상 · 창작 등과 같이 인격적 이익을 독점적 · 배타적으로 향유할 수 있는 권리를 말한다. 인격권이 침해된 경우에 피해자는 침해의 제거와 손해배상을 청구할 수 있다.

2) 신분권(가족권)

신분권이란 일정한 가족관계에서 발생한 일정한 신분상의 이익을 내용으로 하는 권리로 친권, 부부일방이 타방에게 정조를 요구할 수 있는 권리, 일정한 가족관계에서 발생하는 재산적 이익에 관한 권리 등이 이에 속한다.

3) 재산권

재산상 이익에 관한 권리로 재화와 용역으로부터 나오는 사회생활상의 이익을 내용으로 하는 권리이다. 대표적으로 물권 · 채권 · 무체재산권(지적재산권) 등이 이에 속한다.

4) 사원권

사원권이란 단체의 구성원으로서의 지위에 따르는 권리로, 예컨대 결의권과 소수사원권 등의 공익권과 이익배당청구권 · 잔여재산분배청구권 등 자익권과 기타 주식회사의 주주권 · 비영리법인의 사원권 등이 있다. 사원권의 내용은 사단의 종류에 따라서 약간씩 다르다. 따라서 주식회사의 사원은 주주의 이익배당청구권이 있으며, 공익사단법인의 사원에겐 이익배당청구권이 있다.

3. 기타의 분류

1) 의무자의 범위를 기준으로 절대권(물권 · 인격권) · 상대권(채권)으로 분류된다.
2) 권리와 권리주체와의 관계를 중심으로 권리의 성질상 타인에게 귀속

될 수 없는 일신전속권 · 양도성과 상속성이 있는 재산권(비전속권)으로 분류한다.

3) 장래 일정한 사실이 발생하면 법률적 이익을 취득하게 된다는 기대를 내용으로 하는 권리를 기대권 또는 희망권 이라고 한다. 예컨대 상속개시전의 추정상속인의 상속권 · 조건부 권리(제148조 · 제149조) · 기한부 권리(제154조) 등이 이에 속한다.

4) 주종관계를 표준으로 하여 다른 권리에 대하여 종속관계에 서는 권리를 종된 권리라 하며, 그 다른 권리를 주된 권리라 한다. 예컨대 주채무자에 대한 채권에 대한 관계에서 보증인에 대한 채권, 피담보채권에 대한 관계에서의 담보물권 등이 여기에 속한다. 종속성의 정도는 개개의 종된 권리의 성질이 무엇이냐에 따라서 다르다.

제3절 법률관계와 권리의무의 한계

Ⅰ. 법률관계(Rechtsverhältnis)

법률관계에 관해서는 ① 법적 연계설과 ② 법적 생활관계설이 대립되어 왔다. ①은 인간사이의 법적연계를 법률관계라 정의하고 있으며,[64] ② 는 법규범에 의하여 규율되는 생활관계(rechtliche geregeltes Lebensverhältnis)를 법률관계라고 정의한다. ② 의 입장이 독일의 다수설, 한국에 있어선 통설(곽윤직 92; 김기선 205; 김용한 46; 이영준 32; 김상용 101)의 지위에 있지만, 엄밀한 의미에서 양설 모두 "법률관계를 법에 의하여 규율함으로써 법의 강제력에 의하여 이를 실현하는 것"을 의미한다는 점에서는 차이가 없다고 본다.

---

64) K. Larenz, § 12 I: K. Larenz교수는 그의 저서에서 "생활이라는 사실관계와 권리 · 의무로 구성되는 규범관계를 혼돈 한다"고 법적생활관계설을 비판하고 있다. 이설은 특히 채권관계를 설명하는데 편리하다.

Ⅱ. 권리의 행사와 의무의 이행

원래 권리는「자기의 권리를 행사하는 자는 그 누구도 해하지 않는다」·「자기의 권리를 행사하는 자는 누구에 대해서도 불법을 행한 것이 아니다」는 법언과 같이 권리의 행사는 권리자의 자유에 일임되어 있어 자신의 정당한 권리행사를 통해서 타인에게 손해를 가한 경우 그 손해를 배상할 필요가 없었다. 이를「권리행사자유의 원칙」이라 한다. 그러나 근대민법 이후 권리행사의 공공성이 요구되면서「신의성실의 원칙」과「권리남용금지의 원칙」이 프랑스 와 독일 민법에서 명문으로 인정하였고, 우리민법도 이러한 대륙법계 특히 스위스민법의 영향을 받아 민법 제2조에서 "① 권리의 행사와 의무의 이행은 신의에 좇아 성실히 하여야 한다, ② 권리는 남용하지 못한다"고 규정하고 있다.

우리민법의 입법초기 단계인 1948년 [民法典編纂要綱]에서 "권리의 행사에 관하여 권리남용의 법리를 성문화하면서, 동시에 의무의 이행에 관하여 신의성실의 원칙을 일반적으로 천명하는 규정을 세울 것"을 명시하고 있으며,[65] 그 후 법전편찬위원회에서도 만장일치로 이를 채택하고 있다.[66] 여기서 분명히 할 점은 권리행사와 의무의 이행을 나누어서 의무의 이행은 신의성실의 원칙에, 권리의 행사는 권리남용에 각각 정하고 있다는 점이다. 그러나 그후 입법과정에서 민법 제2조에 "권리의 행사와 의무의 이행은 신의에 따라 성실히 하여야 한다"(§ 2 Abs. 1) 고 하고, 동 2항에서 "권리는 남용하지 못한다"고 하여 별개의 규정으로 분리하여 일반조항(추상적 기준만 제시하고 그 내용이 구체화 되어있지 않은 조항)으로 규정하고 있다.

Ⅲ. 권리행사의 한계

1. 신의성실의 원칙(§ 2 Abs. 1)

---

65) "朝鮮法典編纂委員會起草要綱(3)", 法政 3-8(1948.8), 41면.
66) "法典編纂委員會總會議事錄(抄)", 法律評論 1-1(1949.4), 35면.

1) 의 의

신의성실의 원칙은 "모든 사람은 사회공동생활의 일원으로서 서로 상대방의 신뢰를 헛되이 하지 않도록 성의 있게 행동하여야 한다는 원칙"을 말한다. 이 원칙의 타당근거는 사권의 사회성·공공성에서 찾는 입장과(곽윤직), 권리의 속성에서 찾는 입장(이영준)이 있다. 판례는 "신의성실의 원칙은 법률관계의 당사자가 상대방의 이익을 배려하여 형평에 어긋나거나 신뢰를 저버리는 내용 또는 방법으로 권리를 행사하거나 의무를 이행해서는 아니 된다는 추상적인 규범(일반조항)이다. 이를 구체적으로 적용함에는 상대방의 이익내용, 행사하거나 이행하려는 권리 또는 의무와 상대방의 이익과의 상관관계 및 상대방의 신뢰의 타당성 등 모든 구체적인 사항을 고려하여 그 적용여부를 결정하여야 한다고" 판시하고 있다.[67] 따라서 민법 제2조는 윤리적 · 도덕적 규범을 법적 규범으로 승격시켰다고 할 수 있다.

2) 沿 革

신의성실의 원칙은 로마법[68]에서 그 기원을 찾을 수 있고, 근대법 에서는 ① 프랑스민법[69]이 최초로 계약법에 규정하고 있다. 그 후 ② 독일[70]에서는 「계약은 거래 관습을 고려하고 신의성실이 요구하는 바에 따라 해석되어야 하며」 (§ 157 BGB), 「채무자는 거래상의 관습을 고려하여 신의성실이 요구하는 바에 따라서 급부할 의무가 있다」 (§242 BGB)고 하여 주로 채권법상의 원칙으로 인정하다가, 판례·학설에서 채권법 이외의 영역 즉 물권법, 가족법, 단체법, 소송법 심지어는 사회적 접촉관계(상린관계, 지역관계, 부부관계, 단체관계) 등 민법전체에 미치는 통칙으로 인정하기에 이른다.

그 후 스위스민법이 제2조 1항에서 "각인은 권리의 행사 및 의무의 이행에

---

67) 大判 1989.5.9, 87 다카 2407.

68) 로마법에서 善의 衡平(bonum et aequum)을 기조로 하는 一般的 惡意의 抗辯(exceptio doli generalis) 및 善意訴權(actiones bonae fidei)에서 유래한다.

69) 제 1134조 3호에서 "契約은 善意로서 履行하지 않으면 안 된다"고 규정하여 주로 계약의 해석의 원리로 기능을 하였다.

70) 독일민법은 제242조 에서 "채무자는 거래의 관행을 고려하여 신의성실을 따라 행사할 의무를 진다"라고 규정하고 있다.

관하여 신의와 성실에 좇아서 행동하여야 한다"고 규정하여 민법 전체에 미치는 최고원리로 명문화하였고, 우리민법은 바로 이 스위스민법의 태도를 계수 하여 제2조 1항에서 민법 통칙(일반조항)으로 규정하고 있다.

3) 요 건

일반적인 요건은 없고, 구체적인 경우에 실질적 정의·형평을 근거로 사회적타당성 내지 공공복리에 적합성 여부를 결정하는 제왕조항(일반조항)이다. 따라서 본 조의 법적근거는 사회성·공공성에서 찾을 수 있다. 요건으로 고의·과실을 필요로 하는지의 문제는 상대방의 권리보호가 중요한 것이므로 고의·과실의 유무에 관계없이 신의측의 위반이 된다고 본다.[71] 이에 대하여 독일의 私法學者인 Wieacker는 언제나 주관적 위반(subjektive Verstöss)을 필요로 한다고 보고 있다.[72] 우리나라의 李英俊 교수는 이 경우에 원칙적으로 고의·과실이 필요하지만 상대방의 보호를 절실히 요청할 때는 고의·과실이 없더라도 권리행사는 허용되지 않고 의무이행은 불완전이행이 된다고 보고있다.[73]

4) 기 능

(1) 법규등의 결함을 보충 또는 구체화하는 기능

당사자간에 분쟁이 발생하였을 때 당해 계약의 내용이 구체적으로 명시되지 않은 사건으로 적용할 법규정도 없는 경우에, 통상 상기한 법률해석(확장·유추해석 등)에 의해서 그 결함을 보충할 수 있으나, 이 경우 권리 의무에 관계된 사항에선 신의칙이 적용된다. 예컨대, 채무자가 언제, 어디에서, 어떻게 채무내용을 이행할 것인가 등에 관한 사항을 결정하는데 있어서는 신의칙이 적용되는 경우가 있다.[74] 또한 사회적 접촉관계에 있는 자간(상린관계)의 규범관계를 구체화하는 기능이 있다.

---

71) Staudinger, BEM A 14.
72) Wieacker, Zur rechthistorischen Präzierung des § 242 BGB, 30면.
73) 이영준, 60면.
74) 대판 1968.9.6, 68 다 1323.

(2) 법규등의 해석적용을 수정하는 기능

조리의 형태로 제정법이 없는 부분을 보충하고, 제정법의 형식적 적용에 따른 불합리를 극복하는 기능을 한다. 또한 어떤 사건에 관하여 문리해석에 의존하여 형식적으로 법규를 적용하다 보면, 도저히 타당한 결과를 얻을 수 없는 경우에 납득할만한 타당한 결과를 얻기 위하여 본 원칙이 적용된 사례가 있다. 예컨대, 매매대금이 고액인 경우 극소액 만이 미지급액이고 그 미지급액에 대하여 월5분의 지연이자를 지급하기로 약정한 경우에, 위와 같이 미지급액이 있다는 이유만으로 계약해제를 한다는 것은 신의칙에 위배된다고 판시하고 있다.[75)]

(3) 법률행위의 해석기준

보통 법률행위의 해석 기준으로서 당사자의 목적, 관습, 임의법규, 신의칙 등이 있다. 우리민법에는 명문규정이 없으나 상기한 독일 민법 제157조에서는 "계약은 거래관행을 고려하여 신의성실의 요구에 따라 해석하여야 한다"고 규정하고 있다. 조리 또는 신의칙을 기준으로 하는 법률행위 해석의 예로는 예문해석 등이 있다.

(4) 정의 · 형평을 실현하기 위한 법 기술

(5) 사회적 적합성 확보의 기능

사회변동에 따른 법적 적응은 대부분 재판의 형태로 나타나는데, 신의칙은 재판에 의한 법 형성을 통하여 사회형성에 대한 법의 유연한 대응을 하여 법의 사회적 적합성을 확보하는 기능으로 나타난다.

5) 효 과

(1) 권리를 창설하는 효과

첫째, 신의칙이 급부의무 또는 명시적으로 규정된 종된 의무에 작용하여 이를 확장함으로써 부수적 의무와 이에 상응하는 권리를 새로 발생케 한다.

둘째, 또한 계약체결 이전의 단계에서 손해가 발생한 경우에도 계

---

75) 대판 1971.3.31, 71 다 352·353·354, 대판집 18.3, 민 260.

약체결상의 과실책임(민법 제535조)을 진다.

(2) 본 원칙의 파생원칙으로 권리변경적 효과 즉 사정변경의 원칙이 인정된다(후술).

6) 일반(제왕)조항으로의 도피(Flucht in die Generalklauseln)

상기한 신의칙의 기능으로서 구체적 타당성 실현의 목적으로 본 원칙을 폭넓게 적용하게 되지만, 반면에 기존의 법률로서 처리 가능한 사건들까지 安易하게 본 원칙으로 처리되곤 한다. 또한 현대사회에 적응하도록 제정 혹은 개정되어야 할 법률들이 법의 경화현상을 초래하면서 까지 손쉽게 본 원칙으로 해결하려는 현상이 나타나 문제점으로 지적되고 있다. 이러한 현상을 “일반(제왕)조항으로의 도피(Flucht in die Generalklauseln)”라 한다. 따라서 신의칙은 법 적용 및 해석의 안정성을 파괴하거나 입법권의 침해까지 허용되어서는 아니 되고 최후의 수단으로 가급적 보충적으로 적용하는데 그쳐야 한다.

7) 파생의 원칙

신의성실의 원칙에서 다음과 같은 원칙이 파생된다.

(1) 사정변경의 원칙

이는 계약체결의 기초가 된 사정이, 그 후에 당사자가 예견할 수 없었던 중대한 변경으로 말미암아 당초에 정하여진 계약의 효과를 그대로 유지한다거나 강제하는 것이 신의·형평상 당사자 일방에게 현저하게 부당한 결과를 발생시킬 경우에, 당사자는 그러한 계약의 효과를 실제 사정에 적합하도록 변경할 것을 청구하거나 또는 계약을 해제·해지할 수 있다는 원칙이다.

사정변경의 원칙은 독일에서의 행위기초론,[76] 프랑스에서의 불예

---

76) 독일에서 행위기초론은 Oretmann에 의하여 제창되었고, K. Larenz에 의하여 발전되었다. K. Larenz는 행위에서 전개되는 객관적사정이 변경된 경우와 당사자가 주관적으로 전개하였던 사정이 당사자가 생각하였던 바와 다른 경우, 즉 공통의 착오의 경우를 나누어, 전자를 객관적 행위기초의 상실, 후자를 주관적 행위기초의 상실이라고 본다.

견이론(imprevision), 영미법상의 프러스트레이션(Furstration)법리 등에 상응하는 개념이다.

우리민법에서는 ① 수도 등 시설의 변경청구권(제218조 2항) ② 조세 기타 부담의 증감·지가변동에 의한 지료증감청구권(제286조) ③ 증여자의 재산상태변경에 의한 증여의 해제(제557조) ④ 전세금증감청구권(제312의 2) ⑤ 파산과 소비대차의 실효(제599조) ⑥ 임차물의 일부멸실에 의한 차임감액청구권(제627조) ⑦ 차임증감청구권(제628조) ⑧ 부득이한 경우의 고용계약의 해지권(제661조) ⑨ 기간의 약정이 있는 임치의 해지(제698조) 10) 부득이한 사유와 조합원의 임의탈퇴(제716조2항) 11) 부득이한 사유와 조합의 해산청구(제720조) 12) 피용자의 부적임·불성실에 의한 신원보증계약의 해지(신원보증법 4-5조) 등에서 인정하고 있다.

그러나 본 원칙은 구체적타당성의 요청에 의한 것이고, "계약은 지켜야 한다(pecta sunt servanda)"는 원칙은 법적안정성을 추구하는 것이므로 양자간의 조화와 균형이 요청된다. 우리나라의 판례는 본 원칙에 입각한 개별적 규정이 있는 경우가 아니면 이를 일반적으로 적용할 수 없다는 태도로 일관하고 있다. 예컨대 매매계약을 체결한 때와 그 잔여대금을 지급할 때와의 사이에 장구한 시일이 지나서 화폐가치가 현저히 변동하였다 하더라도 매도인은 본 원칙을 이유로 계약을 해제할 수 없다고 判示하고있다.[77] 최근의 판례도 "매매계약이 체결된 후에 9년이 지나고 그 시가가 올랐다고 하더라도, 그 것만으로는 그 매매계약을 해제할 만한 사정변경이 있었다고 볼 수 없다"[78]고 판시하여 사정변경의 원칙을 인정하지 않고 있다. 다만 계속적 보증계약의 경우에는 "사정변경을 이유로 보증인은 보증계약을 해지할 수 있다"[79]고 판시하여 본 원칙을 수용하고 있다.

77) 대판 1963.9.12. 선고, 63 다 452호.
78) 大判 1991. 2.26, 90 다 19664.
79) 大判 1990.2.27, 89 다카 1381.

※ 사정변경의 원칙에 관계된 사례

(대판 1955.4.14, 4286 민상231)

【사실관계】

- 甲은 乙과 신문용지매매계약을 체결하였으나, 6.25사변으로 신문용지의 품귀로 인하여 지가가 앙등하고 화폐가치가 하락하여 당초의 계약에 따라 톤당시가 10만환으로 오른 신문용지를 4천환씩의 댓가를 받고 인도하기가 어렵게 되었다. 따라서 乙은 甲의 신문용지 인도청구에 대하여 사정변경의 원칙에 의한 계약내용의 변경을 주장하였으며, 甲은 이 청구에 불응하였다. 그러자 乙은 경제사정의 변경을 이유로 계약의 해제를 청구하였다.

【판결요지】

- 사정변경의 원칙, 즉 계약성립 후 그 성립당시 환경이 된 사정에 당사자 쌍방이 예견하지 못하고 또한 예견할 수 없었던 변경이 발생한 결과, 본래의 급부가 신의형평의 원칙상 당사자에 현저히 부당하게 된 경우에 당사자가 신의형평의 요구하는 바에 따라 그 급부의 내용을 적당히 변경할 것을 상대방에게 제의할 수 있고, 상대방이 이를 거절한 때에는 그 계약을 해제할 수 있다는 원칙은 민법의 해석상 용납되지 않는다고 판시하고 있다.

생각컨데 상기한 신의성실의 원칙은 일반조항으로서 민법의 전체에 미치는 대원칙인 바, 그 파생의 원칙인 본 원칙이 수용되어야 함은 당연하다 하겠다. 이에 대하여 입법론으로 제2조 3항을 신설하자는 학자도 있다.[80] 이들의 주장은 제1항이 권리발생적 기능, 제2항이 권리소멸적 기능 이라면 제3항에서 권리변경적 기능을 신설하여야 한다는 것이다. 그러나 변경적 기능은 주로 채권법에서의 문제이고 해당상황의 가혹성을 해석하기가 어려우므로 명문으로 해결하는 경우 역기능도 무시할 수 없다고 생각된다. 더구나 우리나라의 경우는 법의 경화현상이 심하기 때문에 제2조에 제3항을 신설할 경우 일반조항으로의 도피현상이 더욱 심해질 수 있기 때문에 판례의 입장이 변하여 이를 대폭 수용하여야 할 것으로 생각된다. 법무부 개정안에서 채권법의 계약의 해제부분에서 이를 입법안으로 신설하고 있다.

80) 권용우, 107면: "법률행위의 기초가 변경되어 그 계약의 이행이 상대방에 대하여 기대불가능하게 가혹한 때에는 법원은 그 계약을 수정하거나 해제할 수 있다"는 규정의 신설을 주장하고 있다 ; 同旨 黃迪仁, 84면.

(2) 실효의 원칙(Verwirkung)[81]

실효의 원칙도 신의성실의 파생원칙으로서 권리자가 그의 권리를 장시간 행사하지 않으므로 상대방이 이제 그 권리의 행사가 없는 것으로 믿을 만한 정당한 사유가 있는데, 새삼스럽게 그 권리를 행사함이 신의 측에 반하는 경우 권리의 행사가 허용되지 않는다는 원칙이다. 이 실효의 원칙은 특별히 그 대상을 제한하지는 않으나, 특히 소멸시효에 걸리지 아니하는 권리의 소멸을 인정할 수 있는 경우에 있어서 중요한 법리이다. 종래의 판례는 이 원칙을 정면으로 인정하지 않고 권리남용의 한 경우로 인정하다가,[82] 최근의 판례에서 이를 인정하고 있다.[83] 따라서 본 원칙은 권리의 불행사 그 자체를 문제삼는 것이 아니라 상당기간 불행사로 나타난 기대에 반하는 권리의 행사를 문제삼는 것이다.

실효의 원칙은 원칙적으로 청구권·형성권·항변권 뿐만 아니라 물권·친권·상속권 등에도 적용이 되지만 배타적·항구적 권리인 소유권이나 친권과 같은 경우에는 그 권리의 본질과 배치되지 않는 범위 내에서만 실효를 인정하여야 할 것이다. 우리나라 대법원 판례[84]는 실효의 원칙을 인정하고 있다.

(3) 금반언의 원칙(principle of Estoppel: 모순행위금지의 원칙)

이는 신의성실을 유형화하여 윤리적 요청에 의하여 등장한 구체적인 지분적 일반조항으로, 「자기의 선행행위에 모순되는 태도는 허용되지 않는다」는 법언과 같이, 사람이 어떤 행위를 행하고 그 법률관계의 상대방이 이 사람의 행위를 신뢰하여 행위를 하였는데 그 사람이 자기의 행동과 모순된 주장을 한 결과 주문의 문리에 의하

81) 이에 관한 자세함은, 김상용, 민사판례평석(1), 법원사 1995, 5면 이하.

82) 대판 1978.11.28, 78다254·255호.

83) 대판 1991.8.13, 91 다 11261:“구민법하에서 법률행위에 의하여 부동산소유권을 취득하였거나 소유권이전등기를 하지 않은 채 매수인의 상속인이 점유를 계속하고 있던 중 그 부동산의 매도인이 등기명의인의 상속인이 부동산의 점유자를 상대로 부동산소유권확인소송을 제기한 사안에 관하여 “등기명의인의 상속인에게 소유권이 있음은 인정되나 다만 그 소유권의 확인은 신의성실의 원칙에 반하여 허용되지 않는다”고 판시하고 있다. 그러므로 명시적으로 실효의 법리를 적용하지는 않았으나 그 결론에 있어서는 실효의 법리를 적용하였다고 판단 할 수 있다.

84) 大判 1992. 1.21, 91 다 30118.

여 상대방이 불이익을 입게 되는 경우에 그와 같은 주장은 반윤리적인 것으로써 배척해야 한다는 것이다. 민법이 제125조의 표현대리와 제452조의 채권양도의 통지와 금반언은 좋은 예이다. 최근 주택임대차관계에서 임차인에게 금반언의 원칙을 적용한 사례가 대표적이라 하겠다.[85]

(4) CLEAN HANDS의 원칙

「정의를 주장할 수 있는 자는 깨끗한 손을 가져야 한다」고 하는 법언과 같이 스스로 법을 존중한 자만이 법의 존중을 요구할 수 있다는 원칙을 clean hands의 원칙이라고 한다. 우리민법 제150조(조건성취·불성취에 대한 반신의행위), 민법 제746조(불법원인급여) 등은 명문으로 본 원칙을 인정한 규정이다.

8) 우리민법에의 반영

(1) 조건의 성취·불성취에 대한 반신의행위의 규정(제150조)에 의해서 clean hands 원칙이 인정되고 있다.
(2) 대부분의 상린관계의 규정(제215-244조)
(3) 사정변경의 원칙(제286조, 제312의 2조, 제628조)
(4) 채권자지체의 규정(제400조 이하, 제538조)
(5) 이행보조자의 고의·과실에 대한 채무자의 책임(제391조)
(6) 계약체결상의 과실(제535조)
(7) 위험부담(제537조)
(8) 불공정한 법률행위(제104조), 동시이행의 항변권(제536조)
(9) 임차인의 의사에 반하는 보존행위와 해지권(제652조), 차임지체와 해지권(제640조, 제641조), 노무의 내용과 해지권(제658조).

85) 대판 87.11.24. 선고, 87다카1708 판결; 법원공보 816호 164; 甲은 乙所有의 建物을 보증금 3,400만원에 채권적전세로 입주하고 있던 중, 甲이 丙은행에 담보로 소유건물을 제공함에 있어, 甲의 부탁으로 乙이 丙에 대하여 임대차계약을 체결했으나 보증금은 지급한 바가 없다고 하고, 覺書까지 써 줌으로써 병이 위 주택의 담보가치를 높게 평가하도록 하여 甲에게 대출하도록 하였고, 은행 丙역시 甲·乙間의 債權的傳貰關契를 알지 못하였다고 한다면, 을이 병의 명도청구에 즈음하여 이를 번복하여 전세금반환을 이유로 명도를 거부함은 특단의 사정이 없는한 금반언 내지 신의측에 해당된다 하였다.

2. 권리남용금지의 원칙(§ 2 Abs. 2)

1) 의 의

권리남용이란 외형상으로는 권리의 행사처럼 보이지만 실은 권리가 법률상 인정되어있는 사회적 목적에 반하여 부당하게 행사되는 것을 말한다. 즉 외형상으로는 권리의 행사인듯 하나 그 권리의 본래적 사명을 벗어나 권리의 사회성·공공성에 반하므로 정당한 권리행사로 볼 수 없는 경우를 말한다. 우리민법은 제2조 2항에서 "권리는 남용하지 못 한다"고하여 민법의 첫머리에 규정함으로써 일반조항으로서 민법전체에 적용되도록 명문화 하고 있다.

2) 권리남용의 법적근거

권리남용금지의 원칙의 법적근거도 신의칙의 경우와 마찬가지로 권리의 사회성. 공공성에서 찾을 수 있다.

3) 연 혁

근대 국가사회에서는 개인주의·자유주의 법사상은 "자기의 권리를 행사하는 자는 어느 누구에 대하여도 불법을 행하는 것이 아니다"라는 권리의 절대성 내지 무제한성을 인정하여 왔으므로 권리남용이란 있을 수 없었다. 그러나 19세기말부터 20세기 초에 걸쳐 "권리의 근거도 사회적 승인에 있다. 따라서 권리는 사회적으로 승인되는 범위에서만 존재한다"는 이론이 등장하게 된다. 이 원리의 출발은 독일 민법 제226의 "시카아네금지(Schikaneverbot: 권리의 행사가 타인에게 손해를 가할 목적만일 경우 허용되지 않는다)" 조항에서 명문화 한 것을 들 수 있는데, 이것이 "권리자유 원칙의 수정원리"로 인정된 최초의 규정이다. 그러나 독일민법의 동 규정은 권리자의 주관적의사(가해의 의사 또는 목적)를 표준으로 하고 있으므로 권리남용의 범위가 너무 좁다는 비평이 있어왔다. 따라서 진정한 권리남용금지의 원칙이 확립된 것은 권리의 사회성 내지 공공성이 인정되면서부터이다. 이로써 권리자의 주관적 의사 만을 표준으로 하지 않고 권리의 본래적·사회적 목적을 벗어난 행사가 있으면 바로 권리남용을 인정할 수 있기 때문이다. 이러한 의미에서의 권리남용을 처음 규정한 것은 “스위스 民法 제2조 제2항: ”권리의 명백한 남용(der offenbare Missbrauch)은 법의 보호를 받지 못한다”는 규정이다. 우리의 경우 구민법에서는 권리남용에 관한 규정을 두지 않아, 소유권을 중심으로 학설·판례를 통하여 권리남용금지의 법리가 인정되었으나 스위스 민법의 태도를 승계하여 현행 우리민법과 일본민법이 이를 명문으로 규정하게 된 것이다.

4) 요 건

권리남용의 요건은 각종의 권리내용에 따라 다르기 때문에 모든 권리에 공통되는 요건을 열거할 수는 없다. 그러나 최소한도의 모든 권리의 남용에 공통되는 일반적 요건을 살펴보면,

(1) 주관적 요건(가해의 의사·목적·과실 등)
권리자의 타인을 해할 의사나 목적, 즉 가해의 고의를 권리남용의 주관적 요건이라고 한다. 이 요건은 외부에서 증명하기가 용이하지 아니하므로, 보통 주관적요건은 객관적요건을 평가하기 위한 경우에 보조적 요건으로만 이용되며 권리남용이 되기 위하여 반드시 필요한 요건이라고는 보지 않고 일종의 “판단의 기준”으로 보아왔다.

(2) 객관적 요건
권리의 행사라고 볼 수 있는 행위가 있어야 하고, 그 행위가 권리가 인정되는 사회적 목적에 반하는 것 즉 신의칙 위반, 사회질서 위반, 정당한 이익의 흠결, 권리의 경제적·사회적 목적의 위반, 사회적 이익의 균형파괴 등이 있어야 한다.

(3) 우리나라 판례의 태도
판례는 권리남용의 요건으로서 “권리의 남용이 되려면 ① 주관적으로는 그 권리행사의 목적이 오직 상대방에게 고통 혹은 손해를 주는 데 그칠 뿐이요, 권리를 행사하는 측에는 아무런 이익이 없을 경우라야 하고, 또한 ② 객관적으로는 그 행사가 사회질서에 위배된다고 볼 수 있을 경우라야 할 것이다”라고 판시하고 있다.[86] 결

86) 대판 1976.5.11, 75다2281.

국 대법원은 아직도 시카네의 요건에서 완전히 벗어나지 못하고 있는 것이다.

5) 권리남용의 구체적인 사례

(1) 수인의 정도를 넘는 손해를 발생시키는 권리의 행사[87)]

권리행사가 사회관념상 피해자가 인용할 수 있는 정도를 넘는 경우, 또는 일반적으로 허용된 정도를 넘는 경우는 권리남용이 된다. 여기서 문제되는 경우는 주로 안온방해와 권리남용과의 관계이다. 안온방해라 함은 매연 · 열기체 · 액체 · 음향 · 진동 그밖에 이에 유사한 것으로 이웃 토지의 사용을 방해하거나 이웃 거주자의 생활에 고통을 주는 것을 말하는데 현대과학이나 산업발전에 따른 각종시설에 의한 안온방해가 과도한 것일 때에도 권리남용이 된다고 할 것이다. 최근 공항주변 거주자의 소음피해로 인한 사법적 구제, 매향리 미군폭격연습장의 소음 피해 등에서 서울지방판결에서 권리남용을 적용한 하급심판결이 있다.

(2) 이익의 흠결

첫째, 권리를 행사할 만한 이익 내지 필요가 없는데도 불구하고 권리행사를 한 경우로써, 예컨대 인지의 수목의 가지가 자기 토지로 넘어온 경우에 아무런 피해가 없는데도 불구하고 그 제거를 청구하는 경우가 이에 해당하며(§ 240 I), 자녀의 혼인에 대하여 부모가 이유 없이 동의하지 않는 경우(§ 808 I)도 이에 해당한다.

둘째, 행위자가 얻은 이익과 상대방이 입은 손해가 불균형이 생긴 경우, 즉 권리의 행사가 권리자에게 이익을 주기보다는 그 상대방에게 불이익을 주려는 면이 두드러지게 강한 것이면 권리의 남용이 된다.

셋째, 부당한 이익의 취득을 목적으로 한 경우[88)]

---

87) 대판 1957.12.4,4290 민상172; 대판 1969.12.1, 68다1526; 대판 1966.3.15, 65다2329; 대판 1978.2.14, 77다2324 · 2345.

88) 대판 1964. 11.10, 64 다 720,: 건물이 서있는 토지를 買受하여 그 시가의 7배가 넘는 건물의 철거를 요구하면서 그 인지토지가격 보다 2배 이상 되는 가격으로 그 토지를 매수할 것을 요구하는 것은 권리의 남용; 대판 1962.10.4,62다533; 대판 1965.12.21, 65다1910..

넷째, 상대방의 이용을 방해하고 괴롭힐 목적으로 행하는 권리행사[89]

(3) 권리의 사회성·공공성 위반

첫째, 권리의 행사가 사회적 타당성이 없는 경우(대판 82 므 64, 1983.4.12), 둘째, 경제적·사회적 목적에 반하는 경우(대판 84 다카 1131, 1985.4.9)에도 권리남용이 된다.

(4) 양속 또는 신의칙 위반

첫째, 양속에 반하는 것, 둘째, 폭리행위(제104조에 해당), 셋째, 신의칙에 반하는 것도 권리남용이 된다.

(5) 타인을 해할 목적을 가진 권리의 행사, 예컨대 질투건축의 경우로서 상대방의 일조권 또는 통풍을 방해할 목적으로만 증축했을 경우가 이에 해당한다.

6) 우리의 판례의 입장에 따른 권리남용의 기준

(대판 1986. 7.22, 85 다카 2307)

(1) 주관적 기순

시카네금지(가해의 목적만을 가지고 권리를 행사), 즉 권리행사의 목적이 오직 상대방에게 고통을 주거나 손해를 입히려는데 있고 행사하는 자에게 별 이익이 없는 경우

(2) 객관적 기준

사회질서의 위반[90]의 경우로, 대법원판결에 의하면 개관적인 이익형량을 기준으로 하고 있다.

7) 권리남용의 기능

권리남용의 법리는 기존의 법률이 규정하고 있는 권리의 내용·범위를 구체화하는데서 생기는 부당한 기능을 법률적으로 제거하는 기능을 가지고 있다.

---

89) 대판 1973.8.31, 73다91.

90) 대판 1978. 2. 14 77 다 2324.

(1) 불법행위적 기능

권리남용이 단순한 불법행위에 적용되는 경우로써, 예컨대 권리자가 자기에게는 아무런 이익도 없이 권리를 행사하고 그 결과 타인에게 손해를 야기시키는 경우 권리남용이 적용된다.[91] 시카네적 행위가 대부분 이러한 유형에 속하는데, 이러한 행위는 불법행위로 처리되는데 이를 설득하기 위한 도구로 권리남용이 적용되고 있다.

(2) 권리의 범위 축소의 기능

권리의 새로운 한계의 성립과정에서 권리남용이 적용되는 경우인데, 판례는 이 경우 권리남용이 적용되는 것을 부인하고 있다.[92] 이는 권리행사를 억제하는 기능, 제정법의 수정의 기능(제정법의 흠결의 보충) 더 나아가서는 제정법 적용을 배제하는 기능의 형태로 나타날 수 도 있다. 예컨대 권리의 범위가 기존의 법률에 명시되어 있으나 시대의 변천에 따라 그 범위의 축소 또는 권리의 성질자체가 변질되어 가는 과정에서 권리남용이 적용된다. 이에 관하여 高翔龍교수는 "권리의 범위를 법규에 명시된 이상으로 제한하기 위한 해결수단으로 권리남용이 합목적적으로 이용되는 것이 바람직" 하다고 보고 있다. 그 이유는 "법률제정 당시 입법자가 예상했던 것과는 다른 사회의 요구를 충족시키기 위하여" 권리남용의 적용이 불가피하다는 것이다.

(3) 일종의 강제조정의 기능

이익형량에 기하여 구체적인 형평을 얻기 위한 일종의 강제조정의 기능으로 권리남용이 적용되는 경우가 있다. 즉 권리행사에서 권리자가 얻는 이익과 권리행사에 의하여 상대방에게 미치는 불이익 및 사회적인 불이익과 비교형량 하여 상대방에게 미치는 불이익이 크고 그것이 사회전체에 불이익이 되는 경우, 그와 같은 권리의 행사는 권리남용이 될 수 있다.[93] 권리행사의 의도가 부당한 경우가 대부분 이에 해당한다. 이 유형의 경우 권리남용의 남용이 될 우려가

---

91) 대판 1963. 8.31, 73 다 91.

92) 대판 1972. 1.31. 71 다 2400.

93) 대판 1978. 2. 14, 77 다 2324.2325 등 다수의 판례.

있기 때문에 그 적용에 있어서 신중을 기하여야 한다.

(4) 기타의 기능

권리남용금지원칙의 이면에는 항상 신의칙과의 관계에서 중복적용의 문제가 대두된다. 대부분의 금반언의 원칙이나 사정변경의 원칙은 그 裏面에서 권리남용에 해당되는 경우가 대부분이다.

8) 효 과

민법 제2조 2항은 그 요건 및 효과가 규정하고 있지 아니하다. 그러나 권리행사가 남용으로 인정되면 그 법률효과가 발생하지 아니한다. 따라서 청구권의 남용의 경우 청구권 기각의 판결[94]을, 권리자에게 손해가 있을 경우 불법행위가 성립되어 손해배상청구가 인정되어야 한다. 또한 형성권이 남용된 경우[95] 법률관계의 발생 · 변경 · 소멸의 효과가 발생하지 아니한다.

권리남용의 결과 타인에게 손해를 주면 위법한 행위로서 손해배상의 책임을 지게 되거나 권리행사의 정지, 손해배상의 담보청구도 가능할 것이다. 특히 권리남용의 효과로서 권리를 박탈하는 것은 법률에 명문의 규정이 있는 경우에 한하여 인정된다고 할 것이다. 예컨대 친권남용의 경우 친권의 상실선고를 할 수 있다(§ 924).

9) 신의칙과 권리남용과의 관계

상기한 바와 같이 양자는 일단 적용되는 국면을 달리한다. 여기서 중복적용을 부인하는 입장은 본 원칙의 연혁적으로 신의칙은 계약관계를 전제로 채권법 분야에서 발달하였으며, 권리남용금지의 원칙은 계약관계가 없는 당사자간에 특히 물권법 분야에서 발전되어온 일반조항으로 대인관계는 신의칙, 대 사회관계는 권리남용이 적용되고 있다는 것이다. 그러나 최근에는 신의칙

94) 인접지에 건립된 빌딩의 일각이 경계선을 약간 넘었을 경우, 토지소유권의 침해를 이유로 경계 넘은 부분의 철거를 청구하였다면 이러한 청구는 권리남용이 되어 청구로서의 효과가 인정되지 아니한다.

95) 4월 8일까지 이행하지 않으면 당연히 계약을 해제한다는 뜻의 의사표시를 한 경우 그 다음날인 4월 9일에 채무자로 부터 이행의 제공이 있었고 그 것을 수령하여도 채권자에게 별 다른 손해가 없는 경우 계약의 해제를 이유로 수령을 거절할 수 없다.

을 채권법에, 권리남용은 물권법에 규정하고 있는 독일에서조차 특별관계에 있는 자에 한하는 것은 그 적용범위가 좁다고 하여 소위 "사회적 접촉관계 (soziale Kontakt)"[96]에 까지 이를 인정하여야 한다는 학설이 등장하고 있고, 이를 긍정하는 학설이 일본에서도 주장되고 있다.[97] 우리나라의 경우 양조항의 중복적용을 인정하는 입장이 학설과 판례의 태도이다. 결국 양자의 적용분야의 구별은 사실상 어렵기 때문에 양자를 상호보완 하면서, 권리남용의 이용이 필요 불가결한가라는 의문[98]이 대두되고 있는 점을 감안한다면, "권리남용의 남용"과 "일반조항으로의 도피"가 되지 않도록 새로운 사회관계에 적용해 나가야 한다고 본다. 결국 권리남용금지의 원칙을 지나치게 강조하고 그 적용을 확대한다면 기존의 권리관계를 전면적으로 부정하는 결과를 가져올 수도 있기 때문에, 본 원칙을 적용함에 있어서 신중에 신중을 기하는 것이 요청된다 하겠다.

제4절 私權의 보호

Ⅰ. 머리말

고대에는 권리자가 자기의 힘으로 권리를 보호하고 구제하는 것이 인정되었으나, 근대국가에 와서는 국가구제를 원칙으로 하고, 부득이한 경우에만 예외적으로 자력구제를 인정하고 있다.

Ⅱ. 국가구제

96) 예컨대, 相隣關係 相互間, 隣接居住者 相互間, 同一企業 從業員 相互間 등.
97) 好美清光, 信義則の 機能について, 一橋論叢 47. 2.181.
98) 高翔龍, 權利濫用論의 現代的 意義, 考試研究, 1982.2.

권리의 침해가 있는 경우 원칙적으로는 국가로부터 구제를 받아야 한다. 이에는 재판을 통한 구제와 재판외의 방법이 있다.

1. 재편이란 사적 침해가 있는 경우 권리자가 법률이 정하는 절차에 따라 법원에 대하여 권리의 보호를 구하는 제도로서 법원은 당사자의 신청이 있을 시 민사소송법이 정하는 절차에 따라 행하는 구제제도 이다. 이 경우 판결이 있은 후에도 상대방이 이를 이행치 않는 경우 국가의 강제력에 의하여 권리의 내용을 실현할 수 있으며(강제집행), 장래의 강제집행을 보전 내지 권리관계의 현상유지를 위하여 가압류·가처분제도가 활용되고 있다.

2. 그러나 재판을 통한 구제제도가 시간과 비용의 부담으로 구제의 어려움이 있어 간이 신속하고 저렴한 구제를 위한 제도로 화해, 조정 중재 등 재판외의 분쟁해결 제도가 있다. 화해는 민법상의 화해와 재판상 화해가 있는바, 재판상 화해는 소송계속 전에 하는 提訴前和解(민소법 제355조 이하)와 소송상의 화해(민소법 206조 이하)가 있다. 재판상화해가 성립하여 조서에 기재되면 그 조서는 확정판결과 동일한 효력을 가진다(민소법 제206조). 조정이란 법관이나 조정위원회가 분쟁당사자간에 개입하여 화해를 이끌어내는 절차를 말한다. 당사자간에 합의된 내용을 조서에 기재함으로써 조정이 성립되며, 조정조서는 재판상화해와 동일한 효력을 가진다. 그밖에 중재는 당사자간의 일정한 법률관계에 관한 분쟁에 전문가인 중재인에게 그 해결을 의뢰하여 중재인의 판정에 복종할 것을 약정함으로써 분쟁을 해결하는 재도로서 그 근간이 되는 중재법에 따른다. 일단은 중재의 합의가 있게 되면 소의 이익이 없게 되어 중재판정은 확정판결과 동일한 효력을 가진다(중재법 제12조).

Ⅲ. 자력구제(Selfsthilfe)

私權의 보호를 위해서 언제나 상기한 바처럼 국가의 관여를 통하여 해결해야만 한다면, 긴급하고 불법한 침해에 대하여 국가의 도움을 받을 수 없는 상황에서는 예외적으로 자력구제가 필요하게 된다. 우리민법에 많은 영향을 주고 있는 독일민법(독일민법 제229-231조와 점유의 자력구제에 관한 제859-860조) 이나 스위스민법(스민 제962조, 스위스채무법 제52조 2항)은 이에 관하여 상세한 규정을 두고 있으며, 프랑스에서는 학설과 판례에서 자력구제를 일반적으로 인정하고 있다. 그러나 우리민법은 이에 관하여 정당방위와 긴급피난이 불법행위를 구성하지 않는다고 규정할 뿐이고 자력구제에 대해서는 아직 규정이 없는 실정이다. 다만 점유침탈의 경우(민법 제209조)에만 자력방위권(동조 제1항)과 자력탈환권(동조 제2항)을 규정하고 있을 뿐이다. 민법상 자력집행을 허용하는 상계도 광의의 자력구제에 해당된다고 볼 수 있다.[99]

---

99) 지원림, 민법강의, 44면.

제2편 권리의 주체

제1장 자연인

제1절 권리능력(Rechtsfähigkeit)

Ⅰ. 권리능력의 개념과 권리능력평등의 원칙

권리능력(Rechtsfähigkeit)이란 권리의무의 귀속의 주체가 될 수 있는 자격을 의미하며, 이는 동시에 의무부담의 지위를 의미한다. 권리능력을 가진 자를 법적 인격자 또는 人格이라고 한다.

모든 인간은 어떠한 경우도 차별 없이 평등한 권리능력자로서 오늘날 대부분의 나라가 취하고 있는 대원칙이다. 물론 현대민법 에서는 극히 추상적이고 형식적인 권리능력평등의 모순을 극복하기 위하여 사회복지제도 등을 통하여 실질적 평등을 도모하는 입법이 등장하고 있다. 우리헌법은 제11조에서 "모든 국민은 법 앞에 평등하다"는 원칙을 천명하고 있으며, 민법도 제3조에서 권리능력평등의 원칙을 명문으로 인정하고 있다. 따라서 자연인인 우리 모두는 누구든지 평등하게 권리능력을 가진다.

Ⅱ. 권리능력의 始期

권리능력은 모든 인간에게 부여되나 다만 법적으로 어느 시점부터 어느 시점까지 권리의무의 귀속주체가 되느냐가 권리능력의 始期와 終期에 관한 문제이다. 우리민법은 "사람은 생존한 동안 권리와 의무의 주체가 된다(제3조)"고 규정하고 있다. 여기서 권리능력의 始期는 출생인데, 출생시기를 언제로 보느냐는 점에 대해서 민법상 전혀 언급이 없어 학설의 대립이 있어왔다.[100] 일본 민법에서는 이미 "인의 권리능력은 출생으로 시작한다"고 명문으로 규정하여 학설의 대립을 입법적으로 해결하고 있다. ① 진통설(분만개시설)은 태아가 모체로부터 분리되려고 진통이 시작된 때를 출생으로 본다. 이 입장은 인격주체로의 입법주의로 형법 제251조의 "영아살해죄"는 이에 입각한 이론이며, 낙태죄와 살인죄의 구별에 실익이 있으며 형법상의 통설이다. ② 다음은 일부로출설로 "모체로부터 태아의 어느 일부가 노출된 때에 출생이 있다"고 보는 입장으로 구형법상 통설 이었다. ③ 전부노출설은 우리나라의 다수설로서 "태아가 모체로부터 완전히 분리된 때에 출생이 있다"고 본다. 로마법이래 서구의 대부분의 나라는 태아가 모태로부터 완전히 분리되었을 때 출생한 것으로 보고 있다. 독일민법 제1조와 스위스민법 제31조도 전부노출설에 따라 규정하고 있다.[101] 마지막으로 ④ 독립호흡설이 있는데 이설은 "태아가 모체로부터 완전 분리된 후 독립하여 자신의 폐로 호흡하게 된 때"를 출생의 시기로 본다.

어느 설을 취하느냐 따라 년령, 권리능력의 취득, 성년이 되는 시기(제4조), 출생신고기간의 시기(호적법 제49조) 기타 사망 여부 결정과 상속시기에 관하여 중요한 의미가 있다. 생각컨데 ① 진통설은 형법상은 의미가 있으나 민법에선 적절하지 않고, ② 일부노출설도 출생의 시점을 정하는 데는 부적합하다. ③ 다수설인 전부노출설은 서양의 부부중심적 사고에서는 일응 타당한 것으로 보이나, 우리의 정서에는 다음과 같은 이유로 독립호흡설이 타당하다고 생각한다.

통상(관습상) 우리나라에서는 출생시기를 아이가 독립호흡 즉 첫 울음을 터트린 때를 출생시기로 보고 있으며, 상속관계에서 甲이 부와 처와 태아를 남기고 사망한 경우, 전부노출설을 따른다면 태아가 모태에서 완전 분리된 때 출생한 것으로 보기 때문에 출생 후 곧장 사망하여도 태아의 상속분은 태아에게 상속이 되고 후에 태아의 모인 처가 혼자 단독상속이 이루어져 우리

100) 舊民法은 제1조에서「私權의 享有는 出生에서부터 始作된다」고 규정하여 출생의 시기에 관하여 學說이 對立되어 왔다.

101) 독일민법(§ 1 BGB) 이나, 스위스민법(§ 31 I ZGB)은 자연인의 권리능력을「출생의 종료(Vollendung der Geburt, vollendet Geburt)」로 규정함으로 학설의 대립이 없이 명문으로 전부노출설에 입각하고 있다. 그러나 우리민법은 § 3에서「생존한 동안 권리능력」을 규정하여 출생한 때로부터 권리능력을 취득한다고 해석하고 있어 학설대립의 소지를 남겨두고 있다.

나라의 정서상 甲의 노부모에 대한 보호가 소홀하게 된다. 그러나 독립호흡설에 따른다면 태아가 출생 후 호흡 즉 울음을 터트리지 못하고 사망한 경우 태아가 상속을 하지 못하고 甲의 처와 甲의 부가 공동으로 상속하게 되어 노부모의 보호가 이루어질 수 있어, 결국 우리국민의 정서에 맞고 법의 형평에도 합당하게 되므로 독립호흡설이 타당하다고 생각된다. 우리나라의 경우 다수설이 전부노출설을 취하고 있으나, 이설은 태아의 법정대리인을 선임할 수 없다는 한계도 있지만 중요한 것은 부부중심적 사고와 노인복지제도가 완비된 서양의 상속제도에서는 일응 타당할지 모르나 노인복지제도가 아주 미흡한 우리나라의 전통적 사고에서는 수용하기가 어렵고, 형평의 원칙에도 상속에서 甲의 직계존속을 배제하는 결과가 되기 때문에 독립호흡설에 비하여 우리의 법정서에 맞지 않는 것으로 생각된다.

Ⅲ. 출생의 신고

출생 후 1월 이내 신고의무자가 출생지의 시·군·면장에게 신고하여야 한다(호적법 제49조 이하).[102] 출생의 사실로서 권리능력을 취득하는 것이고, 호적은 단순한 증거에 불과하다. 호적부에 기재된 사실에 부합되는 것으로 추정 받으나 그 기재사실에 반하는 증거에 의하여 그 추정은 번복할 수 있는 것이다(大判 1978. 11. 1, 78 다 1670.1671). 특히 조산원·의사·동거인의 증명에 의하여 그 추정을 번복할 수 있다.

Ⅳ. 출생의 효과

사산이 아니고 일순간이라도 살아있으면 권리능력을 취득한다. 따라서 출생한 이상 성별, 기형유무, 조산유무(로마법에서는 태아가 6개월 이상 모태에 있어야 권리능력이 인정되었다), 출생 후의 생존유무 기타 쌍생아든 다생아이든, 혹은 인공수정이든 모두 권리능력을 취득한다.

---

102) 申告를 게을리 하면 일정한 過怠料에 처하여 진다(호적법 제130조).

제2절 태아의 권리능력

Ⅰ. 태아보호의 필요성

태아란 아직 모체 내에 있으면서 장래에 권리주체인 자연인으로서 출생이 기대되는 존재로서 그 발육정도는 묻지 않는다. 따라서 민법 제3조의 의미대로 사람의 권리능력의 始期를 "출생"으로만 관철한다면, 태아는 아직 출생 전이기 때문에 권리능력을 취득할 수 없고, 이로 인하여 예컨대, 부의 사망 후 출생한 子는 상속권이 없는 것이 되고, 또한 태아로 있는 동안 부가 살해되어도 출생 후 손해배상을 청구할 수 없는 것이 되어(§ 751 참조), 출생전의 태아가 불공평·불이익을 받는 경우가 필연적으로 발생하게 된다. 이러한 경우에 태아의 경우도 일정한 경우에는 권리능력을 인정하여 그의 이익을 보호할 필요가 있다.

Ⅱ. 태아의 보호입법

태아의 이익이 문제되는 경우에는 언제든지 출생한 것으로 보는 입장(예: 로마법의 원칙이었던 것으로 스위스 민법 제31조 2항이 이를 따르고 있다)을 「一般的 保護主義」라 하고, 일정한 예외적·개별적 법률관계에서만 출생한 것으로 보는 주의(독일,[103] 프랑스,[104] 일본,[105] 우리나라[106] 등)를 「개별적 보호주의」라고 한다. 전자 즉 일반적 보호주의는 태아를 총체적으로 망

103) 제1923조 2항에서 태아는 상속 개시 전에 출생한 것으로 보고, 제1844조 2항에서 태아의 부양청구권침해에 의한 손해배상청구권을 인정하고 있다.

104) 제725조 2항 1호에서 아직 포태되지 아니한 자는 상속인이 될 수 없고, 906조 1항에서 생전증여를 받을 수 있기 위해서는 증여 당시, 포태되어 있는 것으로 충분하다.

105) 제886조에서 태아는 상속에 관하여 이미 출생한 것으로 보고 있으며, 유증에 관하여 제965조, 제721조에서는 손해배상청구에 관하여 이미 출생한 것으로 보고 있다.

106) 우리민법은 불법행위에 기한 손해배상(제762조), 재산상속·代襲相續(제1000조 3항, 1001조), 遺留分(제1112조), 유증(제1064조)의 각 경우에 태아는 이미 출생한 것으로 본다.

라해서 보호한다는 장점이 있으나 반면에 구체적인 경우에서 적용범위를 정하기가 어렵다는 단점이 있다. 반대로 후자 즉 개별적 보호주의는 입법상의 불비로 인하여 태아보호에 소홀하다는 단점이 지적 될 수 있으나 반면에 적용범위가 명확하여 법 적용이 의문의 여지가 없다는 것이 장점이 될 수 있다. 우리민법은 독일·프랑스·일본 등과 같이 개별적 보호주의를 취하고 있는 나라에 속한다.

Ⅲ. 우리민법의 보호규정

상기한 바와 같이 우리민법은 태아의 이익을 보호하기 위하여 개별적 보호주의의 입장에서 ① 불법행위에 기한 손해배상의 청구(제762조), ② 재산상속(제1000조 3항), ③ 대습상속(제1001조), ④ 유류분(제1112조, 제1118조), ⑤ 유증(제1064조에 의한 제1000조 3항), ⑥ 사인증여(제562조), ⑦ 인지(제858조)" 등의 경우에 태아를 사건당시에 이미 출생한 것으로 보아 권리능력을 예외적으로 인정하고 있다. 그러나 사인증여에 대하여는 긍정설(다수설)과 부정설(소수설)이 대립되고 있다. 비록 사인증여에 유증규정이 준용된다고 하더라도, 태아에게 법정대리인이 인정되지 아니하여 태아를 위한 사인증여라는 계약이 체결될 방법이 없어 태아의 권리능력을 인정할 방법이 없다고 본다. 태아에게 부에 대한 인지청구권이 인정되는가 하는 문제에 대하여 긍정설(소수설)이 있으나, 민법이 개별적 보호주의를 취하고 있다는 사실을 고려할 때 해석상 태아의 인지청구권을 인정하기는 곤란하다고 본다.

Ⅳ. 태아의 법률상 지위

1. 서 론

상기한 바와 같이 태아가 예외적으로 일정한 경우에 "이미 출생한 것으로 본다"고 할 때 태아의 법률상의 지위를 어떻게 이론구성을 하느냐에 학설이 대립된다. 즉 태아로 있는 동안은 아직 권리능력을 취득하지 못하나 살아서 출생한 때에는 그 권리능력이 문제의 사건발생(상속의 開始, 불법행위 등)시로 소급하여 생긴다는 정지조건설(인격소급설)[107]과 태아인 동안에도 출생한 것으로 보아 사건이 발생한 시점부터 권리능력이 인정되나, 사산의 경우 문제의 사건이 발생한 시점으로 소급해서 권리능력이 소멸한다는 법정해제조건설[108]이 있다. 판례는 일관되게 법정정지조건설을 취하고 있다.[109] 判決要旨[110]에서 살펴보면 “유복자는 부의 사망 당시로 소급해서 상속권을 가지는 관습이 존재한다”고 판시하여 정지조건설을 취하고 있다. 관습조사에 의하면 조선의 법제에서는 태아의 보호규정은 없었으나[111] 실제로는 상속과 유증에 대한 특별한 태아의 이익을 보호하는 풍습이 있어, 결과적으로는 현행 우리의 개별적 보호주의처럼 태아의 권리능력을 인정한 것과 거의 다를 바가 없었다. 특히 태아의 권리능력 취득시기와 관련해서는 특히 제사상속의 경우에는 정지조건설과 유사한 결론을 맺고 있다.[112]

정지조건설의 입장은 현행법상 태아의 이익을 보호하는 기관에 관한 규정이 없기 때문에 태아를 위한 법정대리인을 정할 수 없고, 이미 개시된 상속에 있어서는 출생한 후에 비로소 상속회복을 청구할 수밖에 없으며, 증거보전절차(민소법 제346-354조)이나 집행보전절차(가압류·가처분절차; 민소법 제696조 이하; 제714조 이하)는 태아상태에서 할 수 없고, 모체와 같이 사망한 태아는 손해배상청구권을 갖지 않는다는 것이다. 본설은 거래안전보호와 제3자의 신뢰이익보호를 중시하는 입장이다. 반면에 해제조건설은 태아로 있는 동안에도 모에게 법정대리권을 인정하여 태아의 이익을 보호해야 한다고 보는 입장이다. 즉 법정대리인을 둘 수 있고, 상속에 있어서는 다른 생존자와 공동상속인이 될 수 있을 뿐만 아니라 모인 법정대리인을 통하여 권리보전행위를 취할 수 있다고 하여 태아의 이익보호에 중점을 두는 입장이다.

---

107) 소수설로서 김기선, 85; 방순원, 37; 이영준 701, 김주수 107.

108) 다수설로서 김증한, 108; 곽윤직, 136; 김용한, 105, 장경학, 181 등.

109) 대판 1949.4.9, 4281 민상 197, 대판집 23.3. 민 46; 대판 1976.9.14, 76 다 1365, 대판집 24.3. 민 42.

110) 대판 1949.4.9, 4281 민상 197, 대판집 23. 3, 민 46.

111) 한국법제연구원, 國譯 慣習調査報告書(1992), 71면.

112) 國譯 慣習調査報告書, 71면.

생각컨데 현행 우리민법의 해석상 특히 상속에 관하여 정지조건설이 타당하다고 본다. 특히 현대민법에서 제3자의 보호, 신뢰보호, 동적거래의 안전이란 법적 안정성의 요청에 부응하는 입장도 정지조건설이 설득력이 있다. 또한 판례의 일관된 입장이 법정정지조건설[113]을 취하고 있으며 상기한 판결요지에서 확인할 수 있듯이 "遺腹子는 父의 사망 당시로 소급하여 상속권을 가지는 관습이 존재한다"는 것으로 보아 우리 구래의 관습이 정지조건설을 취했다고 볼 수 있으며, 판례가 일관되게 이 입장을 취한다고 한다면, 우리민법 제1조의 민법상의 적용순서로 보아도 당연히 법정정지조건설을 취함이 合當하다고 생각된다.

특히 해제조건설에서 태아로 있는 동안에도 모에게 법정대리권을 인정하여 태아의 이익을 보호한다고 주장하고 있으나, 태아와 모의 이익이 상반되는 관계에 있기 때문에 법정대리인이 무조건 모가 된다는 주장은 설득력이 없으며, 또한 오늘날 현대 여성들이 부의 사망 후 유복자를 키우며 한평생을 혼자 살아갈 사람이 과연 얼마나 될지 크게 의문이 된다. 따라서 본인은 관습법과 일관된 판례의 입장을 존중하여 인격소급설을 취함이 법적안정을 위하여 타당하다 생각이 된다. 현대 여성들의 자녀에 대한 관점의 변화를 참작하여 생각한다면 모를 태아의 법정대리인으로 함이 꼭 태아의 보호에 합당할지가 크게 의문이 된다. 따라서 태아의 보다 폭넓은 보호를 위해서는 독일[114]처럼 "태아재산관리제도"를 두는 것도 바람직하다고 생각된다.

2. 인공수정과 태아의 권리능력

현대의학의 발달은 급기야 인공수정의 방법을 통하여 인위적으로 인간을 낳게 만들고 있다. 인공수정에는 ① 부의 정자를 처의 자궁에 착상시켜 처로

113) 대법원 判例는 法定停止條件說을 취하면서 태아에 대한 모의 법정대리권을 부정하고 있다. 즉 "특정한 권리에 있어서 태아가 이미 태어난 것으로 본다는 것은 무엇을 말하나, 설사 태아가 권리를 취득한다 하더라도 현행법상 이를 대행할 기관이 없으니 태아로 있는 동안은 권리능력을 취득할 수 없으나 살아서 출생한 때에 출생시기가 문제의 사건의 시기까지 소급하여 그때에 태아가 출생한 것과 같이 법률상 보아준다고 해석하여야 상당하다"다고 한다: 대판 1976.9.14, 76다1365.

114) 독일민법은 제1912조에서 태아의 장래의 권리보호를 위하여 감호인을 두고 있고, 자가 이미 출생한 경우에는 친권에 따라야 할 경우에는 부모가 태아의 권리를 보호하도록 되어있다.

하여금 태아를 낳게 하는 방법과 ② 부가 아닌 제3자의 정자에 의한 경우가 있다. ①의 경우엔 일정한 범위 내에서 태아의 권리능력을 인정하는 데는 다툼이 없겠으나, ②의 경우 특히 상속능력에 문제가 있다. 제3자의 정자에서 착상한 태아이기 때문에 부의 子로 추정할 수 있겠느냐가 문제이다. 물론 최근 서울가정법원 심판에서 "부의 동의하에 부의 정자를 제3자의 정자와 혼합하여 인공수정한 때에 부의 자로 추정 받아 혼인중의 출생자로 보고" 있으나, 요컨대 체외수정의 상태에서 부가 사망한 경우 이러한 인큐베이터 안의 수정란을 태아로 보아 상속능력을 인정한다는 것은 문제가 있다고 본다. 이에 관하여 수정란이 처의 자궁에 착상된 때에 한하여 태아로 보아야 한다는 견해(착상설)가 있으며, 체외 수정란의 경우도 이미 인간의 실체를 가진 태아로 되어 있다면 이 경우도 인간으로서의 권리능력은 인정되어야 한다고 본다.

제3절 권리능력의 종기

Ⅰ. 사망의 의의

우리민법은 "사람은 생존한동안 권리와 의무의 주체가 된다(제3조)"고 하여 출생시 부터 사망시 까지 권리능력이 있으므로, 자연인의 권리능력은 사망에 의하여 종료하게 된다. 사망이란 보통 생명의 종지 즉 되살아날 수 없는 상태로 이해되고 있다. 현대 법에서 오직 사망만이 권리능력의 소멸사유이다. 고대에는 자유인이 그 신분을 잃고 노예로 되는 "인격대소멸" 제도가 있었고, 고대 게르만법에서도 법외인 혹은 평등상실제도가 있었다. 이러한 것들이 프랑스혁명 후 인권선언에서 권리능력평등의 원칙이 천명되면서, 대부분의 근대민법에서 사망을 유일한 권리능력의 소멸사유로 보게 된 것이다.

그러나 사망의 시기에 관하여 우리민법에 아무런 규정이 없고, 현대의학의 발달로 장기이식등의 문제가 제기되면서 심장정지설, 뇌사설 등이 주장되는 등 상당한 문제가 제기되고 있다. 왜냐하면 어느 시기를 사망으로 보느냐에 따라서 ① 상속과의 관계에서 상속개시의 성부(제997조), 상속인이 될 자(제1000조, 제1001조), 상속분의 결정(제1009조), ② 유언의 효력발생 시기의 문제(제1073조), ③ 생명보험청구권의 발생(상법 727조 이하) 등의 재산문제와 기타 신분관계에서 ① 잔존 배우자의 재혼문제(제811조) 등의 복잡한 법률문제가 생기기 때문에 사망시기의 기준설정은 대단히 중요한 문제라 생각된다. 인공적으로 비록 호흡이나 맥박이 유지되고 있더라도 뇌의 모든 기능의 불가역적 상실상태인 뇌사상태를 사망으로 인정하여 장기이식 등의 법적문제가 대두되고 있는 법률적인 사망은 결국 자연적인 사망만을 의미하고 소위 호흡 및 맥박의 정지, 동공의 확산이라는 삼징후설에 따라 종래의 통설은 "심장박동의 완전정지"를 자연사망으로 보았으나, 현대의학의 발달에 따라 장기이식수술이 가능해 짐으로 뇌사설이 주장되면서 이에 대한 재검토가 필요한 시점에 와있다.

Ⅱ. 사망의 증명

사람이 사망하면 호적법에 따라 사망신고를 하여야 한다(호적법 제87조 이하). 즉 사람이 사망하면 1개월 이내에 사망신고를 하여야 한다(호적법 제87-88조). 그러나 호적부의 기재사실은 사실상의 추정력을 가질 뿐, 이는 반증에 의하여 번복이 가능하다.

제4절 의제사망제도

Ⅰ. 의제사망제도의 사회적배경

최근 서해안 훼리호 전복사고와 경부선 철도사고, 아시아나 항공기 추락사고, 일본의 대지진 참사, 삼풍백화점붕괴사고, 대한항공여객기 괌 추락사고, 대구지하철화재사고, 이란의 지진, 기타 태풍과 홍수 등 각종 재난으로 인한 인명손실이 끊임없이 발생하고 있다. 이처럼 현대사회에서 증가일로에 있는 대형재난으로 인하여 사망한 것이 확실하나 시체가 발견되지 않은 경우에 있어서 *私法上* 어떠한 문제가 발생하는가 하는 것은 사고 당사자의 배우자·가족 기타 이해관계인들에게 중대한 일이 아닐 수 없다. 특히 우리나라와 같은 분단국가의 경우 통일에 앞서 이산가족의 상봉이 이루어지고 있기 때문에 이에 따른 법적문제도 검토해 두어야 할 필요성이 있다고 생각한다.

우리민법은 제3조에서 자연인의 권리능력을 "생존한 동안" 부여하고 있어 사망으로 권리능력이 상실되게 된다. 여기서 사망의 시기가 언제 인가는 상속·유언의 효력발생·잔존배우자의 재혼·보험금청구권의 발생·연금 기타 재산상 중요한 문제가 된다. 그러나 자연사의 경우만 사망으로 처리한다면 상기한 바와 같이 복잡한 대형사고나 재난으로 사망의 개연성이 높아 생존을 기대할 수 없지만 시체가 발견되지 않은 경우에 법적인 처리를 하지 못하고 사건을 방치하므로 잔존 배우자의 재혼문제, 조세 · 공과금 등의 처리문제, 보험금과 연금 처리문제 기타 상속문제 등이 미해결 상태로 남아 당사자뿐만 아니라 이해관계인과 국가 기타 공공기관이 어려움에 처하게 될 수 있다. 이러한 법적문제를 처리하기 위하여 민법은 몇 가지 의제사망제도를 두고 있는 바 본 장에서는 먼저 동시사망의 추정제도(제30조), 실종선고(제27조 이하), 호적법상의 인정사망제도(호적법 제90조), 부재선고제도 등을 순서대로 고찰하면서 재산상·신분상의 처리방안과 문제점을 살펴보고, 동 제도들에 내재된 현대적 의의와 과제는 무엇인지 검토해 보도록 하겠다.

Ⅱ. 동시사망의 추정제도(Kommorientenvermutung)

1. 의 의

가장인 甲과 그 미혼의 자 乙이 괌을 여행 중 때마침 발생한 항공기추락으로 모두 실종된 경우, 누가 먼저 사망했느냐는 문제는 잔여 가족간의 상속관계에 아주 중요한 문제가 아닐 수 없다. 그밖에도 선박이나 비행기 기타 지하철, 열차 등에 타고 있다가 침몰, 추락, 탈선 등으로 사고가 나거나, Hotel, 백화점 등의 화재, 붕괴 등으로 인하여 2명 이상이 사망한 사건이 발생할 수 있는바, 최근 대한항공 보잉기의 괌 추락사건, 대구지하철화재사건 등으로 발생된 민법상의 조치들이 무엇보다도 중요한 사회적인 문제로 대두되어 왔다. 이와 같은 경우에 민법은 2인 이상이 동일한 위난으로 사망한 경우에, 누가 먼저 사망했는지 확인할 수 없는 경우에 일어날 문제들을 해결하기 위하여 동시사망추정규정을 두고 있다(민법 제30조). 동 조항은 “2인 이상이 동일한 위난으로 사망한 경우 동시에 死亡한 것으로 추정”하고 있어, 수인이 各各 다른 위난으로 사망하여 그들의 사망시기를 확정지을 수 없게 된 경우가 문제인데, 이 경우에도 본 조를 유추적용하자는 입장[115]이 있으나, 이 조항을 각기 다른 위난에 까지 확대함은 유추해석의 범주를 넘는다 하여 반대하는 입장이 있다.[116] 구민법에서는 이에 관하여 아무런 규정이 없었기 때문에 수인이 동일위난으로 사망한 경우 사실상 상속재산을 독점한 자가 보호되는 불합리한 결과가 발생할 수 있었다. 신민법이 제정되면서 이러한 불합리점을 해소하기 위하여 독일의 실종법(제11조)과 스위스 민법(32조 2항)을 본받아서 동시사망추정규정(제30조)을 신설하게 된 것이다.

2. 외국의 입법예[117]

동일한 위난으로 수인이 사망한 경우 사망 시기 결정에 관하여 각국의 입

115) 김주수, 112; 곽윤직, 142; 장경학, 185-186, 고상용, 64.

116) 이영준, 797-798.

117) 【일본민법 제32조의2】
사망한 수인 중 1인이 다른 자가 사망한 후에 생존한 것이 분명하지 않은 경우에 그 자는 동시에 사망한 것으로 추정한다.
【스위스민법 제32조제2항】
수인의 사망자중 어느 1인이 다른 자보다 나중에 사망하였음을 입증할 수 없는 경우에는 동시에 사망한 것으로 본다.
【독일실종법 제11조(공동사망Gemeinsamer Tod)】
수인의 사망자 또는 사망선고를 받은 자 사이에 한 사람이 다른 사람보다 나중에 사망하였음이 증명될 수 없는 경우에는 동시에 사망한 것으로 추정된다.

장은 대체로 ① 구체적 생존추정주의 ② 추상적 생존추정주의 ③ 동시사망추정주의 등으로 분류해 볼 수 있다.

1) 구체적 생존 추정주의

이 경우는 동시사망자의 "연령과 성별 등에 의하여 신체가 강한 자가 더 오래 생존한 것으로 보아 사망의 선후를 추정하는 주의"를 말한다. 입법적으로 로마법과 프랑스법이 이에 해당한다. 로마법은 유스티니아누스법제에서 "동일위난으로 수인이 사망한 경우에 성숙한 자는 부보다 뒤에, 미성숙한 자는 부보다 먼저 사망한 것으로 추정 한다"고 규정하고 있다. 그 후 근대민법의 효시인 프랑스민법이 로마법의 영향을 받아 연령과 성별에 의하여 세밀하게 분류하여 사망의 전후를 추정하는 생존추정주의를 취하고 있다"(프랑스민법 제720 내지 제722조).[118] 이 입장은 연령·성별에 따라 강한 자가 약한 자보다 오래 생존한다고 보고 있으나, 실제상황에서는 신체가 강한 자가 약한 자 보다 먼저 사망하는 경우도 많고 여자가 남자보다 오래 생존하는 경우 등 예외가 많아 (예컨대 삼풍백화점 사고와 괌 대한항공 추락사고 에서 확인된 것처럼) 획일적인 구별이 오히려 단점으로 지적되고 있다.

【오스트리아 사망선고법 제11조】: 독일실종법과 동일한 내용
【프랑스민법】
제720조 상속할 수 있는 수인이 동일 사건으로 인하여 사망한 경우에 그 사망의 선후를 알 수 없는 때에는 사망선후의 추정은 그 사실의 상황에 의하며 상황을 알 수 없는 때에는 연령 또는 성별에 의한다.
제721조 동시에 사망한 자가 모두 15세 이하인 때에는 최연장자가 후에 사망한 것으로 추정한다. 동시에 사망한 자가 모두 60세 이상인 때에는 최연소자가 후에 사망한 것으로 추정한다. 동시에 사망한 자 중 그 일부는 15세 이하이고 나머지 일부는 60세 이상인 때에는 15세 이하인 자가 후에 사망한 것으로 추정한다.
제722조 동시에 사망한 자가 15세 이상 60세 이하인 경우에 연령이 같거나 연령차가 1년 미만인 때에는 언제나 남자가 후에 사망한 것으로 추정한다. 동시에 사망한 자가 동성인 때에는 자연적 순위에 따른 상속개시에 있어서 사망선후의 추정을 인정하여야 하며 이러한 경우에는 최연소자가 최연장자보다 후에 사망한 것으로 추정한다.

118) ① 동일사고로 인한 사망자에 대하여 사망의 선후를 알 수 없는 경우에 먼저 事實狀況에 의하여 사망의 선후를 추정하고, 상황이 분명치 않은 경우에는 年齡 또는 性別에 의하여 선후를 추정하며(제720조), ② 年齡에 의한 경우에는 15세 未滿者는 年長者가, 16세 以上者는 年少者가, 15세 未滿者와 60세 以上者 間에는 15세 미만자가, 15세 이상자와 60세 미만자 間에는 年少者가 뒤에 사망한 것으로 추정한다(제721조). ③ 性別에 의한 경우, 同年者 또는 年齡의 差異가 1년 이내의 자 사이에는 女子 보다 男子가 뒤에 사망한 것으로 추정된다(제722조).

2) 추상적 생존주의

본 입장은 1925년 영국이 취한 것(Law of Property)으로, 수인이 사망의 선후를 구분하기 힘든 상황에서 사망한 경우에 연장의 순으로 사망한 것으로 추정 하므로서 체력의 강약에 관계없이 일률적으로 일정한 순서에 따라 사망한 것으로 보는 태도이다. 이 경우도 일반적으로 사망의 순서가 자연적인 순서에 의한다고 만 볼 수 없다는 한계가 있다.

3) 동시사망추정주의

이 입장은 "수인이 공동위난으로 사망한 경우에 동시에 사망한 것으로 추정 한다" 는 입장으로 독일 · 스위스 · 일본 · 우리나라 등이 취하는 태도이다. 독일의 경우 민법 제20조에서 "수인이 공동위난으로 사망한 경우에 동시에 사망한 것으로 추정 한다"고 하여 동일위난의 경우에 한정했다가 1939년 7월 4일 "실종 · 사망선고 및 사망시기의 확정에 관한 법률"의 제정으로 동 조항이 폐지되기에 이른다. 그 후 1951년 7월 15일자 실종법(Verschollenheitsgesetz)이 제정되면서 동법 제11조에서 "수인의 사망자 또는 사망한 것으로 선고된 자 중에서 그중 한 사람이 다른 사람의 사망 후에도 생존하고 있었음을 입증할 수 없는 경우에는 이들은 동시에 사망한 것으로 추정 한다"라고 하여 각기 다른 위난에까지 확대하고 있다. 그 후 독일법의 영향을 받은 스위스 민법이 제32조 제2항에서 "수인의 사망자 중 누가 다른 사람보다 뒤에까지 생존했는가를 입증할 수 없는 경우 동시에 사망한 것으로 본다"고 하여 독일과는 달리 "추정"이 아닌 "간주(본다)"주의의 입장을 취하게 된다. 일본민법은 원래 동 조항이 없어서 학설과 판례상 문제가 제기 되었으나 1962년 민법의 일부 개정에서 "사망한 수인 중 누가 다른 사람보다 뒤에까지 생존했다는 것이 분명하지 않은 경우에는, 동시에 사망한 것으로 추정 한다"고 하여 독일과 같은 추정주의 입장을 취하고 있다.

3. 사 견

상기한 외국의 입법에에서 볼 수 있듯이 프랑스 민법은 "동일사고"를 그 요건으로 하고 있으나, 독일은 실종법에서 “상이한 사고(동법 제11조)”에까지 확대하고 있다. 특히 우리나라의 민법총칙에 상당한 영향을 주고 있는 스위스는 민법 제32조 제2항, 개정 일본민법은 제32조 제2항, 영국은 재산법 제184조 등에서 수인이 상이한 위난으로 사망한 경우까지 동시사망의 추정을 인정하고 있으며 그밖에 대부분의 나라가 이 입장을 따르고 있는 실정이다. 우리의 경우도 법무부 민법개정위원회에서 외국의 입법례를 따라 각기 다른 위난의 경우에 까지 확대하는 개정안이 토의과정에서 현행법 그대로 두기로 결정되었으나 본인의 경우 다음과 같은 이유로 개정을 반대한다. 왜냐하면 상기한 외국의 입법들이 현대의학의 발달과 의료과학의 눈부신 발달을 간과하고 있지 않나 생각되기 때문이다. 현대의학과 기술의 발달은 비교적 정확하게 사망시간을 추정할 수 있는 시점에 와있고, 우리민법이 제30조에서 명문규정으로 “동일한 위난”의 경우만을 동시사망으로 추정하고 있으므로 “수인이 각각 다른 위난으로 사망한 경우”에까지 확대해서 유추 적용할 필요는 없다고 생각된다.[119] 특히 상속의 경우 사망시기의 전후로 크게 이해관계가 엇갈리기 때문에 법원이 채증함에 있어서 거의 비슷한 시간에 일어난 사고의 경우라도 동일사고가 아니라면 각기 상이한 사고로 처리함이 합당하다고 본다. 결국 민법 제30조를 엄격히 해석하고 또한 현대의학의 발달을 통한 정확한 검증 등을 통하여, 각기 다른 위난으로 처리하여 사망의 전후를 정확하게 파악하는 것이 급변하는 현대사회의 거래안전과 정확한 상속처리 등을 할 수 있기 때문에 타당하다고 생각된다. 동시사망으로 추정을 받게 되면 이러한 자 사이에는 상속이 생기지 않으므로, 유증도 효력이 생기지 않는다(제1089조). 물론 이 경우 부자가 동시 사망한 것으로 추정되는 경우에 孫이 대습상속을 하게 된다.

Ⅲ. 실종선고(Verschollenheitserklärung)

1. 의 의

부재자의 생사불명상태가 일정기간 계속된 경우에 있어서, 일정한 조건하

119) 同旨, 이영준, 165면.

에서 가정법원은 실종선고를 선고하고, 실종기간의 경과로 사망한 것으로 보는 의제사망제도의 대표적인 규정이다. 이 제도는 사망으로 사람의 권리능력이 소멸한다고 한 경우, 생사가 불명하여 장기간 계속 되어도 사망의 증명 즉 시체의 발견이 없으면, 부재자를 중심으로 한 私法關係가 처리될 수 없기 때문에,[120] 본 제도를 통하여 일단 사망으로 보아 법률관계를 확정지어줄 수 있기 때문에 이해관계인들 간의 불이익을 해결해 준다는데 본 제도의 의의가 있다 하겠다. 우리민법은 일정한 조건하에서 사망으로 추정하는 독일민법주의(스위스민법도 동일)를 채택하고 있으나, 독일 실종법(§ 59)과 스위스민법의 추정주의를 배제하고 간주주의를 채택하고 있음이 특징이라 하겠다. 따라서 우리민법의 경우 실종자가 생환하거나 그의 사망시기와 다른 시기가 알려진 경우에는 종전의 법률관계를 부활·복원 시키거나 알려진 사망시기를 기준으로 법률관계를 확정하기 위해 이미 주어진 실종선고를 취소하는 제도가 인정되고 있다.

그러나 본 제도는 현재 우리나라에서 별로 이용되지 않고 있는 실정인데,[121] 이것은 다분히 우리국민들의 정서에서 비롯된 것이 아닌가 생각된다. 왜냐하면 일제하 수많은 애국지사들의 해외망명, 한국동란으로 인한 사망과 이산가족의 대량발생으로 실종선고를 하는 것을 꺼리고 있기 때문인 것으로 생각된다. 그러나 서두에서도 언급한 것처럼 분단국가인 우리의 입장에서 통일이라는 대 명제 앞에서 본 제도의 중요성을 재인식할 필요가 있다.

2. 실종선고의 요건

1) 실질적 요건

(1) 부재자의 생사가 분명하지 아니하여야 한다.
(2) 생사불명의 상태가 일정기간 계속되어야 한다. 이 경우 보통실종은 5년, 특별실종은 1년이다. 보통실종의 경우 기산점에 관하여 민법

120) 이경우 친족관계나 상속관계에 중대한 영향을 미쳐 극히 불합리한 결과가 생긴다.
121) 고상용, 68; 장경학, 248.

에 아무런 규정도 두고 있지 않으나 통설은 "부재자가 생존하고 있다고 알려진 최후의 시기를 기산점으로 하고 있다".[122] 특별실종은 전쟁실종의 경우 "전쟁이 종지한때", 선박실종의 경우 "선박이 침몰한 때", 기타 위난실종의 경우 "위난[123]이 종료한 때", 항공기실종의 경우 "항공기가 추락한 때"를 기산점으로 하고 있다.[124] 민법은 1984년 4월 10일 제6차 개정에서야 비로소 특별실종기간을 3년에서 1년으로 단축하고, 항공기실종을 특별실종시유에 추가하였다. 우리나라와 유사한 외국의 입법례는 스위스민법으로 보통실종 5년에 특별실종이 1년으로(동법 제36조)되어있다.[125] 생각건대 유교사상의 윤리적 감정이 강하게 지배하고 있는 우리국민의 정서를 감안한다면 보통실종의 경우는 독일의 경우처럼 10년으로 연장함이 바람직하겠고, 특별실종의 경우는 위난의 상황에 따라 신속하게 사고를 처리하고 사건의 후유증을 빨리 극복하기 위해서라도 6개월 혹은 3개월 등으로 좀 더 세분하여 단축 조정함이 현대적 상황에 합당하지 않을까 생각 된다.[126] 법무부민법개정 작업에서도 특별실종

---

122) 이에 관하여 스위스민법은 제36조 1항에서 "최후의 소식이 있는 때(Seit letzten Nachricht)"라고 규정하여 입법으로 해결하고 있다. 우리민법도 입법적으로 해결함이 바람직하다고 본다.

123) 여기에서의 危難이라 함은 地震, 洪水, 工場의 爆發, 가스폭발, 공습 등이다.

124) 민법 제27조 2항 전단.

125) 그밖에 外國의 立法例를 紹介하면: 獨逸은 失踪法에서 普通失踪 10년, 特別失踪은 구체적으로 구분하여 戰爭은 1년, 海上은 6개월, 航空機는 3개월, 其他危亂은 1년으로 하고 있다. 프랑스는 不在者가 財産管理人을 두었을 때는 11년, 그렇지 않은 경우는 5년으로 하고 있다. 기타 日本은 普通 10년, 特別失踪은 1년으로 되어있고, 이태리 民法은 普通 10년, 戰爭은 講和條約 발효 후 2년 혹은 敵對行爲 끝난 후 3년, 其他危亂은 2년으로 하고 있다.

126) 【독일특별실종법(Verschollensgesetz)】
제4조~제7조 : 전쟁실종은 1년, 해난실종은 6월, 항공기실종은 3월, 위난실종은 1년으로 규율하고 있음.
【중국민법 통칙】
제23조 공민이 다음 각 호의 하나에 해당할 경우에 이해관계인은 인민법원에 그를 사망자로 선고할 것을 청구할 수 있다.
1.만4년간 소재불명일 경우
2.불의의 사고로 인하여 소재가 불명하며 사고 발생일 부터 만2년이 경과하였을 경우.
전쟁기간에 소재불명이 되었을 경우에는 그 소재불명기간은 전쟁종지일 부터 계산한다.
【오스트리아 사망선고법(Todeserklärungsgesetz, 제4조~제6조)】
전쟁실종 1년, 해난실종 6개월, 항공기 실종 3개월, 기타 위난 실종 1년으로 규정
【일본민법 제30조제2항】

기간은 단축하는 방향으로 개정하도록 검토하기로 결정하고 제27조 2항을 "침몰한 선박 중에 있던 자, 추락한 항공기 중에 있던 자, 전지에 임한 자 그 밖의 사망의 원인이 될 위난을 당한 자의 생사가 선박의 침몰 또는 항공기의 추락 후 6개월간, 전쟁종지 후 또는 그 밖의 위난이 종료한 후 1년간 분명하지 아니한 때에도 제1항과 같다"고 하여 가안이 확정된 것으로 확인되고 있다.

2) 형식적 요건

일정한 자의 청구 즉 이해관계인과 검사의 청구가 있어야 한다. 여기서 이해관계인이란 배우자·추정상속인 · 채권자 · 법정대리인 · 재산관리인 · 추정상속인의 채권자 · 종신정기금채무자 · 연금채무자 등 법률상 이해관계인으로서 경제적 또는 신분적 이해관계인이라야 하는 것이고, 실종선고가 있으면 권리를 얻거나 의무를 면하는 자를 말하며 단순한 사실상의 이해관계인은 여기에 해당되지 않는다.[127]

3) 공시최고의 절차

절차상 요건으로 가정법원은 6개월 이상 공시최고 후 그 기간이 경과하고, 상기한 요건이 갖추어지면 반드시 실종선고를 하여야 한다(가사소송규칙 제54조 · 제55조 · 제26조 참조).

3. 실종선고의 효과

1) 사망의 효과가 발생하는 시기

이에 관하여는 ① 최후의 소식 또는 위난이 발생한 때(스민 제38조 제2항;

실종기간을 1년으로 규정
【대만민법 제8조제3항】
실종기간을 1년으로 규정

127) 친형·隣人·親友 등은 사실상 이해관계인이나 법률상 이해관계인은 아니라고 보고 있다: 대판 1961. 12. 19, 4294 民再抗 649.

특별실종의 경우, 독일실종법 제9조 제3항), ② 선고시주의(독일민법 제1초안), ③ 실종기간 만료시주의(독일민법의 보통실종의 경우)로 시대와 상황에 따라 효과시기를 바꾸어 왔다. 우리 민법은 실종기간의 만료를 사망한 것으로 보아(§ 28), 실종기간 만료 시 주의를 채택하고 있어 실종선고시에서 과거 실종기간 만료시 까지 소급해서 사망의 효력이 생긴다.

2) 사망으로 보는(간주) 범위

종래의 주소를 중심으로 한 법률관계 중 私法的인 法律關係에 만 영향이 있다. 즉 재산상·신분상의 법률효과에서 사망으로 간주하고, 공법상 효과는 배제된다. 환언하면 본 제도는 실종자의 권리능력을 박탈하는 제도는 아니다.

3) 의제주의의 채택

스위스민법(제38조), 독일 실종법(제9조)이 추정주의를 취하고 있는 반면에, 우리민법은 구민법에서부터 줄곧 간주주의를 취하고 있다. 따라서 사망의 효과를 번복하기 위해서는 실종선고를 취소하여야 한다.

4. 실종선고의 취소

1) 의 의

실종자가 ① 생존해 있거나 ② 선고로 사망으로 본 시기와 다른 시기에 사망한 사실이 입증된 경우 가정법원은 "① 본인, ② 이해관계인 또는 ③ 검사"의 청구에 의하여 실종선고를 취소하여야 한다. 실종선고는 사망으로 간주하기 때문에 상기한 ① ②의 경우 반증이 있어도 인정사망 처럼 사망이라는 선고의 효과를 뒤집지 못하고, 반드시 취소청구권자의 청구를 통하여 법원에서 취소의 심판절차를 필요로 한다(제29조 제1항, 가사심판법 제2조). 그 결과 실종선고에 의하여 발생한 법률관계는 모두 번복하게 된다. 이처럼 간주주의는 심판절차를 통하여 획일적으로 처리 할 수 있다는 장점이 있다.

2) 취소의 요건

(1) 실질적 요건

실질적 요건으로는 가) 실종자가 생존하고 있는 사실이 있거나(제29조 1항 본문), 나) 실종기간이 만료한 때와 다른 시기에 사망한 사실이 있고(제291항 본문), 다) 실종기간 기산점 이후 어떤 시기에 생존하고 있었던 사실 중 어느 하나의 증명이 있으면 된다. (다)의 경우는 선고취소의 원인으로서 규정하고 있지 않으나, 이경우에는, 실종선고를 하는 것은 옳은 일이지만, 실종기간이 다르게 되기 때문에 사망으로 보게 되는 시기가 달라지므로 실종선고는 취소되어야 한다고 본다.

(2) 절차상 요건

상기한 실질적 요건이 있을 때, 본인 · 이해관계인 또는 검사의 청구(제29조 1항 본문)가 있어야 한다.

(3) 취소절차

선고의 절차와 같이, 가정법원의 관할 하에, 가사심판법과 가사심판규칙에 의하여 취소할 수 있는데, 요건이 갖추어진 경우 법원은 반드시 실종선고를 취소해야 한다(필요적 취소).

3) 취소의 효과

(1) 원 칙

원칙적으로 실종선고로 인한 법률관계는 소급적으로 무효가 된다. 따라서 ① 실종자의 생존으로 취소된 경우엔 재산상·신분상의 관계가 실종 전으로 회복된다. ② 사망시기가 달라서 취소된 경우에는 사망시기가 다름으로써 발생하는 재산적인 관계가 정정된다. 따라서 호주승계인이나 상속인 또는 상속분의 변동을 가져와서 호주승계나 상속자에 대하여 진정승계인 · 상속인이 호주승계회복이나 상속회복을 청구할 수 있다(제982조 · 제999조). 환언하면 다시 확정된 사망시기를 중심으로 하여 다시 사망에 기한 법률관계가 확정된다. ③ 실종선고 기산점 이후의 생존을 이유로 취소된 경우에는 선고 전의 상태로 회복되고, 혹 이해관계인이 원한다면 재차 실종선고를 청구하여야 한다.

(2) 예 외

우리민법은 실종선고를 신뢰한 상대방과 제3자를 보호하기 위하여 예외적으로 "실종선고 후 그 취소 전에 선의로 한 행위의 효과에는 영향을 미치지 아니 한다"(제29조 1항 단서)고 규정하고 있다. 따라서 이 경우 신분상이든 재산상 취소의 소급효가 제한된다. 여기서의 선의란 실종선고가 사실에 반하는 것을 알지 못하는 경우를 말한다. 이 경우 단독행위에선 행위자만의 선의로 족하다.[128] 물론 실종선고에 의해서 개시된 상속의 경우 상속인이 상속을 포기하거나 한정승인한 경우에 그 전에 실종선고가 취소되었다면 상속인이 선의라고 하더라도 상속 자체가 개시되지 않기 때문에 상속의 포기나 한정승인은 무효가 되는 것으로 보고 있다.[129] 계약의 경우 일방의 선의만 요하는지, 쌍방의 선의를 요하는지에 대하여는 학설의 대립이 있다.

(3) 재산상의 경우

① 다수설 · 판례의 입장

쌍방이 선의이면 제29조 1항 단서의 보호를 받는다는 것이 판례 · 다수설의 입장이다.[130] 다수설, 판례의 주장 이유는 「일방의 선의로 충분하다면 실종자를 보호할 수 없다」는 것이다. 그러나 이 경우 악의자로 부터 양도받은 선의자 에게 불측의 손해를 줄 수 있기 때문에 거래안전을 해친다는 비판을 면할 수 없다.

② 소수설(상대적 효력설)

일방의 선의로 족하다는 상대적 효력설은 「관계 당사자에 따라 개별적·상대적으로 그 효력을 결정」하여야 한다는 것이다.[131] 이 입장은 통설을 따를 경우 악의자로 부터 양수한 선의자는 불측의 손

128) 물론 單獨行爲의 경우도 相對方이 惡意인 경우에는 그에 의한 受益이 있으면 惡意의 受益者로서 責任이 있다고 보는 입장이 있다: 김기선, 120; 김용희, 156-7면.

129) 同旨 註釋總則(上), 283; 고상용, 86; 김기선, 120; 장경학, 263; 김용한, 149.

130) 곽윤직, 202; 김증한, 157; 이영섭, 154; 장경학, 262; 김기선, 124; 이영준, 841.

131) 김용한, 143; 황적인, 77; 이태제, 113; 김용희, 135; 김현태, 140.

해를 입게 되고 더 나아가서 거래의 안전을 해할 염려가 있고, 선의자가 두 사람 이상이면 그 후의 취득자가 악의라도 보호를 받게 되는 결과가 되어 구체적 정의에 반한다고 하여 통설의 비판에서 시작된 입장이다. 동설은 모든 당사자에게 획일적으로 결정할 것이 아니라 선의자에 대한 관계에서는 유효로, 악의자에 대한 관계에서는 무효로 하여 당사자에 따라 개별적·상대적으로 그 효력을 결정해야 한다는 견해이다. 이 설은 최근 일본에서는 통설로 부각되고 있다.[132] 그러나 동설의 입장도 예컨대 실종자 A의 재산이 B에게 상속되고 그 후 C → D → E 순서로 순차적으로 양도된 경우, D는 선의이고 E가 악의인 경우에 D는 보호되나 A는 E에 대하여 목적물의 반환을 청구할 수 있기 때문에, 목적물을 A에게 반환한 악의의 E는 선의의 D에 대하여 담보책임(민법 569조 이하)을 추급할 수 있기 때문에 결국 선의자인 D가 보호되지 못하는 불합리한 결과가 되어 소수설의 선의자보호도 그 의미를 찾지 못하게 되었다.

③ 사 견

상기한 다수설·소수설 모두 장단점을 가지고 있다는 점을 확인하였다. 여기서 우리는 선의자보호와 거래안전의 확보, 피선고자보호라는 점을 현실적으로 어떻게 조화시키느냐 하는 문제에 초점을 맞추어 볼 필요가 있다. 우리나라에서는 전통적으로 실종선고를 하는 예가 거의 없으나, 분단국가인 우리나라의 경우 통일을 이룬 후에는 재산상 · 신분상의 많은 문제가 발생할 수 있다는 것을 우리는 독일의 통일후의 모습에서 예측해 볼 수 있다. 여기서 우리민법 제29조의 입법취지를 살펴볼 필요가 있다. 본 조의 입법취지는 무엇보다도 "피선고자의 이익보호에 있으며, 동시에 단서에서 선의자보호 · 거래안전을 추구"하는 양면성을 내포하고 있음을 확인할 수 있다. 더구나 현대사회처럼 급변하는 시대에는 무엇보다도 거래의 안전과 선의자 보호를 간과해선 아니 된다. 그렇다면 상속인 B로부터 양수한 C가 선의인 경우 B · C 모두 쌍방이 선의인 경우는 물론

132) 星野英一, 民法槪論(I), 97면.

이고, C만 선의인 경우에도 C가 보호되어야 한다고 본다. 그 이후의 경우는 선·악을 따지지 말고 거래의 안전을 고려하여 D·E를 보호하는 입장을 취해야 된다고 생각한다.

(4) 신분상의 경우

신분상의 제일 큰 문제는 무엇보다도 잔존배우자의 재혼문제가 되겠는데, 통설은 선의로 한 행위는 그 효력에 영향을 받지 않는 결과 舊婚이 부활하지 않는다는 입장이다. 이 경우는 소수설의 입장도 양당사자가 선의 이어야 한다는데 의견이 일치하고 있다. 이에 대하여 제29조 제1항 단서의 "선의로 한 행위"는 재산상의 행위만을 의미하며, 신분상의 행위는 포함되지 않는다고 보는 입장이 있다.[133] 현실적으로 합당한 견해라 생각된다. 참고로 외국의 경우를 살펴보면, 일본의 경우는 혼인당사자의 의사를 존중하기 때문에 선·악에 관계없이 언제나 後婚을 인정한다.[134] 기타 독일·중국·대만의 경우에도 원칙적으로 後婚을 인정하고 있다. 이산가족으로 사실혼관계를 이루는 後婚의 경우도 중국에서는 사실혼인 후혼의 유효를 인정하고 있으며, 가까운 주변국 대만에서도 사실혼인 後婚의 소추처벌을 면제하고 있다. 그리고 전혼 배우자가 재결합을 원하는 경우에도 당사자의 의사를 존중하여 독일의 경우 실종선고를 받은 배우자가 생존한 경우 그의 종전 배우자가 선의인 한 後婚의 취소청구가 가능하게 된다. 중국의 경우 부부일방이 재혼한 경우 재혼하지 아니한 타방이 후혼의 이혼을 요구할 수 있다. 결국 외국의 경우 혼인문제는 당사자 의사존중의 원칙을 따르고 있음을 알 수 있다. 결국 우리와 가장 가까운 주변국 중국·대만·일본과 우리민법에 많은 영향을 준 독일의 경우 혼인문제는 原則的으로 後婚을 認定하고 再結合時 當事者의 意思를 尊重하고 있다는 사실을 확인하였다. 우리의 경우도 신분행위는 善·惡의 구별 보다 원칙적으로 後婚을 인정하되 당사자의 의사를 존중하여 합리적으로 각자의 선택에 맡기고, 3자간에 타협이 이루어지지 않을 경우, 최후의 방법으로 가사

133) 고상용, 실종선고의 취소제도, 월간고시(1987, 12), 138면.
134) 四宮和夫, 80면.

소송에 의하여 가정법원에서 해결하는 것이 합당하다고 생각된다.

Ⅳ. 인정사망제도

호적에 사망신고를 하려면 호적법에 따라(호적법 제87조) 진단서 또는 검안서를 첨부해야만 하기 때문에, 시체가 발견되지 않으면 사망의 사실을 확인 할 수 없어 사망처리가 아니 된다. 결국 수난이나 기타 재난 등의 사변으로 인하여 사망이 거의 확실한데 미해결의 사건으로 남을 수 밖에 없다. 따라서 이러한 경우 호적법 제90조에 근거하여[135] 실종선고를 거치지 아니하고 이를 조사한 관공서는 사망지의 시·읍·면장에게 사망보고를 하여, 이에 근거하여 호적상 사망으로 기재하는 제도를 말한다. 본 제도는 사망의 개연성이 있다는 데는 특별실종과 같은 맥락이지만, 사망으로 추정한다는 점에서 실종선고의 경우(실종선고에선: "사망한 것으로 본다")와 다르다. 따라서 인정사밍제도를 일명 "약식 실종선고"라고 하여 실종선고보다 많이 이용되고 있다. 그러나 동 제도에 의한 호적부의 기재는 추정될 뿐이므로 반증에 의하여 이를 번복 할 수가 있다.

Ⅴ. 부재선고제도

1. 의 의

동 제도는 1967년 "부재선고등의 특별조치법"에 의한 일종의 실종선고이다. 주지하는 바와 같이 본 제도는 우리나라 특유의 조치로서, 해방 후의 격변기와 6.25동란을 겪으면서 발생한 이산가족에게 비극을 안겨주었고, 3.8선이란 인위적 분단으로 왕래가 두절되어 배우자와 가족을 군사분계선이북지

135) 호적법 제90조는「수난, 화재 기타 사변으로 인하여 사망한 자가 있는 경우에는 그를 조사한 관공서는 지체 없이 사망자의 시·읍·면의 장에게 사망의 보고를 하여야 한다」고 규정하고 있다.

역에 남겨둔 채 월남한 기혼자의 재혼문제·상속문제 등을 해결하기 위한 특별조치로 제정된 한시법이다. 즉 군사분계선이북지역에 남아있는 호적상 표시되어 있는 자에 관하여 일정한 요건 하에 법원이 부재선고를 함으로써, 그 자를 사망한 것으로 보아 실종선고에서처럼 잔존 배우자와 가족에게 재혼·상속의 길을 열어준 특별조치인 것이다.

2. 요건과 절차

1) 호적에 군사분계선이북지역[136] 거주로 표시된 잔류자임이 분명하여야 한다(동법 제2조 2항). 부재선고 청구서에는 호적등본과 원본적지관할 도지사가 발행하는 잔류자 확인서를 첨부해야 한다(동법 제7조).
2) 호주 또는 가족이나 검사의 청구가 있어야 한다. 호주나 가족은 잔류자가 입적된 호적상에 있는 자이어야 한다. 검사는 공익의 대표자로서 청구권자로 규정하고 있다. 따라서 청구권의 범위가 실종선고보다 좁다.
3) 관할법원은 잔류자의 본적지 가정법원이고(본법 제6조), 심판절차는 실종에 관한 규정을 준용한다(동법 제9조). 가정법원은 1월이상 기간을 정하여 공시최고를 하여야 하고(동법 제8조 1항), 공시최고기간이 지나도 미수복지구 이외의 지역에서 거주하고 있는 사실의 신고가 없을 때에 비로서 부재선고를 한다.

3. 부재선고의 효과

부재선고를 받은 자는 호적에서 제적된다(동법 제4조). 호적에서 제적하기 위해서는 부재선고 청구자가 부재선고의 신고를 하여야 하는데, 동법 제10조에 의거 실종에 관한 규정을 준용하도록 되어있다. 따라서 호주승계 및 재산상속과 혼인 등의 법률관계에선 사망으로 간주된다. 판례는 친자관계에 있어서는 실종선고를 받은 것으로 볼 수 없다고 판시하고 있다.[137] 물론 효력이 발생

136) 여기서 未收復地區라 함은 1953년 7월 28일 現在 行政區域으로서 아직 收復되지 아니한 함경북도·함경남도·평안북도·평안남도·황해도와 휴전선 이북의 경기도와 강원도 一部를 말한다(동법 제2조 1항).

137) 대판 81. 7. 28. 80므19(公 665, 14266).

하는 시기는 호적부 제적시가 아니고 부재선고의 심판이 확정된 때이다.[138)]

4. 부재선고의 취소

상기한 바처럼 부재선고를 받은 자는 혼인 및 재산상속 기타 호주승계에 관하여 사망으로 간주되므로, 선고를 받은 자가 사망한 사실이나 군사분계선이북지역 이외의 지역에서 거주한 증명이 있거나 잔류자가 거주하는 군사분계선이북지역이 그 이남지역의 행정구역에 편입된 경우 본인·가족 또는 검사의 청구에 의하여 효과를 번복하기 위해서는 법원으로부터 부재선고 취소심판을 받아야 한다. 기타 취소의 효과는 실종선고에 준용하기 때문에 반복을 피하기 위하여 생략한다.

Ⅵ. 의제사망제도와 통일 후의 과제

1. 신분관계

상기한 바처럼 우리의 주변국과 독일이 원칙적으로 후혼을 인정하는 점을 고려하여 우리나라도 기 형성된 법률관계를 유지시켜 법적 안정성을 확보해야 된다. 단순한 법률이론을 적용하여 분단후의 후혼을 중혼으로 인정해 버릴 경우 새로운 비극을 초래하기 때문이다. 당사자의 의사에 반하지 않는 한 분단 후 형성된 사실혼인 후혼도 보호됨이 마땅하다. 이 경우 대만의 경우처럼 이산부부의 후혼에 대한 소추처벌을 면제함도 생각해 볼만하다.

2. 상속관계

재산상속관계에서도 기형성된 법률관계를 최대한 보장하여야 한다. 그리고 상속회복청구권자를 일정범위의 친족까지만 인정하여야 하겠고, 상속재산의 반환 의무자도 현존이익의 한도 내에서 금전반환 기타 가능한 반환을 인정함이 법적안정성 고려의 측면에서 필요하다고 본다. 아울러 기 처분된

---

138) 同旨 이영준, 843; 곽윤직 206; 김상용, 224.

상속재산의 경우도 그 처분행위를 유효로 인정하여 반환의무자와 거래한 제3자를 보호함이 거래안전에 필요하다고 여긴다. 기타 상속재산이 국고에 귀속된 경우는 공익보호의 차원에서 상속재산회복을 배제하는 방법도 생각해두어야 한다. 분단으로 인한 불이익을 극소화하기 위해서 상속재산 재분배시 이산가족간의 동등한 상속권을 보장하되 법적불안상태를 신속하게 종결하기 위해선 단기간의 제척기간을 특별법으로 정하여 호주승계회복 혹은 상속회복청구를 할 수 있도록 함이 합당하다고 생각한다. 그러나 어떠한 경우도 우리나라의 공공질서와 미풍양속을 저해하지 않는 경우에만 기형성된 법률관계의 유효성을 인정함은 당연하다. 또한 상속재산 재분배시는 신설된 기여분제도(제1008조의 2)를 적용하여 상속회복청구권자와 공동상속인의 피상속인에 대한 경제적 기여도를 감안하여 적절한 재조정이 가능하다고 본다.

3. 南·北離散家族의 相逢(1-3차)에 따른 家族法上의 諸問題

현 우리정부의 對北政策의 기조는 김대중대통령의 햇볕정책의 선언으로 社會的 人的交流와 經濟交流를 통해서 北韓體制를 開放시키고 또한 南北和解.協力時代를 열위 하여 交流와 協力을 우선 推進하자는 立場이었으며, 그 일환으로 금강산관광이 시작되었고, 2000년 6월 13-15일에 열렸던 남북정상회담은 분단 반세기의 역사에 일대 획을 긋는 중대한 의미를 지닌다 하겠다. 동년 6월 15일 남·북의 정상은 '6·15 공동선언문'을 채택하고 통일방안에 대한 의견접근을 이루었으며, 이산가족의 문제에 대해서는 선언문 제3항에서 채택하고 있는바, 남북한에 갈라져있는 이산가족의 재회는 인도주의적 차원에서는 자신의 끊어진 혈육의 맥을 다시 잇는다는 점에서 가장 중요한 인간사 중의 하나로서 50여 년간 누적되어온 동족간의 증오를 불식시키고 분단과 전쟁으로 상처받은 민족정서를 치유하는 중요한 계기가 될 수 있었다. 더구나 분단의 장기화로 이산가족의 고령화 내지 자연사망이 급격히 늘어나고 있기 때문에 민족의 동질성회복의 차원에서도 이산가족의 상봉은 가장 시급한 일이라고 볼 수 있고 이산가족의 재회는 결과적으로 남북간 가족법상의 중요한 문제들이 발생하게 된다. 본고에서는 지난 1-3차 이산가족재회의 상황을 도표로 만들어 우리 민법법상의 문제로 나타날 수 있는 점을 확인하고 이를 분석 검토하고자 한다.

주지하는 바와 같이 南·北間의 인적교류는 1989년 6월 12일 "南北交流協力에 관한 基本指針"의 制定以後 본격적인 민간인의 對北交流 욕구가 증가하였으며[139] 그 내용에 있어서도 지침시행초기의 이산가족, 학술분야에서 문화·종교·언론분야로 다양화되고 있으며, 1991년도 하반기 이후에는 경제교류 및 합작사업을 위한 의사타진 및 종교교류를 위한 접촉신청이 증가하였고, 최근 남·북정상의 만남이후 그 후속으로 모두 3차례의 이산가족 상봉이 이루어지게 된 것이다.

물론 이번 1-3차 이산가족 상봉이 이루어지기 이전에도 남측의 가족들은 서신왕래 등의 접촉이 북측가족의 신변안전에 미칠 영향 등 불이익처분에 관해서 관심을 표명하고 있었으며 가급적이면 비공개적인 방법으로 추진되기를 희망하였다. 당시에는 海外相逢周旋機關의 대부분이 북한과 연계를 맺고 있는 친북단체 이거나 영리목적의 단체라는 점이 문제점으로 지적되기도 하였다. 북측은 특수한 목적으로 방북초청장을 발급하는 제3국을 통한 상봉·서신왕래는 시간·경비 등의 부담이 과중하며 절차상의 복잡성과 함께 해외에 연고가 있는 일부 이산가족에 국한하여 이용됨으로써 대부분의 이산가족은 생사확인 및 서신연락을 정부의 주선으로 판문점을 통해 이루어질 수 있도록 해 줄 것을 요구한 바 있었다.[140]

당시 우리정부는 우선 離散家族問題를 과제의 하나로 설정하고 제6차 고위급회담 시 한식고향방문단교환과 교류·협력분과위원회 제1차 회의 시 단오절 고향방문단교환을 제안하였으나 북한측의 거절로 성사시키지 못했었다. 그 후 제7차 고위급회담에서 남북한이 8월 15일 光復節의 계기로 이산가족

---

139) "남북교류협력에 관한 기본지침"이후 이산가족들의 북한주민접촉을 위한 승인신청건수가 상당수에 이르렇고 그 후 직·간접으로 북측가족의 생사를 확인한 것으로 보이고 있다. 한편 일부 이산가족들은 동 지침 제정 이전에도 海外의 南北離散家族往來 주선기관이나 영주권을 소지한 교포 등을 통해 비공식적인 방법으로 서신왕래와 접촉이 있었던 것으로 확인되고 있다. 동 지침시행초기에는 주로 서신교환형태가 주류를 이루고 있으나 최근에는 중국거주 교포들의 남북한 가족의 동시초청 方式에 의한 직접상봉이 일부 이루어지고 있다고 한다. 남북정상회담 이전의 이산가족 접촉방법은 ① 해외거주교포(영주권소지자 또는 시민권자)를 활용하는 방법 ② 이산가족 상봉주선단체를 이용하는 방법 ③ 제3국 무역상 또는 문화·학술·예술행사 참가자를 통해 확인하는 방법 등을 활용하고 있는 것으로 알려지고 있다.

140) 통일백서, 통일원(1992), 276면이하.

노부모 방문단 및 예술단 교환에 합의(老父母 100명, 藝術團 100명, 記者. 支援人員 70명으로 訪問團 構成)함에 따라 이를 위하여 1992년 6월 5일부터 8월 7일까지 8차례의 적십자 실무접촉이 있었으나 北韓이 1차 실무접촉 때부터 아무런 전제조건 없이 노부모방문단교환사업을 실시하기로 한 당초의 약속을 깨고 고향방문단교환과는 관련이 없는 북한핵문제와 남북관계연계철회, 이인모 송환 등을 전제조건으로 주장하였고, 6차 실무접촉 때부터는 포커스렌즈훈련 중지를 전제조건으로 추가함으로써 8월 15일 노부모 방문단교환은 성사되지 않았다. 그 후 제8차 고위급회담에서도 노부모 방문단 문제가 타결되지 않음에 따라 이후 이인모 송환과 함께 노부모방문단교환, 이산가족고향방문의 정례화, 판문점 이산가족 면회소설치, 동진호 납북선원 12명 송환 등을 병행 실시할 것을 주장하였으나 북한측은 이산가족면회소 설치만을 수용하겠다는 의사를 밝힘으로써 진전이 없이 끝나고 말았던 것이다.

北韓은 인도적 문제를 해결하기 위한 적십자회담개최와 관련하여 일단 예비회담에는 응하되 핵문제와 남북경협 연계철회, 이인모송환, 한・미 군사훈련중지 등을 전제조건으로 제시하거나 당시 국내외 상황과 관련하여 새로운 전제조건을 추가함으로써 적십자 본회담의 개최를 사실상 기피해 왔었다. 당시 이러한 북측의 태도는 이산가족문제와 관련한 고향방문, 노부모상봉 등이 북한의 가장 취약점인 사회개방과 직결되기 때문으로 여겨졌다.[141]

그러나 이러한 답보상태가 남북정상의 만남으로 급선회하여 남북간 정부차원의 협조로 모두 3차례의 가족상봉이 이루어지게 되었으나, 뉴욕시 테러사건 후 남북간의 대화와 교류가 소강생태로 있다가 최근에는 월드컵과 아리랑축제를 연계하겠다는 북한측의 요청이 있고 이산가족의 구정고향방문단문제가 제기되는 등 새로운 국면을 맞이하는 듯 했으나 결국 이루어지지 못하고 미국 부시대통령의 북한에 대한 "악의 축" 발언으로 그 실현이 불투명한 상태가 되어 버렸다.

141) 통일환경과 남북한 관계: 1992/1993, 민족통일연구원, 106-108.

제5절 남 · 북 이산가족재회(1-3차)와 의제사망

Ⅰ. 남측 평양방문단 이산가족 상봉자의 분포도

표 2-1에서 살펴보면 우리측 1차 평양방문단의 연령분포는 70代 이하가 65%로 가장 많고, 다음이 80代로 20%, 60대가 12%로 나타났으며, 90대도 3%로 나타났다. 표 2-5에서 살펴본 2차 우리측 평양방문단의 경우 70대가 66%, 80代가 28%, 90대가 4%, 60代와 100代가 각각 1%로 나타나 있다. 한편 표 2-9의 우리측 3차 평양방문단의 경우 70代가 60%, 80代가 36%, 90代가 4%로 집계되고 있다. 이러한 집계는 적십자사에서 이산가족평양방문단을 모집할 때 고령자를 우선적으로 선발한 것에도 원인이 있지만 이산가족 1세대가 거의 고령자임이 확인되고 있으며, 60-70대는 주로 이산가족 2세대이고 80대 이상은 주로 이신가족 1세대로 대부분의 이산가족 1세대는 상당수가 이미 자연사한 것으로 확인되고 있다. 표 2-13에서 확인할 수 있듯이 이미 고인이 된 1세대나 80-90대의 생존한 소수의 1세대와 미소년에서 청년시절에 부모형제와 떨어져 이산가족이 된 후 노년기에 접한 60-70대의 노인이 이산가족 2세대로 확인되고 있다. 가족관계를 살펴보면(아래 표 2-2 · 표 2-6 · 표 2-10 · 표 2-14 등 참조) 부모의 재회가 3차(표 2-10 · 표 2-14)에서 1가족인 것은 이산가족의 부모(1세대)들의 대부분이 이미 사망한 것으로 확인되었다. 반면 처자식간의 재회는 1차가 38%(표 2-2), 2차가 41%(표 2-6), 3차가 40%(표 2-10)로 상당수에 이르고 있으며, 형제 · 자매의 재회도 1차가 61%(표 2-2), 2차가 56%(표 2-6), 3차가 45%(표 2-10)로 가장 많은 것으로 집계되고 있다. 그밖에도 상속범위내의 인척관계인 4촌 이내 이산가족의 재회도 1차 1%(표 2-2), 2차 3%(표 2-6), 3차 14%(표 2-10)로 집계되어 이들의 재회는 신분법상 상당한 제반문제가 제기된다 하겠다. 표 2-16에서는 1-3차 우리측방문단의 성별구분을 볼 수 있는데, 1차(표 2-4)에서 남 72%, 여 28%, 2차(표 2-8)에서 남 75%, 여 25%, 3차(표 2-12)에서 남 72%, 여 28%로 집계되어 남성이 고향방문에 더 적극적인 것으로 집계되고 있다. 또한 표 2-3 · 표 2-7 · 표 2-11 · 표 2-15 등에서

확인할 수 있듯이 우리측 방문단의 출신별 분포를 보면, 주로 황해, 평남, 평북, 함남 등의 순으로 집계되고 있으며, 그밖에도 남한의 경우 휴전선이 가로지르는 경기, 강원, 다음으로 낙동강 전투로 상당수의 포로와 강제납북이 강행되었던 경북지역에도 이산가족의 비율이 타 지역보다 많은 것으로 집계되고 있다. 이는 이산가족의 현실이 어느 일정지역에 편중된 게 아니고 전국적인 문제인 것으로 확인할 수 있다. 이번 이산가족재회에서는 북에서 남으로 각각 피난 와서 남에서 재혼한 노부부가 북에 두고 내려온 배우자 때문에 자녀를 두지 말자고 약속하고 사실혼 관계를 유지한 채 그 약속을 지킨 눈물겨운 사례가 있었으며,[142] 북한에 있는 처가 남쪽 남편의 재혼을 취소하는 소송을 제기한다는 신문기사는 통일단계 이전에 이러한 가족법적 문제가 발생할 소지가 발생할 수 있음을 시사하는 것으로 보인다.[143]

표 2-1 1차 우리측방문단 연령별 구분

연령별	60-69세	70-79세	80-89세	90세 이상	합 계
인 원	12	65	20	3	100

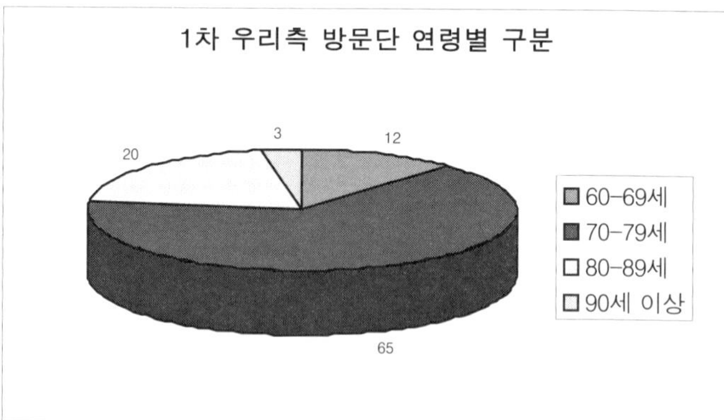

142) 중앙일보 2000년 7월 28일자, 23면 참조.
143) 중앙일보 2000년 7월 31일자 23면 참조.

표 2-2 1차 우리측방문단 가족관계별 구분

구 분	3촌이상	형제자매	자녀	처.자식	부 모	합 계
인 원	1	61	21	17	-	100

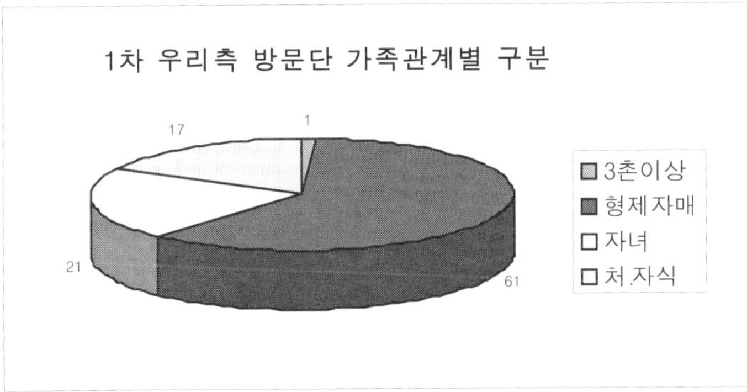

표 2-3 1차 우리측방문단 출신지별 구분

구 분	황 해	평 남	평 북	함 남	함 북	경 기	강 원	계
인 원	24	28	22	19	1	5	1	100

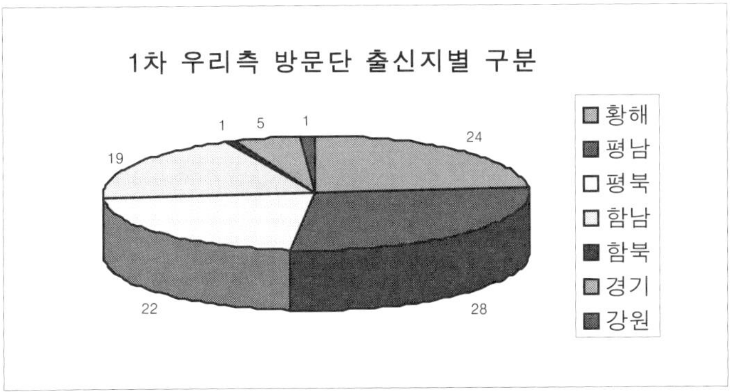

표 2-4 1차 우리측방문단 성별 구분

구 분	남 자	여 자	합 계
인 원	72	28	100

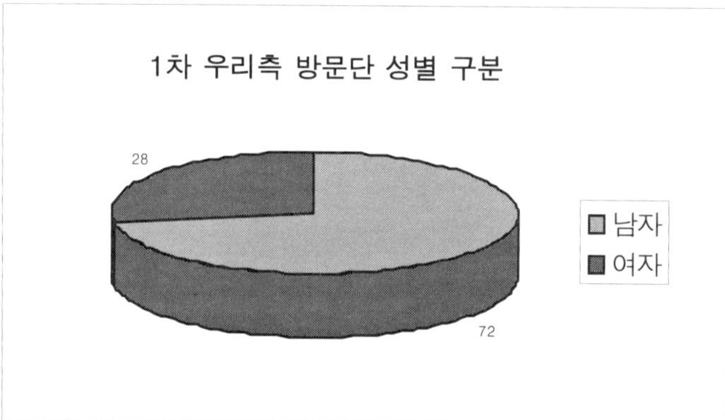

표 2-5 2차 우리측방문단 연령별 구분

연령별	60-69세	70-79세	80-89세	90세 이상	100세 이상	합 계
인 원	1	66	28	4	1	100

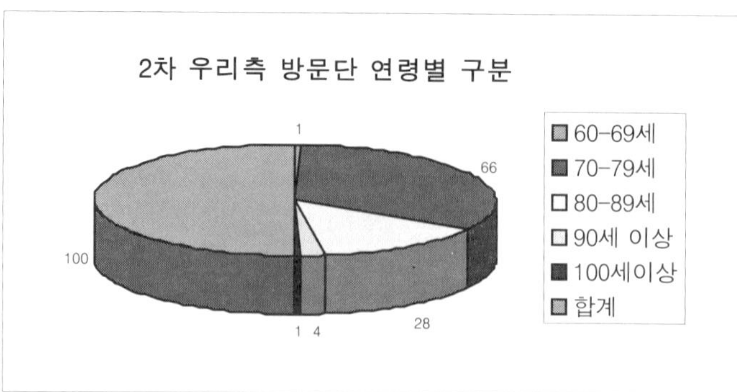

표 2-6 2차 우리측방문단 가족관계별 구분

구 분	3촌 이상	형제자매	처자식	부 모	합 계
인 원	3	56	41	-	100

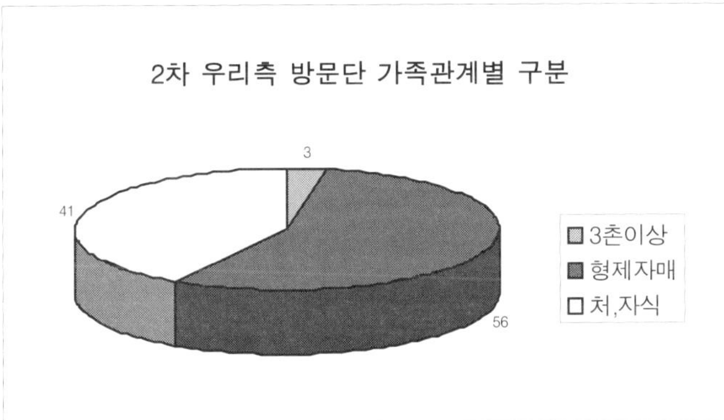

표 2-7 2차 우리측방문단 출신지별 구별

구분	황해	평남	평북	함남	함북	서울	경기	강원	전북	경북	제주	계
인원	27	19	11	17	2	2	10	8	2	1	1	100

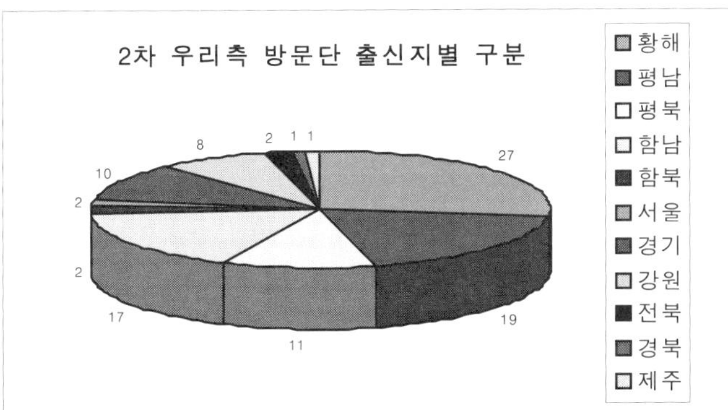

표 2-8 2차 우리측 방문단 성별구별

구 분	남 자	여 자	합 계
인 원	75	25	100

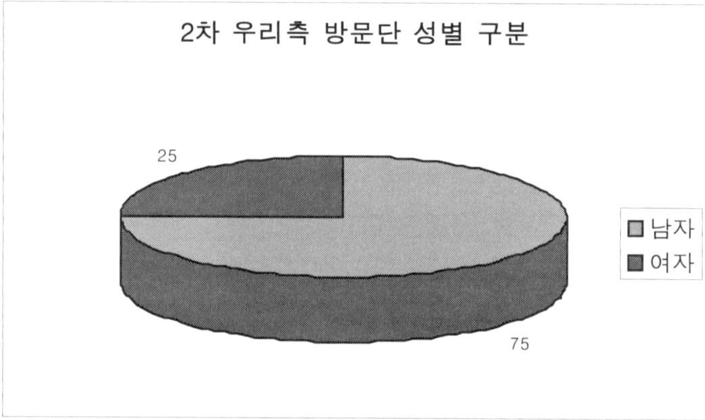

표 2-9 3차 우리측방문단 연령별 구분

연령별	79세 이하	80-89세	90-99세	100세 이상	합 계
인 원	60	36	4	0	100

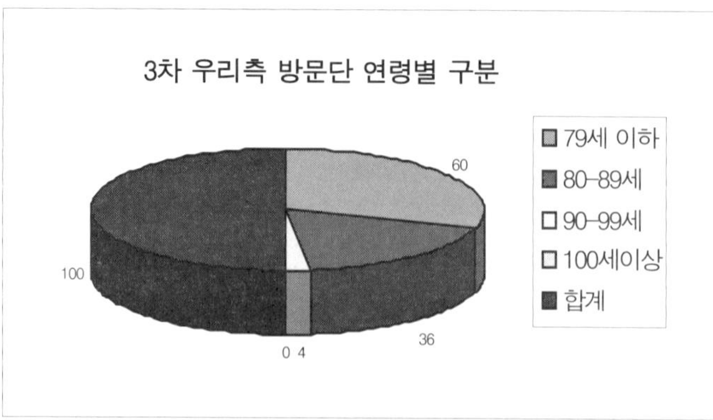

표 2-10 3차 우리측 방문단 가족관계별 구분

구 분	3촌 이상	형제자매	처자식	부 모	합 계
인 원	14	45	40	1	100

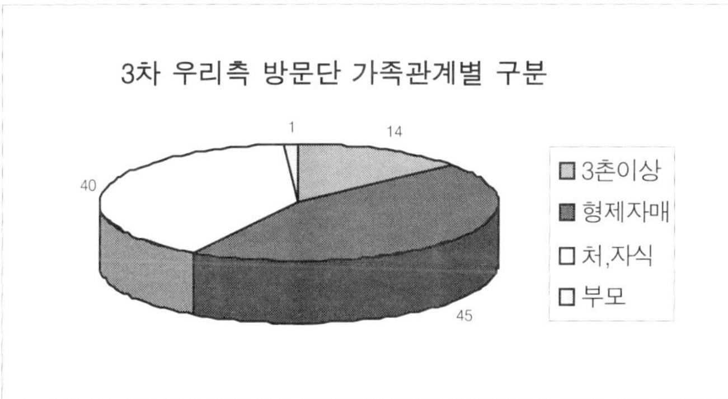

표 2-11 3차 우리측방문단 출신지별 구분

구분	황해	평남	평북	함남	함북	서울	경기	강원	전라	경상	충청	제주	계
인원	25	22	15	14	1	0	8	8	0	5	2	0	100

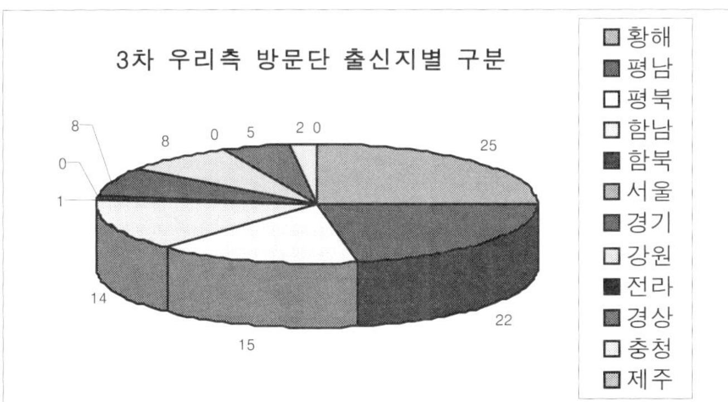

표 2-12 3차 우리측방문단 성별 구분

구 분	남 자	여 자	합 계
인 원	72	28	100

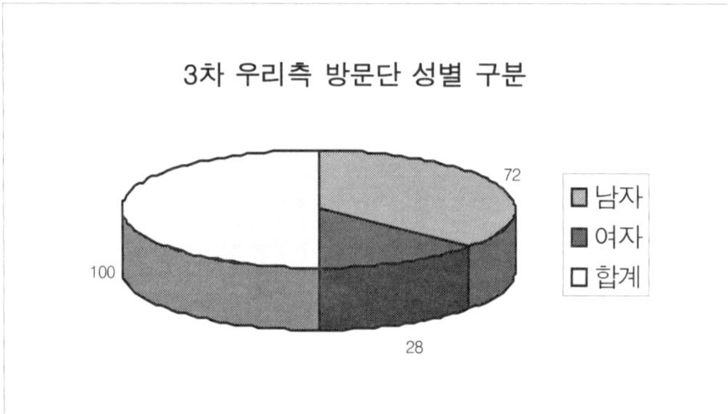

표 2-13 1-3차 우리측방문단 연령별 구분

연령별	100세 이상	99-90세	89-80세	79세 이하	합 계
3차	0	4	36	60	100
2차	1	4	28	67	100
1차	0	3	20	77	100

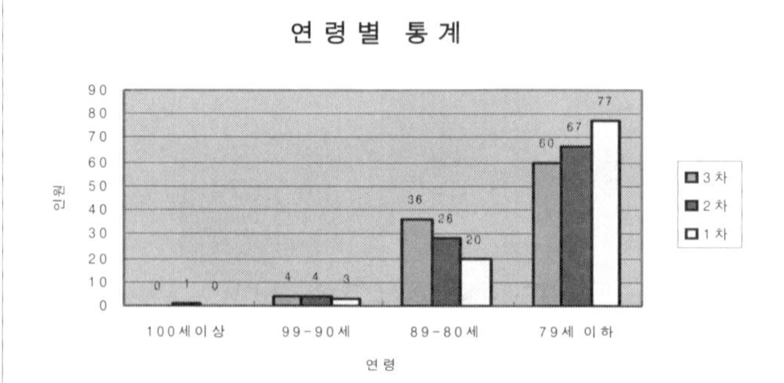

표 2-14 1-3차 우리측방문단 가족관계 구분

가족관계별	3촌 이상	형제자매	처자식	부 모	합 계
3차	14	45	40	1	100
2차	3	56	41	0	100
1차	1	61	38	0	100

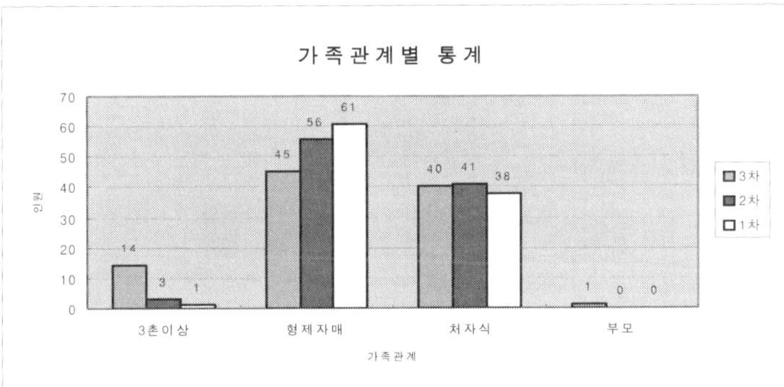

표 2-15 1-3차 우리측방문단 출신지별 구분

출신지별	황해	평남	평북	함남	함북	서울	경기	강원	전라	경상	충청	제주	계
3차	25	22	15	14	1	0	8	8	0	5	2	0	100
2차	27	19	11	17	2	2	10	8	2	1	0	1	100
1차	24	28	22	19	1	0	5	1	0	0	0	0	100

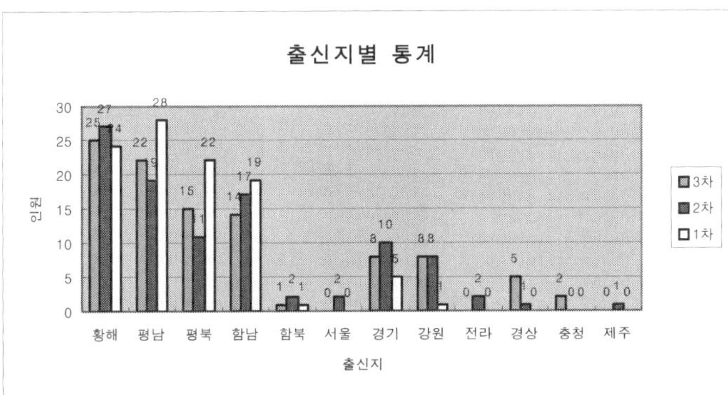

표 2-16 1-3차 우리측방문단 성별구분

성 별	남 자	여 자	합 계
3차	72	28	100
2차	75	25	100
1차	72	28	100

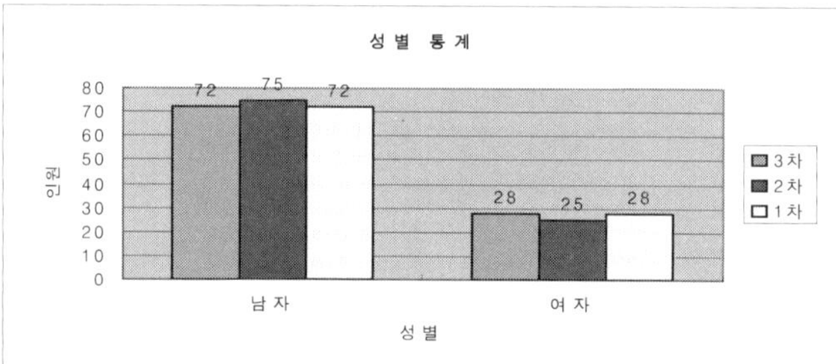

Ⅱ. 북측 서울방문단 이산가족 상봉자의 분포도

표 2-17에서 보면 북측방문단 1차 방문단의 연령별 분포를 살펴보면 60代가 71%, 70代가 26%, 80代가 3%로 집계되고 있으며, 표 2-21에서 2차 방문단의 경우 60代가 67%, 70代가 32%, 80代가 1%로 집계되었고, 또한 표 2-25에서 3차 방문단의 경우는 60代가 32%, 70代가 63%, 80代가 5%로 집계되고 있다(전체분포도는 표 2-29 참조). 이러한 집계에서도 80代 이상의 이산 1세대는 고령자로서 재회의 기회를 맞이하지 못하고 대부분 자연사 한 것으로 확인되고 있다. 1차 북측방문단 재회가족의 가족관계를 살펴보면(표 2-18) 형제자매의 재회가 74%, 부모의 재회가 20%, 처 · 자식의 재회가 6%로 집계되고 있으며, 2차 방문단의 경우(표 2-22) 형제자매의 재회가 93%, 부모의 재회가 4%, 처자식의 재회는 3%로 나타났으며, 3차 방문단의 경우(표 2-26) 에서도 형제 · 자매의 재회는 68%, 부모의 재회는 20%, 처자식의 재회는 12%로 집계(전체집계는 표 2-30 참조)되어 처자식의 재회에 따른 가족법상의 문제, 부모의 재회 혹은 형제 · 자매의 재회에 따른 가족법상의 중혼문제, 상속문제, 친자확인 문제 등이 제기될 것으로 보인다. 북측 서울방문단의 출신지별 분포

를 살펴보면(표 2-19 · 표 2-23 · 표 2-27) 거의 전국적으로 고르게 분포되어 있다(전체집계는 표 2-31 참조). 또한 남녀의 성비(표 2-20 · 표 2-24 · 표 2-28)를 보면 북측방문단은 단장이 여성으로 내려왔는데도 남성에 아주 치우쳐진 것을 확인할 수 있다(전체집계는 표 2-32 참조). 이는 북한에서 서울방문단을 선발할 때 남성편중으로 한 것으로 보아 북한의 여성의 지위는 남한보다는 극히 낮은 것으로 확인할 수 있다.

표 2-17 1차 북측방문단 연령별 구분

연령별	60-69세	70-79세	80-89세	90세 이상	합 계
인 원	71	26	3	-	100

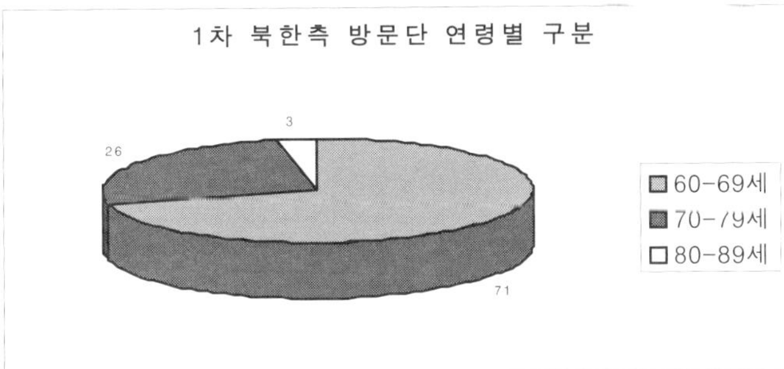

표 2-18 1차 북측방문단 가족관계별 구분

구 분	3촌 이상	형제자매	자 녀	처자식	부 모	합 계
인 원	0	74	0	6	20	100

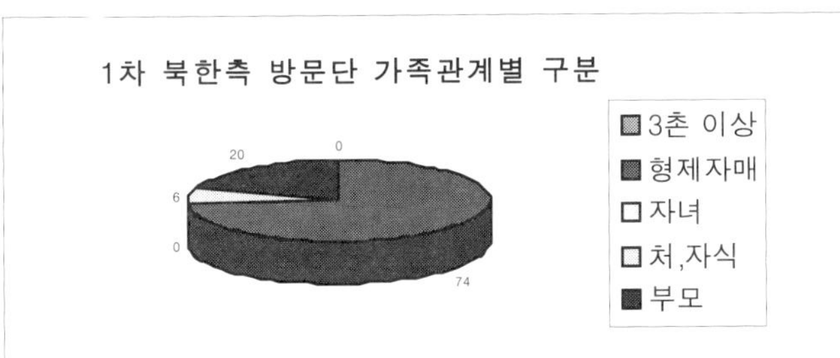

표 2-19 1차 북측방문단 출신지별 구분

구분	서울	경기	강원	충북	충남	전북	전남	경북	경남	제주	계
인원	11	8	11	11	13	12	10	17	5	2	100

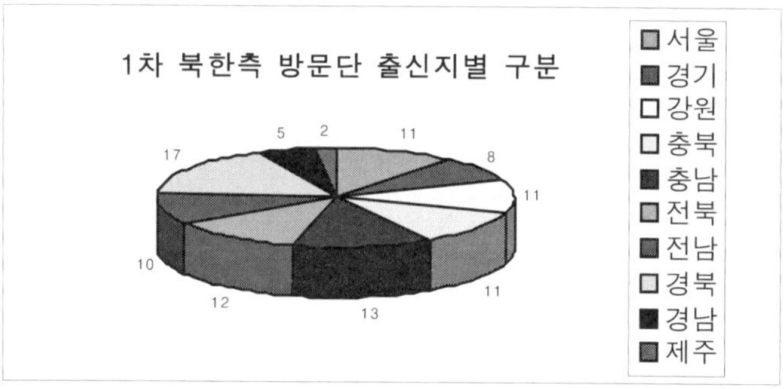

표 2-20 1차 북측방문단 성별 구분

구 분	남 자	여 자	합 계
인 원	93	7	100

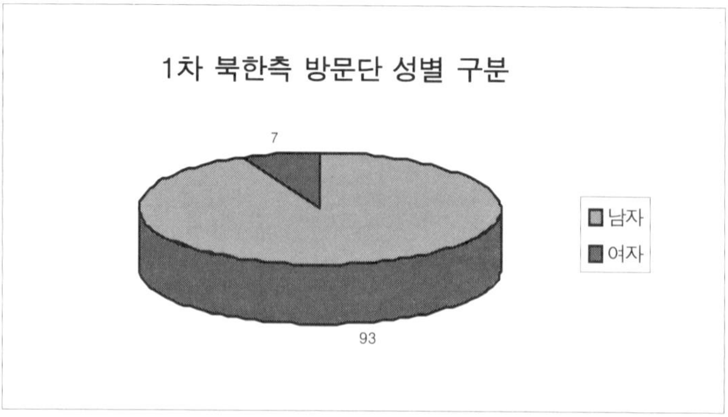

표 2-21 2차 북측방문단 연령별 구분

연령별	60-69세	70-79세	80-89세	90세 이상	합 계
인 원	67	32	1	-	100

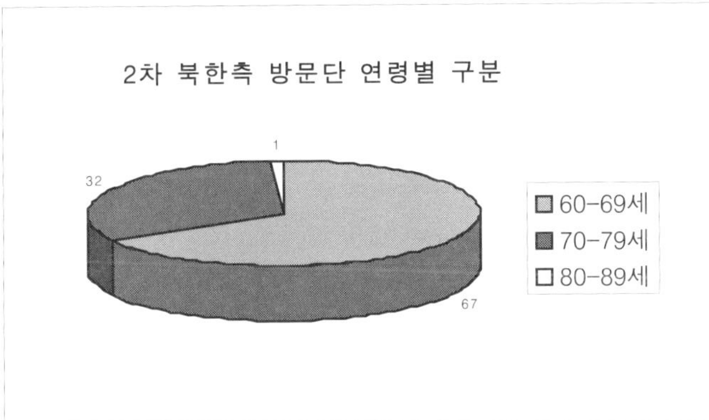

표 2-22 2차 북측방문단 가족관계별 구분

구 분	3촌 이상	형제자매	처자식	부 모	합 계
인 원	0	93	4	3	100

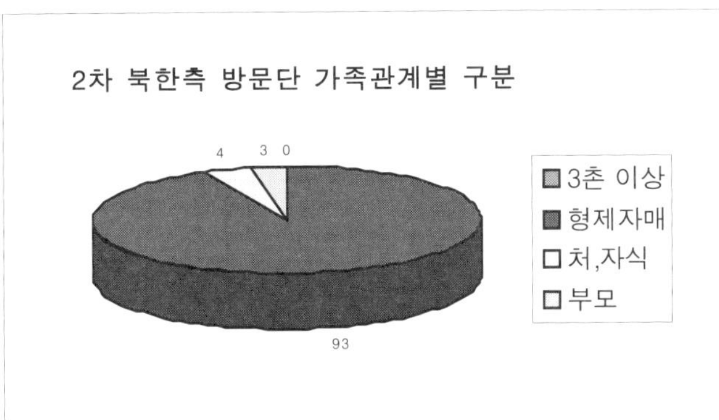

표 2-23 2차 북측방문단 출신지별 구분

구분	서울	경기	강원	충북	충남	전북	전남	경북	경남	제주	계
인원	14	19	8	9	9	9	14	13	3	2	100

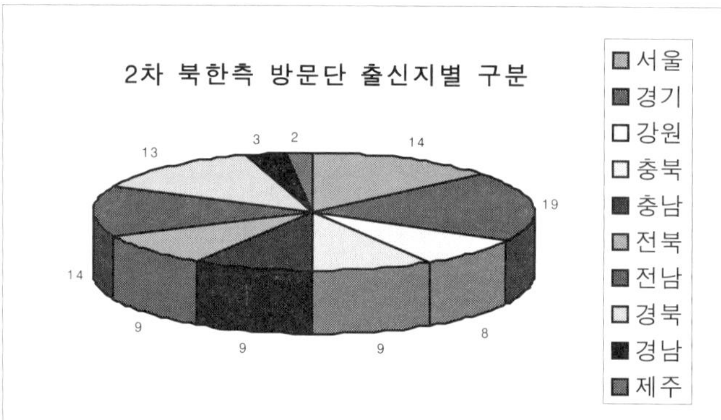

표 2-24 2차 북측방문단 성별 구분

구 분	남 자	여 자	합 계
인 원	92	8	100

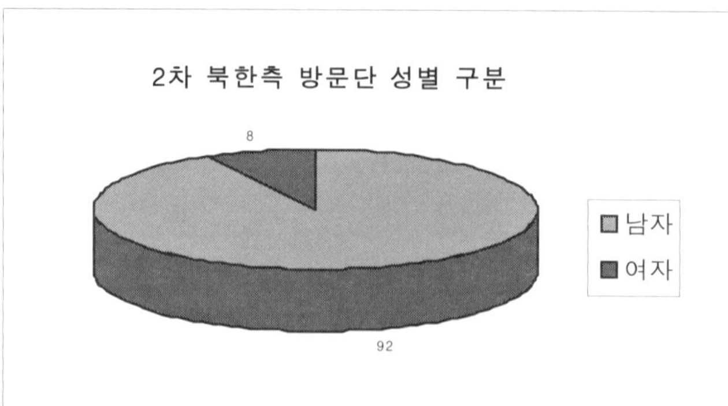

표 2-25 3차 북측방문단 연령별 구분

연령별	60-69세	70-79세	80-89세	90세 이상	합 계
인 원	32	63	5	0	100

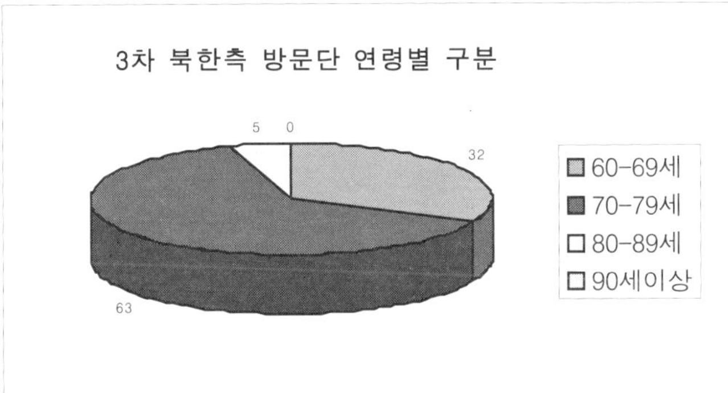

표 2-26 3차 북측방문단 가족관계별 구분

구 분	3촌 이상	형제자매	처자식	부 모	합 계
인 원	0	68	20	12	100

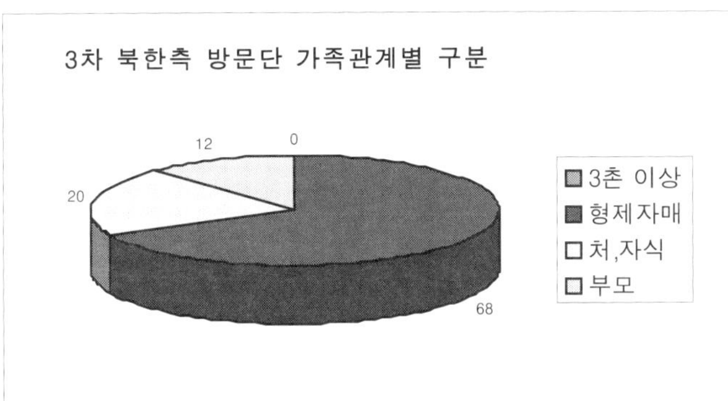

표 2-27 3차 북측방문단 출신지별 구분

구분	서울	경기	강원	충북	충남	전북	전남	경북	경남	제주	기타	계
인원	12	22	4	14	12	11	4	10	8	1	2	100

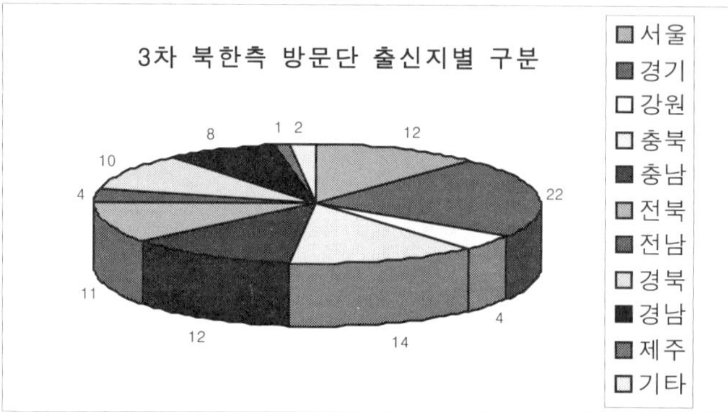

표 2-28 3차 북측방문단 성별 구분

구 분	남 자	여 자	합 계
인 원	92	8	100

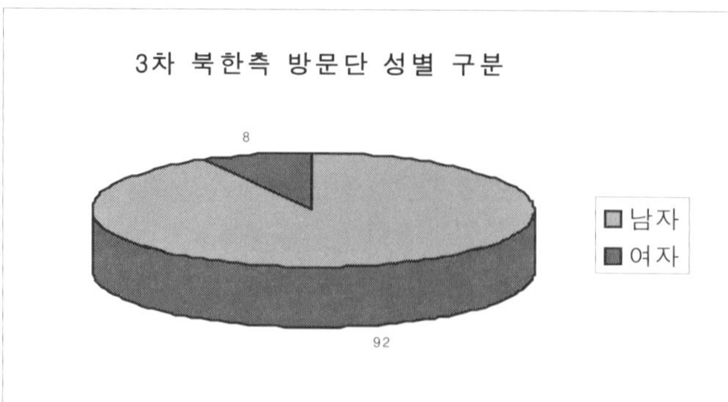

표 2-29 1-3차 북측방문단통계

연령별	100세 이상	99-90세	89-80세	79-70세	69-60세	합 계
3차	0	0	5	63	32	100
2차	0	0	1	32	67	100
1차	0	0	3	26	71	100

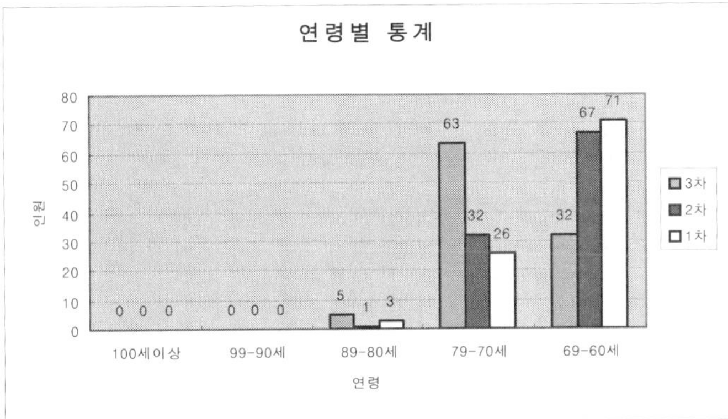

표 2-30 1-3차 북측방문단 가족관계별 구분

가족관계별	3촌 이상	형제자매	처자식	부 모	합 계
3차	0	68	20	12	100
2차	0	93	4	3	100
1차	0	74	6	20	100

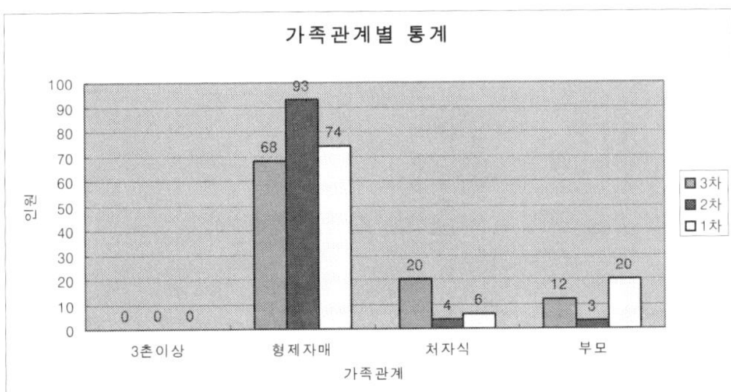

표 2-31 1-3차 북측방문단 출신지별 구분

출신지별	서울	경기	강원	충북	충남	전북	전남	경북	경남	제주	기타	계
3차	12	22	4	14	12	11	4	10	8	1	2	100
2차	14	19	8	9	9	9	14	13	3	2	0	100
1차	11	8	11	11	13	12	10	17	5	2	0	100

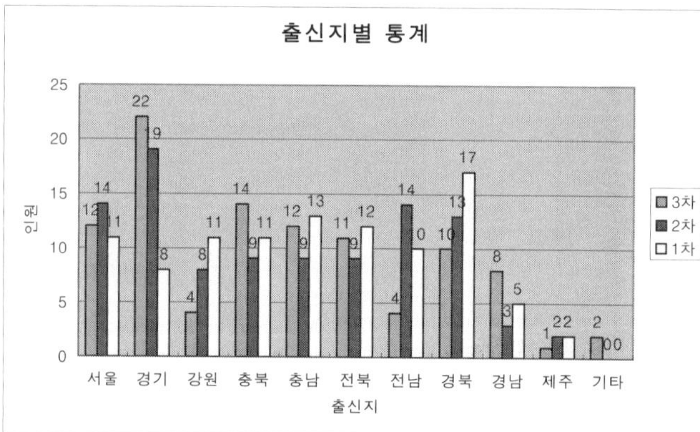

표 2-32 1-3차 북측방문단 성별구분

성 별	남 자	여 자	합 계
3차	92	8	100
2차	92	8	100
1차	93	7	100

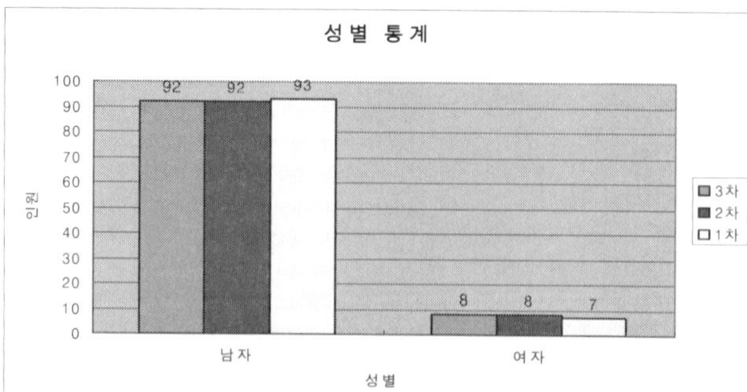

Ⅲ. 南·北離散家族相逢(1-3차)에 따른 民法上의 問題點

상기한 1-3차 이산가족재회의 분석을 살펴보면 다음과 같은 문제들이 제기된다. 우선 생존했을 것으로 생각했던 이산가족의 사망사실을 확인한 가족, 실종선고나 사망신고를 한 가족의 생존확인, 배우자의 재혼으로 이중혼인이 확인된 가족 또는 배우자가 사망한 것으로 알고 재혼한 배우자의 생존확인 등이다. 여기서 死亡申告까지 해버린 離散家族의 재회로 인한 호적의 정정의 문제, 중혼문제, 이중혼의 해소로 인한 남·북 이복형제간의 상속문제를 어떻게 해결해야 하는가 등의 문제 등이 복잡하게 제기된다 하겠다. 그러나 우리의 법제는 이러한 분단국의 특수상황을 고려한 특별제도가 충분하지는 않은 형편이다.[144] 다만 한국전쟁 후 이산가족의 재혼문제 등을 해결하기 위해서 월남자와 그 가족의 가호적 취득에 활용하기 위하여 제정된 「부재선고등에 관한 특별조치법」(1967년 1월 16일)에 따른 가호적 취득은 1960년 1월 1일 「호적법」 부칙 136조[145]에 의하여 호적에 미수복지구[146] 거주로 표시되어 있는 자의 신분 및 재신관계를 정리할 수 있도록 제정되었다. 이 제도는 1945년 8월 15일부터 1953년 7월 28일 사이에 미수복지구 이남지역에서 그 주소나 거소를 떠난 후 생사가 분명하지 아니한 자를 부재자로 규정하고 민법상 실종선고절차의 준용규정을 인정한 제도이다. 그러나 남북간에 본 문제를 해결하기 위한 제도의 차이로 양측이 상대측의 제도를 인정하는 것이 그리 쉽게 해결되기는 어려운 것으로 사료 된다.[147] 예컨대 상속의 경우 북한법을 전제로 한다면 이들의 상속을 인정하지 않을 수 있으나, 우리

144) 남북이산가족의 상호접촉 및 재회를 뒷받침하는 법제는「남북사이의 화해와 불가침 및 교류·협력에 관한 합의서」(이하 남북기본합의서),「남북교류협력에 관한 법률」,「출입국관리법」,「여권법」이 있다. 특히 이산가족의 신분관계에 적용할 법률로는「민법」,「부재선고 등에 관한 특별조치법」,「호적법」,「섭외사법」등이 있다; 申榮鎬, 統一指向的 새 南北關係 定立을 위한 私法的 課題 - 離散家族의 身分·相續法上의 法的 中心으로 -, 법제연구 제19호(2000), 70면 이하.

145) 동조는 1962년 12월 29일 호적법 개정으로 삭제되고 가호적은 개정 호적법 부칙 제2항에 의하여 현행 호적으로 대치된다.

146) 1953.7.28 현재 행정구역으로서 아직 수복되지 아니한 지역.

147) 離散以前의 신분관계를 규율하던 가족법의 차이: 남한의 경우「조선민사령」 제11조가 그대로 적용되어 관습가족법에 의하는데 반하여, 북한의 경우는 1946년 7월 30일자의「남녀평등권에 대한 법령」에 의하여 종래의 가족질서와 단절 된다: 신영호, 上揭論文, 73면.

법에 의하면 상속회복의 문제가 제기된다고 볼 수 있다. 또한 월북자의 남한 내 부동산 등 재산의 귀속문제도 문제가 될 수 있는 바, 사망신고까지 이루어진 월북자의 생존확인은 상속회복으로 인한 처리문제 등이 더욱 복잡하게 전개될 것으로 생각된다.

제6절 남 · 북한이산가족 상봉(1-3차)에 따른 민법상의 문제

Ⅰ. 서 론

南北韓離散家族[148]의 1-3차에 걸친 재회에 따른 가족법적 문제를 해결하고 이에 관한 법적대응책을 마련하는 것은 무엇보다도 시급한 문제이다. 남북이산가족재회의 법적 근거로는 국제법상의 조약으로 남북한을 구속한 1953년 7월 27일의 정전협정 제59항과 북한이 1957년 8월 27일 대한민국은 1966년 8월 16일에 加入함으로 남 · 북한에 공동으로 법적 구속력이 있는 Geneva 제4차 협약 제26조 및 1972년 11월 4일에 남북간에 체결된 “남북조절위원회의 구성 및 운영에 관한 합의서” 제1항 등이 그 법적 근거가 될 수 있다.[149]

남 · 북한 이산가족의 재회에 따른 법적 조치로는 이산가족의 남북왕래실현 후에 가족간에 생사 확인이 되었기 때문에, 기 형성된 친족 · 상속관계의 혼란이 예상됨으로 이산가족의 생사확인에 따른 신분법상의 대책을 마련하여 이산가족의 상봉에 따른 신분관계 변동에 대비하는 것이 마땅하나 아직 우리정부나 국회의 대응이 없는 형편이다.

---

148) 이산가족의 개념을 확정하여 보면 1945년 9월 이후 금일까지 동기를 불문하고 즉 3.8선으로 분단된 후 6.25동란 전 이산된 경우 및 한국동란으로 월남하거나 월북한 경우와 한국동란 후 어선이나 항공기 납치로 납북되거나 자진 월북한 경우를 모두 포함하여 분단된 남북한 지역에서 분리된 상태로 각기 거주하고 있는 가족을 말하며 가족의 범위는 부와 처, 부모와 자녀, 조부모와 손자녀 및 형제자매가 포함되는 것으로 이해된다.

149) 제성호, 남북이산가족의 재결합에 따른 법적 문제점과 해결방안, 북한. 통일연구논문집(II), 통일원(1991), 229-232면.

Ⅱ. 이산가족 재회 · 생사확인에 따른 기존 법률관계의 변동

1. 민법상의 실종선고취소

우선 민법상의 실종선고절차를 밟아 이산가족문제를 정리한 경우는 실종선고 취소의 절차를 통하여 실종선고자의 생존 · 사망시기 확인에 따른 기존 법률관계의 변동을 가져올 수 있다. 실종선고를 취소함에 따라 종전법률관계 부활 즉 身分關係가 부활하며 상속재산의 본인에게로의 환원(民法 제29조 제1항 본문)됨이 동 취소효과의 기본원칙이다. 다만 민법상의 예외로 재산을 취득한 자가 선의인 경우에는 그 받은 이익이 현존하는 한도(財産이 원형인 채로 또는 그 형태를 바꾸어 잔존하고 있는 한도)에서 환원하면 되고 악의인 경우에는 그 받은 이익에 이자를 붙여 반환하고 손해가 있으면 이를 배상하면 된다. 또한 상속재산이 이미 상속인의 악의 없는 행위로 제3자에게 양도된 경우 실종선고가 취소되더라도 기 형성된 양도행위에는 영향을 미치지 아니하는데 그 근거는 실종선고를 신뢰한 제3자의 침해를 방지하기 위해서이다. 그리고 실종선고의 취소로 실종자가 다른 곳에서 생존하고 있는 때는 그 곳에서의 법률관계는 그대로 유효하다.[150)]

이상은 실종선고취소에 따른 민법상의 原則과 例外를 설명하였는데 남북분단 · 전쟁종료 후 실종선고절차를 밟아 이산가족문제를 정리할 경우 이에 따른 방안은 하기의 부재선고취소를 설명한 후 함께 설명하기로 한다.

2. 부재선고특별조치법상 부재선고의 취소

남북분단과 전쟁종료 후 대부분의 이산가족 문제는 동 문제를 해결하려는 취지에서 立法化[151)]된 상기한 부재선고특별조치법상 부재선고,[152)] 특별실종선고제도[153)]에 따라 처리되었다.

---

150) 곽윤직, 民法總則, 박영사(1997), 201면이하; 김주수, 민법개론(제7판), 삼영사(1999), 65-66면.

151) 민법주해(I), 총칙(1), 박영사(1992), 342-343면.

152) 미수복지구에서 그 이남지역에 옮겨 새로이 취적한 자 중 호적에 미수복지구 거주로 표시된 소위 잔류자에 대한 법률생활상 불편을 초래한 재혼. 상속 등의 문제를 해결하기 위하여 마련한 제도이다.

부재선고특별조치법 제4조에 의하면 부재선고를 받은 자는 호적에서 제외되며 이 경우 호주승계(民法 제980조), 상속개시(民法 제 997조), 혼인에 관하여는 실종선고를 받은 것으로 보아 사망으로 의제 하였다. 또한 不在宣告의 效果가 진실과 일치하는 경우는 혼인관계종료 등 신분관계 및 상속재산의 처분 등 기 형성된 法律關係가 그대로 존중된다.

다만 부재선고를 받은 자의 생사확인에 따라 不在宣告의 효과가 진실에 반할 경우는 동 선고를 취소하여야 하는데 取消의 要件은 다음과 같다. 즉 부재선고를 받은 者가 사망한 사실 또는 미수복지구이외의 지역에 거주하고 있는 사실의 증명[154]이 있거나 잔류자가 거주하는 미수복지구가 수복된 경우[155]에 법원은 본인·가족 또는 검사의 청구에 의하여 부재선고 취소할 수 있다. 이번 1-3차 재회는 부재선고를 받은 이산가족의 생사가 확인된 이상 부재선고 취소의 사유가 된다.

취소의 효과로는 부재선고 후 그 취소 전에 선의로 한 행위의 효력에는 영향을 미치지 아니한다(부재특법 제5조 제1항 단서). 다만 부재선고의 취소가 있을 때에는 부재의 선고를 직접원인으로 하여 재산을 취득한 자가 선의인 경우에는 그 받은 이익이 현존하는 한도에서 반환할 의무가 있고, 악의인 경우에는 그 받은 이익에 利子를 붙여서 반환하고 손해가 있으면 이를 배상하여야 한다(부재특법 제5조 제2항에 따라 民法 제29조 제2항 준용).

3. 이산가족의 재회와 실종·부재선고취소로 인한 신분관계 처리의 방법

위에서 민법상 실종선고 그리고 부재선고 등에 관한 특별조치법상의 선고취소 및 요건, 그 효과를 고찰하였는바 이를 적용·보충할 때 이산가족에 대한 실종·부재선고취소로 인한 민사관계처리의 원칙은 다음과 같이 생각해

153) 1945년 8월 15일 해방 후 6.25동란을 거쳐 휴전협정이 성립하던 1953년 7월 28일 사이에 미수복 이남지역에서 그 주소나 거소를 떠난 후 생사가 분명하지 아니한 소위 부재자에 대한 법률생활상의 불편을 초래한 재혼. 상속 등의 문제를 해결하기 위한 제도이다.

154) 부재선고의 경우에는 실종선고와는 달라서 잔류자와 재결합하더라도 미수복지구에 거주하는 이상 부재선고를 취소할 수 없고 따라서 후혼은 취소할 수 없어 후혼은 유효하다고 보아야 할 것이다.

155) 동 요건은 북한에 거주하던 이산가족 즉 이북거주 잔류자의 경우 그가 거주하던 "미수복지구가 수복된 즉 통일된 경우"에 해당됨을 밝혀 둔다.

볼 수 있다.

첫째는 이산가족에 대한 실종·부재선고취소로 인한 신분관계는 기형성된 법률관계를 존중함이 원칙이며 재산관계는 失踪.부재선고를 직접원인으로 피상속인이 사망으로 의제, 상속개시가 되어 상속인에게 재산이 상속된 경우로 재산취득이 선의인 경우에는 그 받은 利益이 현존하는 한도에서 반환할 의무[156]가 있으며 악의인 경우에는 그 받은 利益에 利子를 붙여서 반환하고 손해가 있으면 이를 배상함이 기존의 민법이나 부재선고특별조치법에 따른 해결책으로 부재선고 또는 실종선고 후 재산을 상속받은 상속인에 대하여 선고취소 후 생존자 또는 다른 재산상속인 등이 목적물에 대한 반환청구권을 행사하거나 또는 선의로 그것이 처분되었거나 멸실 된 경우에도 부당이득법에 의해 이해관계를 상당히 조절할 수 있으리라 고려되지만, 분단의 역사的 특수상황을 고려할 때 선고 후 상속받은 재산의 현존이익이란 정하기가 어려울 것이기 때문에 현존이익의 반환에 대하여 특별조치법을 마련 입법적으로 解決하여야 한다고 생각된다. 아울러 民法 제999조 제2항에 의하면 상속회복청구권은 침해안 날로부터 3년, 상속개시일로부터 10년의 제척기간 중 어느 하나가 먼저 도래하면 소멸한다고 규정되어 있는 바 이 규정을 이산가족에게 그대로 적용한다면 대부분의 경우가 상속개시일로부터 10년의 제척기간에 해당되어 사실상 아무도 보호받지 못하는 결과가 된다. 따라서 이산가족 재회에 따른 상속회복청구에 대하여는 특별법의 제정이나 민법부칙에 경과규정을 둠으로써 民法 제999조 제2항의 제척기간의 적용을 배제하여야 할 것이다.[157] 이는 우리 대법원이 "망인의 직계비속인 딸이 이북에 있어 생사불명이라는 이유만으로는 재산상속인에서 제외될 수 없다"고 본 대법원의 태도

---

156) 부재선고 또는 실종선고 후 남북에 각각 자녀 등의 법정상속인이 현존하고 또 피상속인이 그 선고후의 경제활동에 의해 새로이 축적한 부를 상속인이 상속할 경우 그 피상속인과 동일한 생활관계를 형성하지 않았던 상속인에 대한 다른 상속인의 반발을 예상해 볼 수 있다. 상속제도는 부모의 자녀에 대한 배려라는 측면과 상속인의 피상속인소유의 재산증가에 대한 기여의 평가라는 측면을 포함하고 있다. 따라서 경제. 사회적으로 동일한 상속분을 상속한다는 것은 상속제도의 취지에도 맞지 않고 일반인의 법감정에도 상치될 것이다. 이 문제를 처리하기 위해 1990년 개정된 친족법 제 1008조의 2에서 규율하고 있는 기여분조항에 의거하여 이산가족의 재결합후의 상속문제도 처리할 수 있을 것이라고 하는 의견도 참작해 볼만하다.; 제성호, 남북이산가족의 재결합에 따른 법적 문제점과 해결방안, 북한.통일연구논집(II), 통일원(1991), 243면.

157) 동지, 제성호, 전게논문, 245면.

에서도 분명한 고려의 대상임을 확인할 수 있다.[158)]

4. 남 · 북 이산가족의 중혼으로 인한 민법상의 문제

남한은 가족관계를 민법의 친족 · 상속편에 규정하고 있으나, 북한은 가족관계를 민법에서 분리하여 따로 가족법에서 규정하고 있는데 동법의 실질적 의의는 가족법의 혁명적 기능과 사명강조에 있다.[159)]

중복혼인으로 인한 남북이산가족의 신분 · 재산문제 처리의 연관문제라고 볼 수 있는 약혼문제를 살펴보면 남한민법 제4편 친족법 제3장 제1절에는 약혼규정(제800조-제806조)이 있으나 북한의 가족법에는 약혼 규정을 두고 있지 않다. 이러한 차이는 중혼문제처리와 관련하여 약혼이 남녀 쌍방간의 결혼을 목적으로 하는 혼인의 약속으로 친족법상 준 신분관계를 형성한다는 점과 약혼을 한 지위는 하나의 권리로서 보호를 받으므로 제3자가 이러한 권리를 침해하였을 때는 불법행위가 성립됨은 이론 및 실제에서 인정되고 있다. 따라서 과거 남북한 분단 이전에 성립된 혼인관계로 인한 남북한 주민의 중혼문제 처리와 관련하여 하나의 논의의 대상이 될 수는 있으나 분단이란 특수상황을 고려할 때 불법행위에 기인한 손해배상청구권의 소멸시효가 이미 경과했으므로 동 신분관계 관련피해자의 감정이 사라졌을 것을 근거로 분쟁을 일으키는 것은 바람직하지 않다고 생각된다.

다만 상기 1-3차 재회에서 나타난 것처럼 중혼으로 인하여 이혼배우자와 그 자녀들의 신분 · 재산문제 등이 저촉되어 분쟁이 발생가능한 경우를 구체적으로 살펴보면 아래와 같다.

1) 쌍방이 혼인하지 아니하고 양방이 생존한 경우

신분관계는 원혼에 기한 부부관계 등 신분관계가 부활되며 즉 부부관계가 回復(동거 · 협조 · 부양 · 정조의 의무)되고 부모 · 자 관계도 회복된다. 혈연관계로 인한 후손의 신분관계의 인정도 당연하다. 다만 재산관계는 혼전 각

---

158) 대판 1982.12.28, 81다452, 453 판결; 이 판결에 대한 자세한 설명은, 崔錦淑, 北韓住民의 相續權保護를 위한 考察, 「家族法硏究」, 제15권 1호(통권 제15호), 306면 이하 참조.

159) 이에 대한 상세함은 북한법의 체계적 고찰(I), 법무자료 제 166집, 286-290면.

자에게 귀속된 고유재산 존재 시 부부개별재산이 인정된다(이번 1-3차 이산 가족재회의 경우에는 이러한 경우가 없는 것으로 확인되었다).

2) 쌍방이 혼인하고 양방이 생존한 경우

신분관계는 원혼은 원칙적으로 무효로 되어 부부관계가 소멸되고 子의 생존 시 친자관계가 부활되어 父에 대한 子의 부양의무 등이 발생한다. 재산관계는 혼전 각자에게 귀속된 고유재산이 현존하는 경우에만 부부개별재산이 인정된다(이 경우에 해당하는 경우는 남측 방문단에 한 가족이 있는 것으로 확인되었다).

3) 일방이 중혼하고 생존한 경우

이 경우는 3가지의 유형으로 나누어 볼 수 있는 바, 첫째는 부부일방이 중혼한 자와 이혼한 경우, 둘째 중혼한 배우자가 사망한 경우, 셋째 중혼한 배우자와 부부관계에 있는 경우 등이다.

첫째와 둘째의 경우는 원혼의 양당사자가 재결합할 의사가 존재하는 경우에는 일정한 절차를 밟아 원혼의 인정함이 바람직하다고 생각되는데 그 근거는 당사자자치의 원칙에 충실함에 있다. 신분관계로는 원혼에 기인한 부부·자녀관계가 부활한다. 재산관계는 혼인 전 각자에게 귀속된 고유재산이 현존 시는 부부개별재산이 인정된다. 셋째의 경우 신분관계는 원혼무효가 원칙이며 그 이유는 기형성된 법률상태의 인정에 있으며 친자관계의 부활됨이 당연하다고 본다. 예외로는 중혼배우자와 부부관계를 계속하기 어려운 상황에 처한 경우에 상당한 기간을 허용하여 당사자의사에 따라 중혼에 대한 이혼의 절차를 밟은 후 원혼을 인정함이 바람직하지 않을까 생각한다.

남북한의 부부재산제도는 각 관련법 조문에 의하면 차이가 없다(각자의 고유재산은 남북한 모두 각자에게 귀속되며 부부간의 협력하여 이룬 재산은 남한의 경우 협력의 몫을 참작하여 적절히 분할되며 북한의 경우 합의에 의하여 분할된다). 부부재산관계로는 혼인전 재산의 반환 및 부부공유재산의 처리에 관하여는 북한 또는 남한으로 간 일방이 혼인전 재산의 반환을 청구하거나 부부공유재산의 분할을 요구하는 경우 두 가지 유형으로 나누어 살펴

볼 수 있다. 즉 재산이 존재할 경우는 원배우자, 자녀의 생활상태 등을 고려 및 정상을 참작하여 재산반환청구권 및 공유재산분할청구권을 인정함이 바람직하다고 사료된다. 그리고 그 재산을 이미 수 십년간 원배우자가 자녀의 양육, 부모부양에 사용하거나 가정 또는 그 밖의 생활소비에 사용하여 현존하지 아니할 경우는 재산반환청구권 및 공유재산분할청구권을 인정하지 아니함이 타당하다고 생각하는데 그 이유는 기 성립된 재산변화상황과 권리의무 변동상황을 인정함으로 법적안정에 충실하며 현실적인 당사자들의 입장을 고려함에 있다고 본다.

5. 제적 이산가족복적 및 북한의 호적부재로 인한 친족관계의 불명

6·25동란을 전후하여 월남한 자의 호적의 경우 현재 원칙적으로 이북거주 잔류자에 대해서는 부재선고에 의해 제적되어 가족관계가 현실적으로 정리되어 있다. 즉 부재선고법은 배우자를 이북에 두고 월남한 자의 경우에 한하여 계속되는 분단상황에 의해 조속한 시일 내에 再結合될 수 없음을 고려하여 월남자의 이산가족의 호적에서 과거의 배우자와 가족들을 제적시켰던 것이다. 따라서 이번 1-3차 이산가족재회로 부재선고에 의하여 제적되었던 이북거주 잔류자들의 복적문제가 제기된다. 분단 상황 하에서는 이산가족의 재결합이 실현된다 하더라도 그 수가 많지 않을 것으로 예상되므로 이들에 대해서는 선별적인 복적조치를 취하면 될 것이라[160]는 입장이 있으나, 이는 실제 1-3차 이산가족의 재회를 통해서도 복적의 여부가 문제되는 사례가 다수 나타날 수 있음을 확인할 수 있다. 물론 이 문제는 2005년 남한민법의 개정에서 호주제도가 폐지되어 호적이 무의미한 것처럼 보이지만 이산가족들의 확인에는 상당히 중요한 입증자료로 사용되고 있음을 부인할 수 없다.

현재는 북한의 호적제도부재 등 남북한 신분법체계[161]의 차이로 이산가족

160) 제성호, 전게논문, 235면.

161) 북한의 가족규율의 대강은 한국의 전통적 가족제도는 남계혈통에 의한 가계영속의 규정인데 북한의 "북조선남녀평등권에 관한 법령" 및 "봉건적 관습. 잔재에 관한 법령"을 통하여 전통적 가족제도의 원리를 일소하고 일대의 핵가족제도로 전환하였다. 즉 가) 전래의 호주 또는 종족 등의 종법적 친족계열을 부인, 나) 재래의 가취제를 따르는 처에 대한 부의 지배를 배제로 부부간의 대등적 지위확정, 다) 전래로부터 유래하는 유산에 대한 남자상속제를 폐기, 재산상속에 있어 남녀평등의 원칙을 천명, 혼인과 이혼의 절대적인

간의 신분관계의 확인이 다소 곤란하다. 여기서 우리의 호적제도 존재이유를 살펴보면 신분관계를 명백히 하는 것으로 이는 본인을 위한 필요 및 그와 교섭하는 제3자에 대하여도 중요한 의미를 가지고 있다. 따라서 남북이산가족 재회 시 남북이산가족의 신분관계의 증명을 위하여 호적에 준하는 제도를 한시적으로 도입하여 신분관계를 확인할 수 있어야 한다고 생각된다.

제7절 제외국의 이산가족재회에 따른 민법상의 태도

Ⅰ. 동 · 서독 간 이산가족상봉에 따른 가족법적 문제

통일을 달성하기 전 동 · 서독 간 이산가족재회에 따른 법적 문제를 살펴보면, 동서독간은 제2차 대전이후의 전쟁으로 인한 신분관계의 붕괴와 관련하여 이미 독일이 연합국의 관리 하에 있을 때 혼인법을 제정했으며, 그 후 수차의 개정을 통하여 현실문제를 해결하고 있는바 이산가족의 재회에 관련한 신분규정으로는 혼인법 제38조 및 제39조와 동 규정의 보충규정인 실종선고 개정법률의 제3관[162]을 들 수 있다.

자유의 강조하고 있다.: 북한의 가족법과 전통적인 가족제도, 국토통일원(75-1-28), 9면.

162) 혼인법 제 38조: (1) 배우자가, 다른 배우자가 실종 선고된 이후에, 재혼을 한 경우 재혼 성립 시 혼인당사자가 실종선고 받은 자의 생존을 알지 못한 경우에는 실종선고 받은 배우자의 생존을 이유로 동재혼은 무효로 되지 아니한다. (2) 새 혼인의 체결로 종전의 혼인은 해소된다. 종전의 혼인의 해소는 실종선고가 취소된 경우에도 영향을 받지 아니한다. 제 39조: (1) 사망으로 의제된 배우자가 생존한 경우, 그의 종전 배우자는, 사망으로 의제된 배우자가 실종선고 후 생존 을 후혼의 성립 시 알지 못한 경우에는, 후혼의 취소를 청구할 수 있다. (2) 종전의 배우자가 동조 1항상 권리를 행사하여 후혼이 취소된 경우 그는 종전 혼인의 배우자 생존시는 종전 배우자하고만 혼인을 체결할 수있다. 그 밖에 취소의 결과는 제 37조 1항에 따라 결정된다. 소송을 당한 배우자가 재혼 성립시 사망으로 의제된 배우자의 생존을 안 경우에는 제 37조 2항 1, 2문이 준용된다. 제 37조(1977년 6월 30일까지 유효): (1) 혼인취소의 효과는 이혼효과에 관한 규정에 따라 결정한다. (2) 제 30조에서 제 32의 경우 혼인 성립시 취소의 원인을 알고 있는 배우자는 유책으로 여겨지며 제 33조 및 34조의 경우는 배우자에 의하여 또는 그의 인식하에서 사술과 강박으로 행한 것으로 봐 유책으로 여겨진다.
Erste EheRG 제 3조 1호에 의하여 상기한 혼인법 제 37조 2항은 1977년 6월 30일로 효

혼인법 제38조 제1항은 배우자가 혼인 성립 시 선의이면 즉 실종선고 받은 자가 실종선고 시 생존하여 있음을 알지 못한 경우는 후혼이 유효하다. 동조 제2항에 의하면 이 경우 전혼은 후혼의 성립으로 소멸됨으로 무효인 중혼이 성립되지 아니한다. 추후에 실종선고가 취소된 경우라도 전혼의 해소에는 영향을 미치지 아니한다. 제38조 및 제39조는 전쟁으로 인하여 특별한 의미를 지니는 바 그 적용의 전제조건은 재혼한 종전의 배우자가 재혼 성립전에 법적으로 실종선고를 받았어야 한다. 실종선고가 재혼성립 후에 이루어졌거나 재혼성립 전에 실종선고가 취소된 경우 또는 종전 배우자의 실종선고 없이 호적청의 오류에 의한 사망서에 근거하여 재혼이 이루어진 경우는 후혼은 무효의 재혼으로 간주된다(비록 쌍방배우자가 혼인성립시에 선의였거나 오류로 사망으로 간주된 배우자가 혼인성립 후에 사망한 경우일지라도 마찬가지이다).

동 · 서독간의 분단에 따른 재산처리 문제 중 상속관련규정을 고찰하기 위하여서는 동서독의 상속법을 고찰하여야 하고 이를 위하여 시기마다 상이했던 동독상속법의 역사를 살펴보고 서독의 상속법을 살펴보아야 한다.

양독간의 분단 후 통일시 까지 동독상속법의 역사는 대략 3기로 나누어 볼 수 있는데, 제1기는 1945년부터 1966년 3월 31일까지는 독일민법(BGB)이 적용기 이고, 제2기는 1966년 4월 1일부터 1975년 12월 31일까지는 동독가족법 시행법률(DDR- EGFGB) 제9조 및 제10조의 제한하[163]에 독일민법(BGB)이 적용기 었으며, 제3기는 1976년 1월 1일부터 1990년 10월 2일까지로 동독민법전(ZGB) 적용기 였다. 상기한 바와 같이 1975년 12월 31일까지는 양독일에

력을 소멸하였다. 이에 갈음하여 1977년 7월 1일 이전에 관련규정에 의하여 취소된 혼인에 대하여 제 12조 5호가 적용된다.

실종선고법 제 3관: 실종선고의 경우 재혼에 대한 혼인법 보충규정, 제 1조: (1) 배우자가, 실종선고법 규정에 따른 다른 배우자의 사망이 법적으로 확정된 후에 재혼을 한 경우이지만 사망으로 의제한 배우자가 생존한 경우, 실종선고 경우의 재혼에 관한 규정이 준용된다. (2) 권한 있는 자가 이법 발효 전에 중혼을 이유로 무효소송을 제기 하지 않은 한, 동조 제 1항은, 동법 발효 전에 재혼이 이루어진 경우에도 준용된다. 제 2조: 혼인 배우자가 다른 배우자의 사망의제 결정이나 사망이 법적으로 확정되는 결정의 확정력이 발효되기 전에 재혼을 하였으며 동 결정이 이법 발효이전 또는 제 4관 제 2조를 근거로 확정된 경우에는 동결정은, 실종선고의 경우 재혼에 대한 규정 적용한 경우와 사망에 대한 법적 확정시 재혼의 성립으로 확정력을 지닌 것으로 본다. 그러나 권한 있는 자가 동법의 발효전에 중혼을 이유로 무효소송을 제기한 경우에는 그러하지 아니하다.

163) 이에 대한 상세함은 독일통일관계법연구(II), 1992, 법제처, 264-267면 참조.

있어서 구민법시행법률 제25조가 적용되었는데 이에 의하면 상속은 피상속인의 사망당시의 국가법에 따르도록 하였다. 즉 상속의 문제는 적어도 1975년 12월 31일까지는 동서독이 동일하게 처리되었으나 동독의 법적용법(DDR-RAG)의 시행으로 1976년 1월 1일부터 근본적으로 변경되었다.[164] 즉 1976년 1월 1일부터 통일 전(1990년 10월 2일)까지는 동독민법이 적용되었다. 동 기간에 사망한 피상속인에 대하여 상속증서[165]가 신청된 경우에는 피상속인이 서독국민 이었고 또한 그의 토지가 동독에 소재하거나 또는 사망시에 피상속인이 동독의 국민이었다면 피상속인의 사망시에 적용되던 동독법이 각각 전부 또는 일부 대상에 국한되어 적용되었다.

상속증서에 관하여 살펴보면 동독민법 및 법적용법 발효 이래 서독에서 발급한 상속증서는 동독에 있어서는 일반적으로 인정되지 아니하였다. 이것은 공식적으로 동독과 서독간의 司法共租協約의 결함 때문이었다. 예컨대 서독에 생존한 상속인에 대하여 동독에 있는 계좌(Konto)에 대한 처분권한을 취득하기 위하여는 두 가지의 가능성이 부여되었다. 첫째는 상속인은 서독에서 사망한 피상속인의 다음으로 권한 있는 법원에 상속증서를 신청할 수 있으며, 둘째로 동독에 있어서 법률거래를 위하여 허용된 상속증서를 동독에 있는 국립공증소에 신청서와 함께 제출할 수 있다. 이러한 가능성은 1987년 초이래 폐지되었다. 그러나 상속인은 동독 국립공증소에 서독법을 적용할 수 있는 대상이 제한된 상속증서를 신청할 수 있다. 실제에 있어서 국립공증소는 대상이 제한된 상속증서의 경우 즉 토지에 관하여는 동독상속법을 적용하고 있다. 그러나 그 밖의 재산에 대하여는 개개의 경우에 상이한 몫으로 상속되는 서독법이 적용되었다.

---

164) 독일통일관계법연구(II), 256쪽 이하, 법제처(1992); 동독 법적용법 제 25조 제 1항에 따르면 상속관계는 앞으로 피상속인의 사망 시 피상속인이 속한 국가의 법에 따라 규율되지만 동독지역에 소재하는 토지 및 건물에 대한 소유권 및 그에 관한 여타의 권리와 관련된 상속문제는 어느 경우이든 동독법에 따라 규율되었다.

165) 피상속인, 상속인, 상속지분의 양 및 경우에 따라서는 상속권의 제한을 명기한 유산법원의 공적증명을 말한다.; 상속증서와 그 내용 및 관련학설의 상세함은 독일 통일관계법연구 (II), 1992, 법제처, 259면 이하 참조.

Ⅱ. 대만과 중국간 이산가족상봉에 따른 가족법적 문제

대만과 중국의 왕래에 따른 이산가족재회시의 법적 문제를 해결하기 위해 대만은 1992년 7월 17일 "대만지구와 대륙지구주민관계법"을 제정하였다.[166] 동법 중 상호분단이후 변화된 신분관계 즉 이산가족 재회에 따른 법적처리문제인 혼인문제에 대한 조항인 제64조에 의하면 "부부중의 한사람이 대만지구에 있고 다른 한사람이 대륙지구에 있어 동거할 수 없는 경우 한사람이 1985년 6월 4일[167]이전에 중혼했을 때에 이해관계인은 취소를 신청할 수 없으며, 1985년 6월 5일 이후 1987년 11월 1일 이전에 중혼했을 때에는 후혼을 유효한 것으로 간주한다. 특히 전항의 경우 부부쌍방이 모두 중혼했을 때에는 나중에 혼인한 날로부터 본래의 혼인관계는 소멸 된다"고 규정하고 있고, 동법 제76조는 "배우자중의 한사람이 대만지구에 있고 다른 한사람이 대륙지구에 있는 경우 1987년 11월 1일 이전에 중혼했거나 배우자가 아닌 사람과 공동생활을 목적으로 동거하고 있을 때는 소추와 처벌을 면제해 주도록 하며 혼인이나 동거의 경우도 마찬가지다"고 규정하고 있다.[168]

대만 · 중국의 분단이후 변화된 가족관계로 인하여 발생하는 대륙인의 대만에서의 상속문제에 대하여는 다음과 같이 요약할 수 있다. 즉 대륙의 상속인 또한 대만의 피상속인의 골육이거나 배우자임으로 무조건적으로 그 상속을 허가하고 차별대우를 하지 말아야 한다거나 대만 피상속인의 재산은 그 본인과 대만의 친족이 공동으로 형성한 것이므로 기존의 사회질서를 유지하고 대만상속인의 권익을 보장하기 위하여는 대만상속인이 상속하여야 한다거나 또는 대륙인 또한 상속권을 가짐으로 실질적인 평등을 구현하고 또 대만의 자금이 대륙으로 대량 유입하는 것을 방지하기 위하여 적절히 제한을 한다는 것 등이다. 그리고 그 제한에 있어서는 상속순위에 따라야 한다거나 또는 최고한도액을 정하여야 한다는 등이다. 상속문제에 대하여 "대만지구와 대륙지구주민관계법"은 기본적으로 대륙인의 대만 유산상속을 허용하고 있으나 상속시효와 상속액수 등에 대하여 제한규정을 두고 있다. 상속시효의 경우 대륙

166) 중국과 대만의 교류법제(법제자료 제 162집), 법제처(1992), 284면 이하.
167) 수정된 민법 제 992조의 발효일이다. 동조는 혼인의 취소규정이다.
168) 중. 대양안관계(교류. 협력의 추진실태 및 그 시사점), 통일원(1992.12), 81면.

인은 상속개시일로부터 2년 내에 대만에 와서 피상속인의 주소지법원에서 상속의사를 표시하여야 하며 의사표시가 없는 때에는 포기한 것으로 본다(제 66조). 상속액수의 경우에는 대륙인은 그 상속순위에 관계없이 200만원을 초과하여 상속할 수 없다(제67조 제1항). 대만에 동일순위의 상속인이 없는 경우에는 대만의 후순위상속인에게 유산이 귀속되고 상속인이 전무한 경우에는 국가에 귀속된다. 또 유산 중에 대만상속인이 거주하는 부동산이 있는 때에는 이를 상속할 수 없으며 이 경우 그 가격은 유산총액에 산입하지 않는다(제67조 제4항). 이상과 같은 제한규정들은 상속상태의 조속한 확정과 대만상속인의 권익을 보장한다는 측면이 크게 고려된 것이라고 볼 수 있다.[169]

제8절 결 론

우리와 함께 분단국으로 존재하다가 통일을 이루어낸 독일의 모델, 최근 괄목할만한 발전을 보이고 있는 대만과 중국대륙간의 인적·물적교류정책과 주민왕래에 따른 입법모델은 우리에게 시사하는 바가 크다. 물론 서독이 동독을 일방적으로 흡수하는 형태로 평화적 통일을 탄생시킨 것이 남북통일을 위한 절대적 모델이 될 수는 없다고 본다.[170] 왜냐하면 양국간의 역사적·문화적 전통과 배경이 다르고 정치적·사상적 기반이 달랐기 때문이다. 그러나 우리는 여기서 서독인들이 보여준 성실성에 기초한 신뢰 구축과 이념과 체재의 장벽을 무너뜨리고 인적(물적)교류를 위한 그들의 세밀한 법률적 대응방법을 보고, 또한 최근 엄청난 속도로 확대되고 있는 인적(물적)교류에 대한 중국과 대만 양측의 기본적 입장과 제반정책 등도 우리에게 시사하는 바가

169) 중국과 대만의 교류법제(법제자료 제 162집), 법제처(1992), 124-125면.

170) 북한의 실상을 감안해 볼 때 한반도 통일의 경우 우리는 독일 통일 후 서독이 동독인수를 위해 지불했던 비용의 20배에 이르는 비용을 부담해야 한다는 것이 전문가들의 분석이다. 즉 북한의 사회간접시설을 개선하고 북한주민의 생활수준을 한국인의 3분의 2 수준으로 끌어올리는 데만도 족히 4,000억 마르크가 소요될 것이며, 이 같은 비용은 91년의 한국의 국민총생산과 맞먹는다는 것이다.

많다. 특히 상호간 법률적용의 문제를 포함한 교류법제는 현재 진행 중인 남북한 인적교류에도 참고할 점이 많다고 사료된다. 지난해 1-3차 이산가족의 재회가 앞으로 더 많은 확대교류의 물코를 트고 통일의 길로 확장되기를 기대해 본다. 상기 표 2-1, 표 2-5, 표 2-9, 표 2-13, 표 2-17, 표 2-21, 표 2-25, 표 2-29에서 확인할 수 있듯이 이산가족 1세대는 고령이거나 이미 자연사하였고, 이산가족 2세대가 벌써 60-70대 임이 확인되고 있다. 이는 이산가족의 교류를 통한 남북간의 동질성 회복을 위해서 인적교류의 시급함을 일깨워주는 통계로 생각된다.

여기서 몇 가지 제안을 한다면, ① 남북한의 정당한 법적 절차에 따른 주민왕래를 촉진하기 위한 토대로 독일의 통행·통신협정을 모델로 하여 남북한 통행·통신협정의 체결하여 우리도 북한과 직접적으로 교류할 수 있는 길을 열면 이산가족 재결합이 조기에 실현될 것은 물론이고, 이를 통해 한민족의 동질성회복이 크게 앞당겨져서 통일을 앞당길 것으로 생각이 된다. ② 이산가족재결합은 인도적 차원에서라도 꼭 실현되어야 할 당면과제 이기 때문에 재결합이 실현될 경우 발생하는 법적문제 즉 신분·재산관계의 대응책의 하나로 민법상 실종선고취소 및 부재선고특별조치법상의 선고취소를 기초로 하는 현행법제 내에서의 해결방안과 동시에 법해석상 무리한 것일 경우는 별도의 특별규정을 제정하거나 관련법 부칙에 특칙을 마련하여 해결함이 요청된다. 즉 신분관계에 있어서는 기형성된 법률관계를 인정함을 원칙으로 하되 예외적인 경우 동서독간의 경우나 대만중국의 경우처럼 당사자의 의사를 존중하여 중혼에 대한 이혼의 절차를 밟은 후 원혼을 인정함이 바람직할 경우라 사료된다. 재산관계에 대하여는 남한의 후위상속인으로서 상속받은 자 또는 동상속인들이 선의인 경우에는 이산가족인 선위상속인 또는 공동상속인에게는 이익이 현존하는 한에서 반환할 의무가 있으나 장기간의 분단상황과 법적 안정성을 고려하여 현존이익의 반환과 상속회복청구권의 제척기간에 대하여 현행민법의 관련규정을 그대로 적용할 것이 아니라 특별법의 제정이나 민법부칙에 경과규정을 두는 등 입법적인 고려가 요청되며 가능하다면 상속권의 적극적인 보호가 필요하다고 생각된다. 이에 관하여는 대만·대륙간의 교류법제를 참고하는 것도 고려할 만한 가치가 있다고 생각된다. 특히 상속의 경우에는 기 형성된 우리의 상속제도와 기여분제도 간의 조화로운 해석을 통하여 남한에서의 증식재산에 대한 기여도를 참작하여 우선 먼저 기여분제도로 해결하고 후 잔여재산을 가지고 상속분으로 해결함이 바람직하다고 생각된다.

앞에서 언급했듯이 우리나라에서의 의제사망제도는 ① 현대화에 수반하는 각종 재난과 ② 분단국가라는 특수성에서 생겨난 이산가족의 재결합 문제, 즉 미수복지구의 수복 즉 통일이 어떠한 형태로 이루어지든 법적으로 해결해야 할 난제로 더욱 중요도가 더해가는 과제로 부각되고 있다. 결국은 부재선고취소절차를 밟아 재산관계와 상속관계를 조정한다는 것도 중요하지만 분단 50여년의 상황을 고려하여 피선고자 보호보다는 법적 안정성 보장에 보다 더 신중을 기해야 된다는 입장이다. 특히 부재선고자는 미수복지구가 수복되는 경우 부재선고 취소심판을 받아야 하므로, 그 동안의 법률관계가 소급적으로 무효가 되기 때문에 법적 안정성을 유지하는데 신중을 기해야 한다고 본다. 물론 부재선고 후 취소 전에 선의로 한 행위의 효력에 영향을 미치지 아니하고(동법 제5조 1항), 실종선고의 효과에 관한 민법 제29조 2항이 준용된다고 하지만 상속관계나 혼인관계에는 분명 또 다른 분단의 상처를 가져올 것이 분명하기 때문이다.

제9절 외국인171)의 권리능력

Ⅰ. 외국인의 권리능력평등

근대이전에는 외국인의 권리능력을 부인하던 시대도 있었으나, 근대에 와서는 점차 외국인의 권리능력을 인정하기 시작했다. 프랑스 인권선언 제1조

171) 한국국적을 가지지 않은 자연인으로 무국적자를 포함한다. 이중국적자도 한국국적을 이중으로 가지고 있는 경우에는 한국인에 속한다(고상용, 전정판, 117면).

에서 "권리능력평등의 원칙"을 천명하면서 내국인에게는 이 원칙이 적용되었으나 외국인에게는 역사적으로 그 적용이 다르게 변천 되어 왔다. 예컨대 외국인의 권리능력을 인정하되 조약과 법률에 의하여 자국인이 해당국에서 인정되는 정도까지 권리능력을 인정하는 상호주의와, 외국인도 내국인과 같이 완전한 권리능력을 인정하는 평등주의가 그것이다. 프랑스민법은 상호주의(제11조)에 입각하고 있으나, 대부분의 국가들은 평등주의 입장을 취하고 있다. 특히 WTO 기구의 출범으로 세계가 대전환을 하는 추세에서 단연 평등주의로 대세가 기울어 있다고 볼 수 있다. 외국인이란 대한민국의 국적을 가지지 않은 자를 말하는데, 국적의 취득 및 상실에 관하여는 국적법(1997년 법률 제 5431호로 전문개정)이 있다.

우리민법엔 명문규정이 없으나 헌법 제6조 제2항에서 국제법과 조약에 정한 바에 의하여 외국인의 지위를 보장하고 있다. 물론 아래와 같이 개별적 · 구체적 법률에 따라 국가정책에 의하여 그 능력을 제한하는 경우가 있다.

Ⅱ. 외국인의 권리능력 제한

1. 절대적으로 제한하는 경우로, 변리사 및 공증인 · 도선사(도선법 제6조 제1호)가 되는 자격제한과, 선박 · 항공기(항공법 제6조 1호)의 소유제한이 그것이다.

2. 상호주의에 의한 제한으로, 한국인 혹은 한국법인에게 토지에 관한 권리를 금지 혹은 제한, 조건을 가하고 있는 국가의 외국인·외국법인에 대하여 동일 또는 유사한 금지, 제한 혹은 조건을 가하도록 하고 있다, 종래 외국인 토지취득 및 관리에 관한 법률은 허가제를 규정하였으나, 전면 개정된 외국인토지법(1998년 법률 제5544호)은 외국인이 대한민국의 토지를 취득하는 계약을 체결하는 경우에 계약체결일로 부터 60일 이내에 상속 · 경매 등 계약외의 원인으로 토지를 취득한 경우 취득일로 부터 6월 내에 시장 · 군수 등에게 신고하도록 하면서(동법 제4조, 제5조), 동법 제3조에서 상호주의에 이한 제한을 하고 있다. 공인회계사의 자격(동법 제4조). 그밖에도 무체재산권(특허 · 저작 · 상표 · 의장 · 실용신안 등)상의 권리취득(저작권법 제3조, 특허법 제25조, 실용신안법 제4조, 상표법 제5조, 의장법 제4조), 국가나 지방자치단

체를 상대로 한 손해배상 청구권(국가배상법 제7조), 수산업에 관한 권리(수산업법 제5조) 등에서 상호주의를 취하고 있다.

3. 국회의 동의 혹은 정부의 허가를 요하는 경우로, 어업권(수산업법 제5조). 또한 외국인이 대한민국의 기업이나 기업의 주식·지분의 인수 또는 소유시 재정경제원장관의 인가(외자도입법 제6조)를 요한다.

4. 기타 외국인이 상공회의소 회원이 되는 권리(동법 제6조)의 제한이 있으며, 외국인의 저작물은 우리나라가 가입 또는 체결한 한 조약에 따라 보호되고, 우리나라에 상주하는 외국인의 저작물과 맨 처음 대한민국에서 처음 발행한 외국인의 저작물은 조약의 유누에 관계없이 보호되지만 어느 경우나 상호주의에 의한 제한이 가능하다(저작권법 제3조). 또한 우리나라에 주소 나 영업소를 두지 않은 외국인은 원칙적으로 부정행위에 대한 구제권을 취득하지 못한다(부정경쟁방지법 제5조).

제10절 행위능력과 무능력자

Ⅰ. 의사능력

상기한 바처럼 대부분의 사람은 근대민법 이후 평등하게 권리능력을 가지고 있다는 것은 알고 있다. 그러나 현실적으로 권리를 취득하고 의무를 부담하는 경우 법률의 규정[172)]에 의하여 권리・의무를 승계하는 경우와 행위에 의하여 승계하는 경우가 있다. 후자가 우리들의 법률생활에서는 계약이라는 형태로 훨씬 빈번히 일어나고 있다. 근대민법이 사적자치의 원칙을 민법의 기본원리로 등장시킨 이래 각인은 자신의 정상적인 의사활동에 기초한 행위

172) 민법 제997조, 1000조 등에서 상속인이 피상속인의 권리・의무를 승계하는 경우이다.

에 의함을 전제로 하고 있다. 따라서 개인이 유효하게 의사표시를 하기 위해서는 의사능력을 필요로 하는 것이며, 이는 사적자치원칙의 당연한 결과인 것이다. 이러한 행위는 "의사표시를 하는 자가 이성적으로 의사를 결정할 수 있는 능력이 있음"을 전제로 하는 바, 이러한 능력을 독일 민법상의 용어로 의사능력(Willensfähigkeit)이라고 하며, 독일법의 영향을 받아 발전한 스위스에선(스위스 민법 제16-17조) 판단능력(Urteilsfähigkeit)이라 칭하고 있다. 여기서 의사능력이 결여된 자, 예컨대 유아·정신병자·만취한 자·백치자 등을 의사무능력자라 한다. 이러한 자가 한 법률행위에 대하여 대부분의 대륙법계국가(독일민법 제105조, 불란서민법 제489조, 스위스민법 제18조 등)에서는 무효라는 명문규정을 두고 있으나, 우리나라는 학설에서 이를 인정하고 있어 논의의 여지가 있다.[173] 우리나라의 경우 의사무능력의 판단기준은 명문규정이 없기 때문에 개개의 구체적인 법률관계와 관련하여 개별적으로 판단 할 수밖에 없다. 학설은 만7세 정도의 통상인의 지능과 같은 것이 의사무능력의 분계선으로 보고 있다.[174] 다만 구 관습에서는 이를 인정하고 있는 것으로

표 2-33 의사무능력자가 한 법률행위의 효력

일면적 무효설	절대적 무효설
의사무능력자가 한 법률행위를 무효로 하는 것은 의사무능력자를 보호하기 위한 것이므로 상대방은 무효를 주장할 수 없고 의사무능력자만이 주장할 수 있다는 것이다.	의사무능력자가 한 법률행위는 당연히 전부 무효이고 누구나 주장할 수 있다.
장경학 190면	통 설
문제점 : 무효와 취소를 동일 취급하는 관계로 취소와 무효를 준별하는 민법상의 취지에 반한다.	의사무능력으로 법률행위가 무효인 경우 무효행위의 전환도 인정되지 않는다.
	판례는 절대적 무효설을 취하고 있다.

173) 이에 대하여 일면적 무효설(장경학 190면)과 절대적 무효설이 대립되고 있으며, 현재는 후자가 통설로 되어있다. 절대적 무효설은 19C초 독일의 보통법학파에 의해 주창된 意思理論(Willensdogma)으로, 동 이론에 의하면 "의사표시를 하여 법적효과를 발생케 하는 데 도움이 되게끔 하는 결정적인 사태는 표시를 통해서 밝혀진 법률효과의 의욕가운데 있다"고 본다; Motive zu dem Entwurf eines Bürgerlichen Gesetzbuches für das Deutsche Reich, Bd. I, S. 189.

174) 獨逸民法은 제104 1항과 105조 1호에서 "만7세에 이르지 않은 자는 절대적 행위무능력

확인되고 있다.[175] 의사무능력자가 행한 법률행위는 절대적 무효라고 보는 입장이 통설이나 여기에 일면적 무효설을 취하는 입장도 있다.[176]

Ⅱ. 책임능력

불법행위에 있어서 의사능력의 대응으로 책임능력(Zurechnungsfähigkeit 혹은 Verschuldensfähigkeit))이 있는 바 이를 불법행위능력(Deliktsfähigkeit) 이라고도 한다. 이는 "자기의 행위의 책임을 인식할 수 있는 정신능력"을 말한다. 책임능력의 연혁은 근대민법이 불법행위에 있어서 과실책임주의를 취한 데서 찾을 수 있으며, 우리민법은 제750조에서 과실책임주의를 취하고 있기 때문에 책임무능력자가 타인의 권리를 침해한 경우에는 책임무능력자의 감독자가 그 책임을 진다(제755조). 책임능력 유무의 판단기준은 개개의 불법행위에 대하여 행위자의 정신능력 등을 판단하여 구체적으로 책임의 성부를 결정하는 것이 타당할 것이다. 판례는 13세 정도의 정신능력을 요구하고 있다.[177]

Ⅲ. 행위능력

의사무능력자가 행한 법률행위가 무효가 된다는 것은 바로 의사무능력자의 재산을 보호하는 데 도움이 된다. 그렇지만 이러한 의사무능력을 이유로 무효를 주장하기 위해선 행위당시 의사능력이 없었다는 것을 증명해야만 하는데, 그 입증이 그리 쉽지 않기 때문에 민법은 입증의 부담을 줄이고 판단

자(Geschäftsunfähiger)라 하여 이런 자의 의사표시는 무효라"고 규정하고 있다.

175) 우리 고유의 관습에서는 "정신병자가 스스로 한 법률행위는 전혀 효력이 생기지 않으며, 父母·妻子·伯叔 등 保護者가 정신병자에 대신하여 계약 기타 법률행위를 하는 관례가 있었다"고 보고 있다; 관습조사보고서 19면.

176) 장경학 190면.

177) 대판 1969. 7.8, 68다2406[집 17-2 民 279]; 대판 1971. 4. 6.71 다 187[요지 제162조 94]; 그밖에, 만17세 5개월 된자(대판 1969. 2.25, 68다1822[집 17-1 민 232]; 책임능력이 없다고 본 사례: 만 13세 5개월 된 중학생, 대판 1977. 5.24, 77다354[공보 5653호 10111]; 동지 대판 1978. 7. 11, 78다729[공보 593호 10998]; 대판 1978. 11.28, 78다1805[집 26-3 민 272].

능력이 불안전한 사람을 보호할 목적으로 행위무능력자제도를 두고 있다. 즉 "능력에 따르는 개인의 차를 무시하고 일정한 조건하에서 무능력자제도를 두어 이들은 일률적으로 단독행위를 할 수 없도록 하고, 이들이 단독으로 행한 행위는 취소할 수 있도록 하였다". 정리하면 "보편적 · 획일적 기준에 의하여 의사능력을 객관적으로 획일화한 제도"를 행위능력이라 볼 수 있겠다.

정리1: 의사능력 ———— 결여 ———→ 무효
행위능력 ———— 결여 ———→ 취소
의사능력 ———— 구비 ———→ 유효
행위능력 ———— 구비 ———→ 유효

정리2:

민법상 능력	의 미	능력의 유무	능력이 없는 경우
권리능력	私法上의 권리의무의 귀속주체가 될 수 있는 자격	모든 자연인과 법이 인정하는 법인	권리의무가 귀속하지 않음
의사능력	행위의 결과를 식별할 수 있는 정신능력	문제가 되는 행위에 따라 판단 (7-10세 정도)	법률행위는 무효
책임능력	불법행위의 결과를 변별할 수 있는 정신 능력	개별적 판단 · 판례상 의사능력보다 약간 높다(13세 정도)	불법행위의 책임을 지지 않음-> 감독자책임(제755조)
행위능력	법률행위를 단독으로 유효하게 할 수 있는 법률상의 지위 혹은 자격	미성년자 · 한정치산자 · 금치산자에 대한 제한	법률행위를 취소할 수 있음

Ⅳ. 의사능력과 행위능력의 경합

상기한 바처럼 의사능력이 없는 법률행위는 무효이고, 행위능력이 없는 법률행위는 취소할 수 있는데, 어떤 경우에 양자가 경합된 상태 - 예컨데 만취한 미성년자의 경우 - 에서 량자가 경합되어 취소 혹은 무효가 가능한가의 해석상의 문제가 대두되는 바, 이에 대하여 독일의 私法學者인 T. Kipp가 "무효행위의 취소가능성을 역설"하였으며, 그 후 K. Peter와 Hubernagel에 의해 보다 폭넓고 구체적인 소위 二重效가 인정되게 되었으며, 현재는 다수설의 위치를 고수하고 있다. 우리나라에서도 이를 긍정함이 통설이다.

Ⅴ. 소송능력과 수령능력

소송능력이란 "당사자(또는 보조참가인)로서 유효하게 소송행위를 하거나 또는 상대방이나 법원으로 부터 소송행위를 받기 위해 갖추어야 할 능력"을 말하고, "상대방으로부터 의사표시를 받을 수 있는 능력"을 수령능력이라 말한다. 우리 민사소송법 제51조에서 소송능력에 관하여 민사소송법에 특별규정이 없으면 민법 기타의 법률에 의한다고 하였으므로, 민법상 행위능력을 갖는 자는 소송능력자이다. 행위무능력자의 소송능력에 대해서는 소송법상 특별규정(민사소송법 제51조)에 의하여 의사능력만 있으면 소송능력이 인정된다. 한편 수령능력은 상대방의 의사표시 내용을 이해할 수 있는 능력을 말하기 때문에 행위능력보다 그 정도를 낮게 보고 있다.[178)]

제11절 무능력자제도

Ⅰ. 의 의

무능력자제도는 원칙적으로 무능력자 자신을 보호하기 위한 제도이다. 상기한 바처럼 원래 의사무능력자는 책임 무능력자로써 법률행위 당시에 의사능력이 없었음을 입증하면 무효가 되는데, 행위자가 과거의 심신상태를 입증하기가 곤난한 관계로, 경우에 따라서는 무능력자제도가 거래의 상대방에게

178) 주석민총(下), 284면.

불측의 손해를 입히게 된다. 따라서 이러한 문제점을 해결하여 행위자나 상대방을 보호하기 위해서 의사능력을 객관화·획일화한 제도이다.[179]

우리민법은 무능력자로서 ① 만 20세에 달하지 않은 자(미성년자) ② 심신이 박약자 혹은 재산의 낭비로 자기나 가족의 생활을 궁박하게 할 염려가 있는 자로서 한정치산선고를 받은 자 ③ 심신상실의 상태에 있는 자로서 금치산선고를 받은 자의 세 종류가 있다.

Ⅱ. 무능력자제도의 목적과 성격

상기한 바처럼 이는 본래 무능력자를 보호하기 위한 제도이나, 다른 한편으로도 거래의 상대방이나 제3자로 하여금 객관적 기준에 좇아 무능력자를 경계함으로써, 일응 사회일반의 이익을 보호하는 제도로써의 효과를 가져오는 강행규정이다. 이처럼 동 제도는 이율배반적인 양면성을 가지고 있음을 유의하여야 한다. 즉 한편으로 행위무능력자가 행한 법률행위능력이 법에 의하여 요청되는 정도에서 미달된 경우 이를 획일적으로 보완하고 더 나아가서 무능력자의 사회성 · 공공성의 차원에서(검사에게 한정치산 · 금치산의 청구권을 부여한 점) 타당성을 확보하는 제도로서의 기능이 있는 반면에, 타면에서는 본인이 적법하고 유효하게 법률행위를 할 수 있는 기회를 획일적으로 제한하거나 박탈하는 소극적 기능을 가지고 있다는 점이다. 따라서 본제도안에서 이러한 이율배반적인 양면성이 최소화될 수 있도록 해석함이 타당하다 생각된다.

미성년자제도는 연령에 의하여 획일적으로 판단하는 것인데 반하여, 한정치산 · 금치산은 일정한 자의 청구에 의하여 가정법원이 그 청구의 가부를 선고하는 절차를 거쳐서 확정된다. 따라서 본 제도는 본인보호에 치우친 관계로 거래안전을 해할 위험이 크다. 따라서 무능력자의 상대방 보호제도를 통하여 이를 보완하고 있으나 결코 충분하지는 않다. 그렇기 때문에 신속 · 정

---

179) 이에 對하여 이영준변호사는 "행위능력제도는 연혁적으로 정신능력에 결함이 있는 자에게 친권자 또는 후견인과 같은 감독자를 두어 보호하려는 사회적 작용을 가진 제도"라고 파악한다, 이영준 804면.

확한 거래를 특징으로 하는 유가증권의 거래 등 외형을 신뢰한 정형적인 거래나 회사설립 기타 단체적 행위에 관하여는 적당하게 제한할 것이 요청된다. 예컨데, 노동조합 등에 가입하는 문제, 자동판매기의 이용, 유료주차장의 사용, TV · 라디오의 시청, 수도 · 전기 · 가스 등의 이용, 우편 · 전신 · 전화의 이용, 대중적 교통기관의 이용 등에서 일일이 행위능력의 유무를 따질 수 없기 때문이다. 이러한 사회유형적 행위에 대하여 법적구속을 받는다는 의식이 거래질서의 확립을 위하여 필요하기 때문이다.

결국 본 제도는 의사능력이 불충분한 자가 경솔하게 거래하여 볼 손해를 방지하자는 것이지, 적극적으로 재산을 취득하는 것까지 막는 것은 아니다. 따라서 재산이 없는 무능력자에게는 본 제도가 전혀 실익이 없으며 오히려 폐해를 수반하는 제도이다. 이러한 경우 사회정책적 기능으로 근로기준법(동법 제65조 제1항)에서 미성년자 단독으로 근로계약을 체결할 수 있도록 한 것이나, 단독으로 임금을 청구할 수 있도록 한 제도는 이러한 재산이 없는 무능력자보호의 역기능을 막기 위한 제도로 파악할 수 있다.

Ⅲ. 적용범위

무능력자제도는 재산거래에 관하여 그 존재이유를 가지는 바, 재산법 가운데 특히 거래유통이 강조되는 유가증권상의 행위 혹은 정형적·집단적·대량적 거래, 기타 조직체의 구성원으로서의 법률관계 등을 제외한 재산상의 법률관계에 적용된다. 가족관계의 특징인 개인의 의사존중과 진실성 중시의 원칙상 신분법에는 기본적으로 적용되지 않는다. 또한 무산무능력자의 근로계약에서도 적용이 제한된다(근로기준법 제65-66조).

Ⅳ. 사실적 계약관계와 필수계약

사실적 계약관계란 1943년 독일의 *私法學者*인 G. Haupt에 의하여 주창[180]된 것으로 “법률행위에 의하여 사실상 이익을 향수하거나 조직내부에 편성된 경우 유효한 법률관계가 있었던 것으로 처리한다는 원칙"이다. 필수계약은 英美法上의 제도로서 이른바 미성년자의 일상생활에 필요한 필수품 공급계약 혹은 의료계약 기타 교육에 관계된 계약 등을 말하며, 이러한 경우 미성년자도 보호자가 없는 경우 단독으로 체결할 수 있다는 이론이다. 생각컨대 우리나라에서는 영미법과 달리 법정대리제도가 있기 때문에 본 제도를 그대로 수용하기는 무리라고 생각 한다.[181)]

Ⅴ. 우리 민법상 무능력자제도

우리민법은 무능력자로서 ① 만 20세에 달하지 않은 자(미성년자: 제4조, 제5조) ② 심신이 박약한 자 또는 재산의 낭비로 자기나 가족의 생활을 궁박하게 할 염려가 있는 자(낭비자)로서 한정치산선고를 받은 자(제9조) ③ 심신상실의 상태에 있는 자로서 금치산선고를 받은 자(제12조)의 세 종류를 규정하고 있다.

표 2-34 행위무능력자의 능력과 보호의 범위

무능력자	능력의 범위	보호자	보호자의 권능
미성년자	특정행위만을 단독으로 유효하게 할 수 있음(민법 제5,6,8 조)	법정대리인 · 친권자 · 후견인(민법 제911,938조)	동의권 · 대리권
한정치산자	특정행위만을 단독으로 유효하게 할 수 있음(민법 제938조)	법정대리인 · 후견인(민법 제938조)	동의권 · 대리권
금치산자	단독으로 확정적으로 유효한 법률행위를 할 수 없음(민법 제13조)	법정대리인 · 후견인(민법 제938조)	대리권

180) G. Haupt는 그의 論文 "Über faktische Vertragsverhältnisse"에서 ① 社會的 抵觸에 의한 事實關係 ② 協同關係의 편입에 의한 事實的 契約關係 ③ 社會的 給付義務에 의한 事實的 契約關係 등 세 가지의 法律關係를 事實的 契約關係라고 명명하고 있다. 이 이론은 후에 H. Lehmann에 의해 批判은 받고 있으나, 훗날 K. Larenz는 Haupt의 理論 中에서 ③만을 승계하여 소위 "社會類型的容態(sozialetypisches Verhalten)"에 의한 法律關係를 認定하고 있다. 예컨데 駐車場 利用者에 대한 駐車料의 支給命令이 여기에 해당하는 중요한 獨逸最高法院 判決이다(BGHZ Bd. 21, 319면).

181) 同旨, 이영준, 807 이하.

1. 미성년자

1) 성년기

우리민법은 제4조에서 "만20세에 달하지 않은 자를 미성년자(Minderjähriger)라고 한다".[182] 연령의 계산은 民法 제157조의 예외규정으로 출생일을 산입하여 역을 계산한다(제158조). 성인의 여부는 호적부의 기재를 인정한다. 물론 이는 추정에 불과하기 때문에 반증에 의하여 번복이 가능하다. 성년이 되는 나이는 나라마다 약간의 차이가 있는데, 로마법에서는 25세, 이태리민법은 21세, 스위스민법과 우리민법은 20세, 오스트리아 민법은 19세, 독일 · 프랑스는 18세 로 규정하고 있다.

2) 성년의제(제826-2조)

우리민법은 최근 "혼인은 성인을 만든다(Heirat macht mündig)"는 원칙을 도입하여 "혼인의 성립과 동시에 미성년자는 성년자와 같은 능력을 가진다(제826-2)"는 명문규정을 두었다. 외국의 경우 성년선고(Volljährigkeiterklärung)[183]나 자치산제도[184]등을 채택하고 있으나, 우리나라는 일본 · 스위스민법 · 프랑스민법 등과 같이 혼인으로 성년이 되는 성년의제제도를 1977년 12월 31일 민법의 일부개정에서 신설하였다.

동 규정을 둔 취지는 만약 혼인을 한 자를 미성년자로 남겨 둔다면 부부 · 친자관계에 제3자(부 또는 처의 법정대리인)가 관여하게 되어 혼인생활의 독립의 존중을 해치는 부당성이 있으므로 복잡한 법률관계가 발생하는 불편을 방지하고 혼인을 하면 가를 이끌어갈 성숙한 자로 인정하려는데 그 취지가 있다.

성년의제의 도입으로 미성년자도 혼인에 의하여 단독으로 자기의 자에 대하여 친권을 행사할 수 있게 되었고, 타인의 후견인이 될 수 있게 되었다. 물

---

182) 이에 관하여 1983년 민법개정당시 성년을 18세로 하는 문제가 신중하게 검토된 바 있었다; 독일민법(제2조)와 프랑스민법(제388조)에서는 성년기를 18세로 하고 있다.

183) 독일민법 3조 이하, 스위스민법 제15조에서 "18세 이상의 미성년자에 대하여 법원이 일정한 요건 하에 성년자와 동일한 능력을 부여 한다".

184) 프랑스민법은 제477조 이하에서 일정한 요건 하에 만15세 이상의 미성년자에게 일정한 능력을 부여하고 있는데 이를 自治産制度라 한다.

론 본 제도는 법률혼에 국한되고 사실혼관계에는 적용되지 않는다 하겠다. 물론 공법상의 규정, 예컨대 근로기준법(제62조 이하)·미성년자보호법·선거법 등에 본 규정이 적용되지 않음은 물론이다.

성년의제로 성인이 된 부부가 미성년자인 상태에서 이혼을 한 경우에 성년으로 계속 남는다는 입장이 통설이다(김주, 110).

3) 미성년자의 행위능력

(1) 원 칙

미성년자가 법률행위를 함에는 원칙적으로 법정대리인의 동의가 필요하며(제5조 제1항 본문), 동의를 얻지 않고 한 경우에는 미성년자 본인이나 법정대리인이 이를 취소할 수 있다(제5조, 제140조). 법정대리인의 동의가 있었다는 입증책임은 동의가 있었음을 주장하는 자에게 있다.[185]

(2) 예 외

상기한 법정대리인의 동의 없이 한 행위는 원칙적으로 취소할 수 있다(제5조 제2항). 그러나 미성년자에게 불이익이 되지 않는 경우에는 취소할 필요가 없기 때문이다. 따라서 아래와 같은 경우 미성년자 단독으로 법률행위를 할 수 있다.

① 단순히 권리만을 얻거나 의무만을 면하는 행위(제5조 제1항 단서)
미성년자인 자의 친권자에 대한 부양청구, 부담 없는 증여의 수락, 제3자를 위한 계약으로 행해진 부담 없는 증여계약에서 수익의 의사표시, 서면에 의하지 않는 증여(민법 제555조)의 해제, 담보물권의 설정 또는 보증의 취득, 의무만을 부담하는 계약의 해약, 채무의 면제를 받는 계약의 체결 등이 이에 해당된다. 단 이익을 얻는 동시에 채권을 상실하는 변제의 수령이나 의무를 부담하게 하는 경제적으로 유리한 계약의 체결이나, 상속의 승인 등은 단독으로 할 수 없다.

② 처분이 허락된 재산의 처분행위(제6조)

---

185) 대판 1970.2.24, 69 다 1568.

법정대리인이 범위를 정하여 처분을 허락한 재산은 미성년자가 임의로 처분할 수 있다. 여기서의 범위란 "재산의 범위"를 말하므로 사용목적을 정한 때라도 처분이 허락된 범위 내에서 임의로 처분(용돈, 증여 등) 할 수 있음이 다수설의 입장이다. 미성년자의 전 재산을 처분하도록 하는 것처럼 무능력자제도의 목적에 반할 정도로 포괄적인 처분을 허락하는 것은 허용되지 않으며, 재산의 처분에는 사용 · 수익도 포함된다.

표 2-35 미성년자가 단독으로 유효하게 할 수 있는 법률행위

행위의 형태	구체적인 예
1) 단순히 권리만을 얻거나 의무만을 면하는 경우(민법 제5조 제1항 단서)	부담 없는 증여를 받거나, 채무면제를 받는 것
2) 법정대리인에 의하여 처분이 허락된 재산의 처분행위(民法 제6조)	용돈, 잡비의 소비
3) 법정대리인으로부터 허락을 받은 특정영업에 관한 행위(民法 제8조 제1항)	법정대리인의 대리권 소멸
4) 타인의 대리행위(民法 제117조)	무능력자의 대리행위는 행위무능력을 이유로 취소하지 못한다.
5) 유언행위(民法 제1061조)	만17세 이상만 유언능력이 있음
6) 근로계약의 체결과 임금의 청구(근로기준법 제65조 제1항, 제66조) 단 근로계약의 체결에 대해선 이설이 있다.	
7) 법정대리인으로부터 허락을 받아 회사의 무한책임사원이 된 경우 그 사원으로서의 행위(상법 제7조)	
8) 혼인한 미성년자의 모든 행위	성년의제(민법 제826조의 2)

③ 영업이 허락된 미성년자가 그 영업에 관하여 하는 행위 (제8조 제1항)

본 조는 미성년자의 활동보호와 상대방의 거래안전과의 조화를 시도한 규정인데, 여기서 영업이란 "널리 영리를 목적으로 하는 독립적·계속적 사업"을 의미하며 사업주에 고용되어 노동을 제공하는 "종속적인 근로자"는 여기에 포함되지 않는다고 봄이 타당하다.[186] 또한 허락이라 함은 영업의 종류를 특정하여야 하며(예컨대, 문방구, 운동구점, 서점 등으로 특정), 묵시적 허락도 가능하다. 그러나 하나의 단위가 되는 영업의 일부만을 허락 혹은 제한하는 것은 안된다(예컨대, 서점을 허락하면서 오천원 이하의 책만 팔도록 하는 허락 등). 단 영업이 상업인 경우 등기하여야 제3자에게 대항할 수 있다(상법 제6조). 다수설과 대법원 판례[187]는 "허락의 입증책임은 이를 주장하는 자 즉 상대방에게 있다"고 본다. 이에 대하여 허락유무에 대한 특별한 공시방법이 없기 때문에 제3자에게 불의의 손실을 입게 할 수 있으므로, 허락이 없었다는 입증책임은 미성년자측에 있다고 보는 입장이 있다.[188]

④ 기타의 경우

A) 대리행위

대리인은 행위능력자임을 요치 않는다(제117조). 대리인이 한 법률행위는 직접 본인에게 귀속되므로 미성년자에게 불이익을 받는 일이 없다. 이는 무능력자제도의 취지에도 부응한다.

B) 유언행위

제5조는 유언에 관하여 적용되지 아니하며(제1062조), 만17세에 달한 미성년자는 단독으로 유효한 유언을 할 수 있다(제1061조).

C) 임금의 청구

미성년자는 단독으로 근로계약을 체결 할 수는 없어도(근로기준법 제65조), 독자적으로 임금을 청구할 수 있다(근로기준법 제66조). 따라서 임금청구소송에서 미성년자에게 소송능력을 인정하고 있다.[189] 민법 제5조와 근로기준법 제65조는 공히 미성년자의 보호를 위한 규정이지 미성년자를 규제하기 위한 규정이 아님을 알아야 한다. 여기서 해석상 주의를 요하는 것은

186) 이에 반대하여 영업을 직업과 같은 뜻으로 보거나 적어도 제8조를 유추적용해야 한다는 소수설이 있다; 김용한 109면 이하, 장경학 207 면.

187) 대판 1970.2.24, 69 다 1568.

188) 장경학, 108면.

189) 대판 1981.8.25, 80 다 3149.

민법 제5조는 판단능력이 부족한 미성년자의 의사능력을 보충하고 그의 이익을 보장하려는 제도이고, 반면에 근로기준법 제65조는 법정대리인이 자기의 권한을 남용하여 강제로 노동착취를 하는 것으로부터 미성년자를 보호하기 위하여 법정대리인이 근로계약을 대리할 수 없도록 한 제도라고 보고 있으나, 후자의 경우 법정대리인의 동의권까지 배제하는 것으로 해석한다면, 일면 미성년자를 법정대리인의 악덕착취로부터 보호할 수는 있겠으나, 반면에 악덕 사용자의 착취로부터 미성년자를 보호할 수 있는 기회를 배제하는 결과가 된다. 이러한 결과는 근로기준법 제65조의 입법취지에도 반하는 결과가 된다. 따라서 미성년자의 근로계약체결에서도 민법 제5조에 따라 적어도 법정대리인이 근로계약을 대리하여 체결할 수 없다는 의미이지 법정대리인의 동의를 배제하는 것이 아니라고 해석함이 마땅하다 생각된다. 따라서 미성년자가 법정대리인의 동의를 얻지 않고 단독으로 근로계약을 체결할 수 없다고 해석함이 타당하다.

D) 무한책임사원

상법에서는(제7조) 미성년자가 법정대리인의 허락을 얻어 회사의 무한책임사원이 된 때에는 그 사원자격으로 인한 행위에는 능력자로 본다.

4) 동의와 허락의 취소 또는 제한

(1) 동의·허락의 취소

미성년자가 법률행위를 하기 전에는 법정대리인은 동의(제5조)나 허락(제6조)을 취소할 수 있다(民法 제7조). 이것은 미성년자의 보호를 목적으로 하는 제도인 만큼, 법정대리인에게 미성년자의 보호에 필요하다고 생각되는 경우 그 취소를 반대할 이유가 없다 하겠다. 여기에서의 취소란 소급효가 없으므로 보다 정확한 표현으로 "철회(Widerruf)"라 함이 적절하다. 그러나 이러한 취소 즉 철회는 공시방법이 없기 때문에 미성년자와 거래한 상대방은 큰 문제가 된다. 이러한 점을 감안하여 제8조 2항을 유추해서 "철회를 미성년자에 한 경우 이를 가지고 선의의 상대방과 제3자에게 대항하지 못한다고 보아야 할 것이다"(동지, 장 210; 곽 165; 김용 108; 이영 813).

(2) 영업허락의 취소와 제한

법정대리인은 영업의 허락을 취소 혹은 제한할 수 있다(民法 제8조 제2항 본문). 여기서의 취소도 성질상 "철회"의 의미로 본다. 이 경우 親權者인 父·母는 단독으로 취소 또는 제한이 가능하나, 후견인은 친족회의의 동의를 필요로 한다(제945조, 제950조). 이 경우도 취소나 제한이 있음을 알지 못한 선의의 제3자에게 대항하지 못한다(제8조 제2항 단서).

5) 법정대리인

(1) 법정대리인이 되는 자

미성년자의 법정대리인은 제1차로 친권자(父 · 母)이고, 제2차로 후견인 이다. 친권자는 공동으로 청구권을 행사한다. 그러나 父母의 의견이 일치하지 않을 때에는 당사자의 청구에 의하여 가정법원이 정한다(제909조 제2항), 父母의 일방이 친권을 행사할 수 없을 때에는 다른 일방이 이를 행사한다(제909조 제3항). 친권자가 없거나 친권자가 법률행위의 대리권과 재산관리권을 행사할 수 없을 때에는 그 후견인을 두어야 한다(民法 제928조, 제938조).

(2) 법정대리인의 권한

법정대리인은 미성년자의 행위무능력과 관련해서 다음과 같은 권한이 있다.

① 동의권

법정대리인은 미성년자가 하는 법률행위를 완전하게 하기 위하여 동의할 권한이 있다(제5조 제1항·제6조·제8조 제1항). 동의의 방법에는 제한이 없으며 묵시의 동의도 유효하며, 미성년자 또는 미성년자와 거래한 상대방에 대해서도 동의는 할 수 있다.

단 후견인은 일정한 사항에 관하여 친족회의 동의를 필요로 한다(民法 제950조). 여기서 재산의 처분 · 영업에 관한 "허락"은 동의와 같은 의미로 본다.

② 대리권

법성대리인은 미성년자의 재산상의 법률행위를 대리할 수 있다(民法 제920조·제949조 참조). 특히 유아의 경우처럼 의사능력이 없는 경우에는 유아에게 동의를 하여 주어도 단독으로 유효한 법률행위를 할 수 없기 때문에, 전적으로 본 규정에 의하여 보호된다.

그러나 법정대리인의 행사에는 아래와 같은 제한이 있다

첫째: 부모는 원칙적으로 공동으로 대리한다(民法 제909조 제2항 본문). 다만 부모의 의견이 불일치한 경우에는 당사자의 청구에 의하여 가정법원이 이를 정한다(동항 단서).

둘째: 근로계약대리의 금지이다. 즉 친권자나 후견인은 미성년자의 근로계약을 대리하여 체결할 수 없다(근로기준법 제65조 제1항). 그러나 여기서도 동의권을 배제하는 것은 아니라고 봄이 근로기준법 제65조의 입법 취지상 타당하다.

셋째: 법정대리인과 자 사이에 의견이 상반된 경우와 법정대리인인 친권자와 수명의 子사이에 이해가 상반된 경우에, 그 자의 이익을 보호하기 위하여 가정법원이 선임하는 특별대리인이 자를 대리하도록 하고 있다(제921조).

넷째: 제3자가 미성년자에게 증여한 재산에 관하여 법정대리인의 관리를 배제하는 의사를 표시한 때에는 법정대리인의 대리권이 배제된다(民法 제918조·제956조). 부모 공동친권의 경우에는 부 또는 모 중 어느 한쪽에 대해서만 관리권을 배제할 수 있다.[190]

③ 취소권

법정대리인은 미성년자가 동의를 얻지 않고 한 법률행위를 취소할 수 있다(제5조 제2항, 제140조).

---

190) 김주수, 117면.

2. 한정치산자

한정치산자란 심신이 박약하거나 재산의 낭비로 자기나 가족의 생활을 궁박하게 할 염려가 있는 자로서, 가정법원으로부터 한정치산선고를 받은 자이다. 이는 舊民法上의 준금치산제도를 한정치산제도로 신민법에서 정비한 것으로, 한정치산자의 능력을 미성년자와 동일하게 한 것은 구체적 타당성을 지향하는 기초개념의 실현으로 본다.

1) 현대적 의의와 과제

한정치산자란 심신이 박약하거나 재산의 낭비로 자기나 가족의 생활을 궁박하게 할 염려가 있는 자로서, 가정법원에서 한정치산선고를 받은 자를 말한다. 그러나 한정치산자는 외관상 보통인과 구별하기가 무척 곤란하기 때문에 경우에 따라서 거래의 안전을 크게 해칠 수 있다. 따라서 과연 이 제도의 존재가치가 있는지에 관하여 많은 의문이 제기되고 있다. 따라서 본제도의 경우 요건과 절차를 보다 엄격하고 신중하게 따져야 할 필요가 있다.

2) 한정치산선고의 요건

(1) 실질적 요건

본인이 심신박약자(Geistesschächer)이거나, 자기나 가족의 생활을 궁박하게 할 염려가 있는 낭비자라야 한다.

① 여기서 심신박약이란 심신상실에는 이르지 않았으나 판단능력이 통상인에 비하여 불완전한 자를 말한다. 심신박약과 상실은 그 구별이 어렵기 때문에, 가정법원에서 양 제도의 취지에 비추어 판단한다. 따라서 한정치산청구에 대하여 금치산선고를 할 수 있고, 그 반대도 가능하다(통설).

② 낭비자란 분별없이 재산을 탕진하는 성벽이 있는 자로 자기나 가족의 생활을 궁박하게 할 염려가 있는 낭비자 이어야 한다. 이 경우는 본인의 지위, 자격, 혹은 소양 기타 재산상태 등 제반사정을 고려하여 정할 문제이나, 낭비의 목적이 무엇이냐는 불문한다. 예컨대 도박이나 유흥비 등의 낭비가 대표적이겠으나

그밖에 분별없이 종교재단 혹은 사회단체에의 기부행위나 자선사업도 그 결과 자신이나 가족의 생활을 궁박케 할 소지가 있다면 여기서의 낭비에 해당된다고 볼 수 있다.

(2) 형식적요건

본인 · 배우자 · 4촌 이내의 친족 · 후견인 또는 검사가 가정법원에 한정치산선고를 청구하여야 한다(제9조). 여기서 검사는 공익의 대표자로서 그 가족의 이익과 거래안전을 위하여 청구할 수 있다. 금치산자의 후견인 뿐만 아니라 미성년자의 후견인도 한정치산을 청구할 수 있다. 여기서 미성년자에게 다시 한정치산선고를 할 수 있는가의 문제가 있는데, 성년을 앞둔 미성년자가 한정치산선고의 요건을 갖추고 있을 때 그를 두텁게 보호하기 위하여 한정치산선고를 할 수 있다는 입장이(다수설)이 타당하다고 생각한다. 또한 우리 민법의 해석에서 한정치산 · 금치산제도가 본인이 반드시 법에 정한 성년임을 전제로 한다고 할 수 없고, 우리민법이 혼인에 의한 성년의제제도를 채택하고 있으므로, 미성년자제도에 한정치산 · 금치산을 중첩적으로 인정하는 것이 가능하다. 곽윤직 교수(곽, 164)는 미성년자와 한정치산자의 능력에 차이가 없다는 이유에서 이를 부정하고 있으나, 긍정설이 한정치산자를 더욱 두텁게 보호를 할 수 있고 입법취지에도 합당하다 생각된다.

(3) 한정치산의 선고

가정법원은 상기한 실질적·형식적 요건이 갖추어지면 반드시 선고를 해야 한다. 이 선고의 절차는 가사소송법(제2조 제1항 나·라類 제1호), 가사소송규칙(제32조-38조)의 규정에 의한다. 이는 공고를 거쳐 호적부에 공시된다(가사소송규칙 제37조, 호적법시행령 제20조 제1항 제6호).

(4) 한정치산자의 행위능력

① 민법은 제10조에서 미성년자와 같은 행위능력을 갖는다고 규정하고 있다. 그러나 이에 관하여는 다음과 같이 입장이 나누인다. 통설은 근로기준법 제65-66조가 무산의 미성년자보호에 있으나 한정치산의 경우는 유산자의 재산보호가 목적이기 때문에 한정

치산선고에 유추적용되지 않는다고 본다. 이에 반하여 소수설은 한정치산자라고 해서 그 보호를 포기할 하등의 이유가 없다고 한다. 생각건대 근로기준법 제65-66조의 입법취지가 법정대리인(父母)이 미성년자를 부당하게 노동을 시키고, 그 임금을 父母인 법정대리인이 부당하게 수령하여 착취하는 것을 방지하고자 한 것이라면, 한정치산의 경우에도 이러한 경우와 위험은 있다 할 것인바 굳이 한정치산자의 경우 제외시킬 이유가 없기 때문에 소수설의 입장을 지지한다.

② 신분행위에 관해서 한정치산자는 아무런 제한을 받지 않는다는 것이 다수설이고, 이에 반하여 미성년자와 동일하게 다루어야 한다는 소수설(郭 166)이 있다. 생각컨대 민법의 문언대로 신분행위에서 한정치산자의 신분상 제한을 받아야 할 아무런 규정이 없는 바, 한정치산자는 신분행위상에는 완전능력자로 취급함이 타당하다고 생각된다.

(5) 후견인

한정치산자는 후견인을 두어야 한다(제929조). 이에는 법정후견인과 선임후견인이 있다(민법 제933조-제936조). 여기서의 후견인의 권한은 미성년자의 법정대리인의 권한과 동일하나 친족회의의 동의를 요한다(民法 제950조).

(6) 한정치산선고의 취소

한정치산의 원인이 소멸하면 한정치산선고를 청구할 수 있는 자의 청구에 의하여 가정법원은 그 선고를 취소하여야 한다(民法 제11조). 취소의 효과는 소급하지 않으며, 장래에 대하여 완전능력자가 된다. 그러나 취소 후에 한정치산의 원인이 다시 발생하면 한정치산선고의 절차에 의하여 재차 선고를 청구할 수 있고 또한 선고하여야 한다.

3. 금치산자

1) 의 의

심신상실의 상태에 있는 자로 가정법원에서 금치산선고를 받은 자를 말한다(民法 제12조).

2) 요 건

(1) 실질적요건

심신상실의 상태가 계속되어야 한다. 심신상실이란 의사능력이 전혀 없는 상태를 말하고, 일시회복의 경우도 포함된다. 이 경우는 의학상의 개념이 아니고 법률상의 개념이다. 물론 가정법원에서 판사가 "반드시 본인의 심신상실에 관하여 의사에게 감정을 시켜야 하지만(가사소송규칙 제33조)", 법원은 그것을 참작만 하는 것이지 궁극적으로는 "행위능력을 부인하므로 본인을 보호하는게 필요한가" 라는 측면에서 판사가 판단할 따름인 것이다.

(2) 형식적요건

한정치산선고의 경우와 같다(제12조). 다만 본인이 금치산선고를 청구할 수 있는 경우는 의사능력이 정상적으로 돌아온 때에 한한다.

3) 절 차

한정치산절차의 경우와 동일하다.

4) 금치산의 선고

상기한 실질적・형식적 요건이 갖추어 진 경우, 가정법원은 반드시 선고하여야 한다는 점과 절차는 한정치산선고의 경우와 동일하다.

5) 금치산자의 행위능력

금치산자의 행위는 본인이나 후견인에 의하여 언제나 취소될 수 있다(제13조). 이 경우는 후견인의 동의를 불문하고 취소할 수 있음이 당연하다(통설). 후견인의 동의가 구체적인 때에는 취소할 수 없다는 곽윤직 교수의 의견[191]

---

191) 곽윤직, 52.

은 본 제도의 취지를 경시한 것으로 받아들일 수 없다.

그러나 신분행위에 있어서 본인의사 존중의 원칙이 중요시된다는 점에서 특히 약혼(제802조)·혼인(제808조 제2항)·협의이혼(제835조 제2항)·입양(제873조)·협의파양(제902조)을 할 때에는 부모 또는 후견인의 동의를 얻어 독자적으로 유효한 법률행위를 할 수 있다. 특히 유언의 경우 금치산자의 정신능력이 회복된 경우 단독으로 할 수 있다(제1063조).

4. 무능력자의 상대방 보호

1) 보호의 필요성

위에서 살펴본 바와 같이 무능력자제도는 제일의 목적이 무능력자의 재산보호에 있기 때문에 무능력자가 단독으로 한 법률행위는 취소의 대상이 된다. 따라서 취소를 인정하게 되면 소급해서 효력이 상실되기 때문에 무능력자 측에서 어떻게 하느냐에 따라서 처음부터 무효가 되어 거래의 상대방은 항상 불안한 입장에 서게 되어 일반거래의 안전을 크게 해친다는 문제점이 있어 상대방을 보호할 필요성이 생기는 것이다. 그래서 민법은 취소할 수 있는 행위의 불확실상태를 해소하기 위하여 법정추인(145조)·취소권의 단기소멸(146조)의 제도를 두고 있다. 그러나 법정추인은 추인할 수 있는 날로부터 3년, 취소권은 법률행위를 한날로부터 10년이라는 상당히 긴 기간인 관계로 결국 거래 상대방에게 불이익이 될 뿐만 아니라 상당기간 거래안전을 크게 해치게 된다. 그래서 민법은 상대방의 최고권(제15조)·철회권·거절권(제16조)을 두고 동시에 사술에 의한 무능력자의 취소권의 배제(제17조)를 규정하고 있다.

2) 상대방의 최고권

(1) 최고란 어떠한 행위를 하도록 타인에 대하여 요구하는 것으로 본조 제15조에서의 최고권이란 무능력자의 상대방이 무능력자측에 대하여 무능력자가 한 취소할 수 있는 법률행위를 추인할 것인가 어떤가를 최고하는 내용의 권리이다. 이는 법률규정에 의하여 일정

한 효과가 부여된 의사통지로서 형성권의 일종이다. 동 규정을 통하여 무능력자와 거래한 상대방에게 자률적으로 불안정한 법률관계에서 벗어날 수 있는 길을 만들어 상대방을 직접적으로 보호하려는 것이 본 제도의 취지이다.

(2) 방 법

상대방에게 최고권을 행사하려면 ① 취소할 수 있는 행위를 적시하고, ② 1개월 이상의 유예기간을 정하여, ③ 추인하겠는가의 여부를 요구하여야 한다(제15조 1항). 물론 최고의 상대방은 무능력자가 능력자가 된 후에는 본인에게 할 수 있으나, 그렇지 않은 경우 법정대리인에게 최고할 수 있다.

(3) 효 과

최고에 대하여 기간 내에 확답을 발하지 않으면[192] 그자가 단독으로 유효한 추인을 할 수 있는 경우라면 추인, 그렇지 않은 경우 취소한 것으로 본다. 즉, 무능력자가 능력자가 된 후에 최고를 받고 그 유예기간 내에 확답을 발하지 아니한 때에는 그 행위를 추인한 것으로 본다(동조 제1항). 아직 무능력상태인 경우에는 그 법정대리인이 최고를 받고 그 유예기간 내에 확답을 발하지 아니한 때에는 그 행위를 추인한 것으로 본다(제15조 제2항). 다만 법정대리인 단독으로 할 수 없고 특별한 절차를[193] 밟아야 하는 경우 유예기간 내에 그 절차를 밟아 확답을 발하지 않으면 그 행위는 취소한 것으로 본다(제15조 제3항).

3) 상대방의 철회권·거절권

(1) 취 지

본 제도는 구 민법에 없던 것을 독일민법(제109조, 제111조 3항.3항)을 계수하여 현행민법에서 상대방보호의 한 수단으로 도입 제정

---

192) 우리민법은 원칙적으로 到達主義를 취하고 있으나(제 111조 1항), 제15조는 예외적으로 발신주의를 취하고 있다.

193) 여기서의 특별절차란 법정대리인인 후견인이 제950조 1항에 열거한 사항에 관하여한 무능력자의 행위를 추인하기 위해선 "친족회의 동의"를 요하는 절차를 의미한다.

한 제도이다. 상기한 상대방 최고권의 경우, 상대방이 적극적으로 행위의 효력발생을 원치 않는 때에는 최고의 유예기간이 1개월 이상이기 때문에 그 기간 동안의 법률행위효력의 확정은 여전히 무능력자측의 확답에 좌우된다. 본 제도는 이러 한 경우에 상대방이 무능력자가 한 행위의 효력을 적극적으로 부인하여 그 법률적 구속으로부터 탈피할 수 있도록 한 제도이다.

(2) 철회권

철회권(Widerrufsrecht)이란 무능력자와 계약을 체결한 상대방에게 무능력자 측의 추인이 있기 전에는 상대방이 그의 의사표시를 철회할 수 있도록(제16조 제1항) 한 제도이다. 물론 이 경우 상대방이 계약당시에 무능력자임을 알았을 때에는 철회할 수 없다(제16조 제1항 단서). 철회의 의사표시는 법정대리인뿐만 아니라 무능력자에 대해서도 할 수 있다(동조 제3항).

(3) 거절권

이는 상대방있는 단독행위의 경우에만 해당되는 것으로, 상대방의 입장에서 무능력자측의 추인이 있기 전에는 단독행위를 거절하여 이를 무효로 할 수 있다(제16조 2항). 거절의 의사표시는 법정대리인 또는 무능력자에 대하여서도 할 수 있다(동조 3항). 여기서 단독행위의 경우는 무능력자측의 일방적인 의사표시만 있고, 상대방은 그 의사표시를 수령하는데 지나지 않기 때문에 비록 상대방이 무능력자임을 알았다 할지라도 행사할 수 있다.[194)]

4) 사술과 취소권의 배제

(1) 취 지

민법은 무능력자가 상대방으로 하여금 능력자로 오신케 하거나 또는 법정대리인의 동의가 있었던 것으로 오신케 할 목적으로 사술을 쓴 경우에 무능력자의 취소권을 배제하고 있다. 물론 이러한 경우

194) 동지, 金·安 110; 김증한 97; 김현태 116; 곽윤직, 181; 고상용, 134; 이영준, 823; 김상용, 196; 김용한 97; 현승종, 40.

에 무능력자의 상대방은 사기를 이유로 의사표시를 취소할 수 있거나(제 110조), 불법행위를 이유로 하여 손해배상청구를 할 수 있지만(제750조), 이러한 방법은 상대방을 보호하기에 충분하지 못한 관계로 민법은 이러한 경우에 취소권을 배제하여 법률행위가 상대방이 저음에 의도한 대로 효과를 발생케 한 것이다.

(2) 요 건

① 무능력자가 능력자로 믿게 하려고 한 행위(제17조 제1항), 또는 법정대리인의 동의가 있는 것으로 믿게 하려고 한 행위(제17조 제2항)가 있어야 한다. 제1항의 경우는 모든 무능력자에게 해당되지만, 제2항의 경우 금치산자는 법정대리인의 동의가 있어도 단독으로 유효한 법률행위를 할 수 없기 때문에 언제나 취소할 수 있다. 제2항은 구민법에서는 명문규정이 없이 판례에서 인정하던 것을 신민법 제정당시 명문화 한 것이다.

② 사술을 썼을 것

능력자로 또는 법정대리인의 동의가 있는 것으로 믿게 하기 위하여 사술을 썼어야 한다. 여기서 사술의 정도에 대하여 의견의 대립이 있다. 구민법시대의 판례는 "적극적으로 사기수단"을 쓴 경우를 사술로 보고 있고,[195] 현재의 판례도[196] 이를 답습하고 있어 결국 무능력자의 보호에 치중하고 있다. 결국 무능력자를 보호할 것인가 혹은 상대방을 보호하여 거래의 안전을 중시할 것인가 혹은 양자의 조화에 역점을 둘 것인가가 문제이다. 다수설은 무능력자의 상대방 보호 및 거래의 안전을 보다 중시하고 있다. 즉 적극적 기망행위는 물론 보통인을 오신케 할 만한 방법으로 이를 유발하거나, 오신을 강하게 하는 것도 사술을 쓴 것으로 보며, 심지어는 침묵이나 묵비도 사술이 될 수 있다고 본다.[197] 생각컨대 본 제도의 입법취지가 무능력자의 상대방보

---

195) 대판 1955.3.31, 4287 민상 77, 대판집 2.1, 민 8.

196) 대판 1971.12.14, 71 다 2045, 대판집 19.3, 민 162; 대판 1971. 6.22, 71 다 940[집 19-2 民 161].

197) 김주수, 126; 김용한, 124, 곽윤직, 177, 김기선, 83; 김증한, 98; 이영섭, 133; 장경학, 231.

호인데 여기서 까지 판례의 입장이 舊法時代의 판례를 답습하여 무능력자 보호의 입장을 취한다면 잘못된 고집으로 생각된다. 그런 의미에서 본인은 다수설의 입장을 따른다.

③ 상대방이 오신하였을 것

상기한 사술에 의거 상대방이 능력자로 오신하거나 법정대리인의 동의나 허락이 있는 것으로 믿고 이에 근거하여 법률행위를 하였어야 한다.

(3) 효 과

이상과 같은 요건이 갖추어졌을 때에는 무능력자 본인뿐만 아니라 그의 법정대리인도 무능력을 이유로 당해행위를 취소하지 못한다(제17조 1항, 2항 後段). 즉 무능력자측의 취소권이 배제된다.

제12절 주소(Wohnsitz)

Ⅰ. 주소제도의 의의

대부분의 법률관계는 장소를 기준으로 하여 법률관계를 처리하는 것이 합리적이며 편리하다. 이에 민법은 주소를 법률관계의[198] 처리기준으로 하여 주소에 관한 일반규정, 즉 민법총칙편 중에서 모든 법률에 공통되는 형식으로 주소에 관한 일반규정(제18조 - 제21조)을 두고 있다. 민법은「생활의 근거가 되는 곳」을 주소로 하고 있다(제18조).

198) 주소를 기준으로 하는 법률관계를 살펴보면; 민법상의 기준(부재와 실종의 표준, 법인사무소의 소재지, 변제의 장소, 상속개시지), 민법 이외의 사법관계상의 기준(어음행위의 장소, 재판관할결정의 표준, 민사소송법상의 부가기간, 섭외사법상의 준거법결정표준), 공법관계상의 기준(선거권의 기준, 귀화 및 국적회복의 요건, 주민등록대상자의 요건, 면세의 기준) 등이 있다.

Ⅱ. 주소판단의 기준

1. 주소에 관한 입법주의

1) 형식수의와 실질주의

형식적 표준에 의하여 획일적으로 주소를 정하는 주의가 형식주의이다. 이는 법률관계를 명확히 한다는 장점이 있으나 오늘날 현대사회의 급변하는 생활관계에 적응이 힘들다는 단점이 있다. 반면 실질주의는 생활의 실질관계에 기인하여 구체적으로 주소를 정하는 주의를 말한다.

2) 의사주의와 객관주의

정주의 사실과 정주의 의사까지 있어야 주소라고 보는 입장인데, 이는 정주의 의사를 외부에서 인식할 수 없고 또한 반드시 존재하는 것도 아니라는 단점이 있다. 반면 정주의 사실만 있으면 주소로 보는 주의로 프랑스·독일·스위스 등의 대륙법 국가에서 취하고 있다.

3) 단수주의 와 복수주의

법률관계의 단일화를 위해 주소를 한곳으로만 정하는 주의로 주로 주관주의를 취하는 경우 단일주의를 취한다(예외: 스위스). 반면 복수주의는 주소를 두 곳 이상 둘 수 있는 주의이며 오늘날 생활관계의 수급에 적절하다는 장점이 있다.

2. 우리민법상 주소의 법률상 효과

우리민법은 제18조에서 실질주의·객관주의·복수주의를 취하고 있다(제18조 제1항). 동조에서 민법은 생활의 근거가 되는 곳을 주소로 규정하고 있고, 민법상 정주의 의사를 요한다는 근거가 없으며 또한 의사무능력자를 위한 법정 주소제가 없다는 점이 객관주의의 입장을 대변해 준다.

3. 주소와 구별할 개념

1) 본적지

호적상의 관념으로 친족법상의 가의 소재지를 말한다. 본적지는 재산상 별 의미가 없고 호주의 신고에 의하여 형식적으로 정하여 지며, 한국내에 어느 곳에 본적을 정하든 자유이다.

2) 주민등록지

30일 이상 거주할 목적으로 일정한 장소에 주소 또는 거소를 가진 자가 주민등록법에 의거 신고에 의하여 등록된 장소가 주민등록지이다. 이는 특별한 반증이 없는 한 주소로 추정된다.

3) 거 소

사람이 다소의 기간 계속하여 거주하는 장소로서 주소만 못한 곳을 말한다. 이는 주소를 알 수 없을 때(제19조)와 국내에 주소가 없는 경우(제20조)에 한해서 거소를 주소로 본다.

4) 가주소

당사자가 어떤 거래의 편의를 기하고자 당사자간의 의사에 기하여 법률적 기능을 부여한 장소를 말하며, 엄격한 의미의 주소는 아니다. 가주소의 설정은 사람과 장소의 관계가 현실로 없는 곳을 정하는 것이고, 사람과 장소의 관계가 현실적으로 존재하는 곳이면 곧 주소가 되므로 이미 가주소로서의 의미를 상실한다.

5) 현재지

거소보다도 장소적 관계가 희박한 일시적으로 정체하는 곳으로 사람과의 관계가 거소만 못한 곳을 말한다. 그러나 호적법에서는 출생신고, 사망신고 등에 있어서 신고인의 현재지 에서도 신고할 수 있도록 하고 있다(호적법 제25조).

제13절 부재자의 재산관리

Ⅰ. 부재자의 의의

우리민법은 제22조에서 "從來의 住所 나 居所를 떠난 자"를 부재자로 규정하고 있다. 따라서 이 규정만 가지고는 不在者의 개념구성이 용이하지 않아 이에 대한 학자들의 의견이 나뉘고 있다.[199] 본 제도는 부재자가 종래의 주소나 거소에 남겨놓은 財産이 방치되어 있으면, 본인에게 불이익일 뿐만 아니라 국가 경제적으로도 손실이기 때문에 가정법원이 부재자의 재산관리에 간섭할 수 있도록 한 것이다. 이 경우도 부재자에게 재산을 관리할 법정대리인이 있는 경우에는 국가가 간섭할 필요가 없으며, 부재자 본인이 임의대리인을 두고 있는 경우에도 원칙적으로는 그자가 재산을 관리하면 된다. 결국 부재자가 재산관리인을 두지 않은 경우나 관리인을 두었지만 그 관리인이 본인 不在中에 권한이 소멸했거나 본인이 생사불명이 되어 감독을 할 수 없게 된 경우에는 국가의 조치가 필요하게 된다.

Ⅱ. 부재자가 재산관리인을 두지 않은 경우

부재자가 재산관리인을 두지 않았거나, 재산관리인의 권한이 본인의 부재중에 소멸한 경우에는 가정법원은 이해관계인이나 검사의 청구에 의하여 부재자의 재산관리에 관하여 필요한 처분을 명하여야 한다(제22조 제1항).

여기서 이해관계인이란 부재자의 재산보전과 법률상 이해관계가 있는 자를 말한다. 예컨대 배우자·상속인·보증인·공동채무자·부재자의 채권자

199) 제1설은: "종래의 주소나 거소를 떠나서 상당한 기간 종전의 주소나 거소로 쉽게 돌아올 가망이 없는 자"라고 정의하고 있다; 同旨 金曾漢 145, 金基善 112, 金顯泰 125; 이태제 103; 金龍熙 147; 邊鎭長, 不在者의 財産管理制度, 裁判資料 18, 183. 제2설은: "종래의 주소나 거소를 떠나서 당분간 돌아올 가망이 없어서 종래의 주소나 거소에 있는 그의 재산이 관리되지 못하고 방치되는 상태에 있는 자"로 본다; 同旨 곽윤직 190, 김용한 136, 김주수 130, 장경학 243, 이영준 829, 고상용 148, 주석총칙(上) 240.

처럼 재산관리인을 두지 않으면 당해 재산이 멸실·도난·황폐가 될 우려가 있는 사람이다. 그러나 전술한 실종선고에서의 이해관계인 보다는 그 범위가 좁다고 하겠다. 검사는 부재자의 재산관리가 공익에 관계된 경우에 청구할 수 있다.

또한 여기서의 필요한 처분이란, 경매나 잔여재산의 봉인, 기타 재산관리인의 선임 등이 보통이다.

가정법원에서 선임한 재산관리인은 본인의 의사와 관계없는 부재자의 법정대리인이며 관리행위만을 할 수 있다(민법 제118조). 따라서 재산의 처분 등 관리행위 이상의 권능을 행사할 경우에는 가정법원의 허가를 얻어야 한다(제25조 전단). 이 경우 가정법원의 허가 없이 한 처분행위는 무효이다.[200] 따라서 이 경우에도 관리인이 법원의 허가범위를 넘는 처분행위를 한 경우 무권대리가 되고, 특단의 사정이 없는 한 상대방이 이 경우 선의·무과실이라 할 수 없으므로 권한을 넘는 表見代理(민법 제126조)가 성립치 않는다[201] 는 것이 판례의 입장이다.

Ⅲ. 부재자가 재산관리인을 둔 경우

이 경우 부재자와 관재인 사이의 관계는 위임관계 이다(제680조 이하). 따라서 양자간의 계약에 의해서 관재인의 권한 범위가 정하여 지므로 법원에서 간섭할 필요가 없고, 단지 부재자의 부재중에 관재인의 권한이 소멸된 경우 혹은 부재자의 생사가 분명하지 않게 된 경우에 한해서 간섭할 수 있다.

Ⅳ. 부재자에게 법정대리인이 있는 경우

이 경우에는 법정대리인(친권자·후견인)이 법률의 규정에 좇아 부재자의 재산을 관리하므로 특단의 조치를 취할 필요가 없다.

---

200) 大判 1970.1.27, 69 다 1820.
201) 大決 1976.12.21, 75 마 551.

제2장 법 인

제1절 총 설

옛 부터 사람들은 다수의 개인이 모여서 공동의 목적을 달성하기 위하여 강제적 혹은 자율적으로 협동과 협조를 도모하며 사회생활을 해왔다. 특히 현대국가에서 종교·학문8·정치·체육·문화 등의 수많은 단체들이 초개인적으로 조직을 창설하려는 필요성에 따라 생성되기에 이른다. 이러한 단체들은 종교·학문·자선등의 영역에서 고급문화의 창출에 중요한 역할을 담당하게 된다. 그렇다면 이러한 단체의 주체는 무엇이냐는 의문이 학문연구로 연계되어 법인제도는 금세기 최고의 민법상의 이론으로 자리를 굳히게 된 것이다.

법인(juristische Personen)이라 함은 「자연인이 아니면서 법률의 규정에 의하여 권리·의무의 주체가 되는 것으로, 자연인과 같이 인격을 인정할 목적으로 관념적 존재를 만들어 권리능력이 인정한 단체 혹은 재산」을 말한다. 그 실체는 "일정한 목적하에 집합한 사람의 단체"인 사단(Verein)과 "일정한 목적을 위하여 출연된 재산의 집합체"인 재단(Stiftung)이 있다. 이러한 법인은 대표기관의 행위를 통하여 독자적 의사를 가지고 활동하게 된다.

- 권리능력자
  - 자연인(모든인간)
  - 법 인
    - 사단법인
      - 민법상의 사단법인
      - 영리사단법인
    - 재단법인
    - 법인격(권리능력) 없는 사단·재단

* 법인: 법인격이 부여된
- ① 일정한 목적과 조직하에 결합된 사람의 단체 = 社團
- ② 일정한 목적에 바쳐진 財産의 집합체 = 財團

제2절 법인제도의 존재이유

Ⅰ. 법기능적 이유

인간 생명의 유한성을 극복하고 사망 후에도 지속적으로 사업을 함으로써, 혼자의 힘으로 감당할 수 없는 대규모사업의 가능성을 통하여 인간능력의 한계를 극복하기 위한 법기능적 필요에 따라 법인제도가 생성발전하게 되었다. 예컨대 사단법인을 통하여 자본주의 경제체제하에서 인간의 유한성을 극복하고 계속적 사업경영이 가능케 되었으며, 대규모 사업의 가능성이 이루어졌다. 특히 본 제도를 통하여 책임이 제한되므로 위험을 분산시키는 기능을 통하여 단체에 의하여 경제활동이 활성화되는 기능을 아울러 가지고 있다. 독일의 학자들은 동 제도를 거래참여의 용이성을 통하여 법인은 사단과 재단의 법률관계를 단순화·명확화 하여 법적 취급을 간편하게 하기 위한 법적 기술이라고 보고 있다.[202)]

Ⅱ. 법기술적 이유

단체내부조직의 통제력강화를 위하여, 다수 당사자의 법률관계를 처리하는데 있어서 이를 단순화하기 위한 법기술로서 사단법인 개념이 필요하게 되었다. 이를 통하여 동창회 등의 단체활동이 가능하게 되었으며, 일정한 비개인적인 목적을 위하여 제공된 재산이 있을 경우에는 그러한 재산관계를 개인의 재산과는 별개의 독립된 재산을 만들기 위한 법기술로서 생성 발달된 제도가 바로 재단법인이다.

이와 같은 법인제도는 대륙법계 특히 독일에서 생성발달된 제도이며, 동일한 목적을 달성하기 위한 기술로서 英美法에선 신탁(trust)제도가 있다. 이는

202) Medicus, AT des BGB(4. Aufl.), § 65 I; P. Frank, BGB AT, 171; Soergel-Siebert, Vor. § 21 Rn. 1, S. 162.

「일정한 목적으로 제공된 재산을 특정관리인에게 귀속시켜 관리자의 재산과 별개로 하여 소정의 목적을 위하여 관리·운영하는 제도」이다. 이는 재산의 집합에 대한 독립한 인격을 인정하지 않고 재산을 특별 지정한 관리인에게 귀속케 하나, 다만 관리인에게 그 재산의 유지와 관리에 관하여 특별한 방법을 행시게 힘으로써 재산의 독립성과 관리의 영속성을 확보하는 제도로서 사실상 재단법인의 기능을 한다고 볼 수 있다. 우리나라에서도 1961년 법 제900호로 "신탁법"이 제정·시행되게 되었고 이를 목적으로 설립된 은행으로 서울신탁은행(현 서울은행)이 있다.

이처럼 법인제도는 단체의 재산에 관한 법률관계를 간단명료하게 처리하는 법기술로서 발달된 제도이나, 본 제도가 우리나라에서는 재산의 은익·세금의 포탈 등 다른 목적으로 악용되는 ① 법인격 형해화[203] ② 법인격의 남용[204] 등의 역기능으로 나타나는 점이 문제로 지적되고 있다.

제3절 법인의 본질(법인이론)

법인이란 어떠한 사회적 실체가 있는 것이며, 또한 무엇 때문에 자연인 이외의 존재에 법인격을 인정하는가? 이른바 근대사법의 최대의 논쟁으로 법인 본질론은 로마법적 의제설과 게르만법적 실재설간의 백여 년의 논쟁으로 이어져 왔다. 원래 개인 이외에 법인격을 부여하는 것은 개인주의·자유주의에 역행한다고 하여 이를 배척하여 오다가(법인의제설), 개인이 법인을 통하여 더욱 효율적인 사적자치를 수행할 수 있다는 점에서 법인실재설의 입장이

203) 법인격의 남용이라고는 말할 수 없으나 법인의 형식을 이용하는 자와 법인이 실질적·경제적으로 동일하다고 볼 수 있는 경우, 법인의 형식을 무시하고 그 실체에 따라서 거래의 상대방보호를 위하여 그에게 유리하게 법적처리를 하는 경우를 말한다. 예컨데, 회사의 운영방식·요건이 준수되지 않는 一人會社, 친회사에 의한 과소자본과 과대대여, 친회사에 대한 자회사의 경영권의 남용 등 詐欺的 요인이 있는 경우.

204) 법인의 형식을 법률의 규정이나 계약상 의무를 회피하기 위하여 다른 회사를 설립한다든가, 채권자를 詐害 또는 강제집행면탈을 목적으로 회사를 설립하는 경우가 여기에 속한다.

인정되기 시작하면서 긍정적인 시각 받아들이게 된다. 그러나 상기한 법인제도의 역기능, 즉 법인격의 악용 때문에 엄격한 규율이 필요하게 되었으며, 공사나 조합 등 새로운 단체들이 속속 출현하게 된다. 따라서 종래의 법인론이 어떠한 역사적 배경 하에서 어떠한 과제를 안고 사회적 역할을 하여 왔는가를 검토할 필요가 있는 것이다.

Ⅰ. 법인의 본질에 관한 학설

이는 19세기 초부터 독일에서 논의되어 온 것으로 역사적으로 아래와 같은 것들이 있다.

1. 법인의제설(Fiktionstheorie)

이 입장은 역사법학파인 독일의 *私法學者* Savigny가 그의 저서[205]에서 "권리는 의사의 지배이므로 의사의 주체가 없는 법인에 대하여는 권리·의무의 주체가 될 수 있는 지위를 인정할 수 없다"고 주장하면서 법인의 권리의무는 법률이 법인을 자연인에 의제하기 때문이라고 주창한 것으로, 따라서 법인은 외부와의 거래관계에서 단체 또는 재단으로서가 아니라 하나의 개인으로 등장하고, 이를 「의제된 개인」 이라고 보고 그 결과 법인이 하는 거래는 그 구성원과는 별개의 독립된 개인으로서의 법인이 행하는 것이기 때문에, 이 설을 취할 경우 법인 자체의 독립성을 부인한다고 볼 수 있다. 그러나 실제에 있어서 법인을 인정하게 되므로 현대국가에선 법인 실재설과의 입장 차이를 논할 여지가 없게 되었다. 이 입장은 역사법학파인 Windscheid, Puchta 등에 의하여 발전된 이론이다. 이설은 당시의 독일이 절대주의 하에서 단결의 자유를 억제하려는 법인특허주의를 옹호하는 입장에서의 이론적 지주가 되었다. 따라서 이 입장은 기능면에서의 법인의 내부구조를 경시하고 거래의 주체성을 분석의 대상으로 하였다. 사비니(Savigny)의 의사이론에서 자유의 의사주체는 인간개인만이 법적 주체가 된다는 당시의 사상적 배경으로는 법

205) Savigny, System des heutigen römischen Rechts, Bd. II, S. 235 ff.

인의제설이 일응 타당할지 모르나, 인간도 법에 의하여 법인격이 인정된 점을 고려한다면 오늘날의 법사상과 부합되지 않으나, 「구성원으로부터 초월한 독립된 개인」을 인정하여 기술적 의제를 창안한 점은 높이 평가할 만 하다.

2. 법인부인설(Negationstheorie)

이 설은 의제설을 보다 이론화한 것으로 목적재산설 · 형익자주체설 · 관리자주체설 등으로 발전하게 된다. 이들 주장의 공통점은 법인의 실체는 현실적으로 개인 또는 재산 이외에는 존재하지 않는 것으로, 법인은 법률관계에 있어서 권리 · 의무의 귀속점으로만 인정되는 관념적 주체라는 점이다. 상기한 법인의제설과의 차이점은 의제설이 특허주의를 옹호하여 법인의 성부를 정부권력에 맡기는데 대하여, 법인부인설은 거래관계에서 실질적인 기능이라는 객관적 사실에서 법인의 기초를 시민사회 그 가운데서 구하는 점에 있다.

1) 목적재산설

"법인의 주체는 일정한 목적에 제공된 재산(Zweckvermögen) 그 자체" 라고 보는 입장으로, 독일의 Brinz가[206] 주장했다.

2) 수익자주체설

목적법학파의 대표자인 Jhering[207]에 의하여 주창된 이론으로, 法人의 실질적 주체는 「法人으로 부터 利益을 향수하는 다수의 개인」이고 法人으로 생각되는 것은 단지 형식적인 권리의 귀속자에 불과하다고 본다.

3) 관리자주체설

法人의 주체를 "현실적인 법인재산의 관리자" 라고 보는 입장으로 Binder, Hölder[208]에 의하여 주창되었다.

---

206) Brinz, Pandekten, Bd. I, S. 59 ff., Bd. III, S. 432 ff.
207) Jhering, Geist des römischen Rechts, Bd. IV, S. 356 ff.

3. 법인실재설

法人은 자연인과 동일하게 실존하는 법인격체라고 주장하는 학설로, 이에는 유기체설 · 조직체설 · 제도설 · 사회적가치설 등이 있다.

1) 유기체설(실체적 단체인격설)

독일의 O. v. Gierke에 의하여 주창된 것으로 "法人은 자연인과 같은 통일적 단체의사를 가지고 구성원으로 부터 분리된 독자적인 공동체로서 실재한 사회적 유기체"라 한다. 유기체설이 주장되던 시대적배경은 당시 독일의 민족주의적 국가관의 소산으로 독일민족의 혈연적 통일체로서의 유기체적 국가론으로 발전되면서 이다. 본설은 사회적 단체의 특성을 인식하여 법인의 기초인 사회적 사실의 존재를 강조하여 단체내부의 규범관계와 단체적 소유의 형태 등을 밝힌 점에서 높이 평가할 수 있다.

2) 조직체설

조직체설은 상기한 유기체설 에서처럼 단순한 사회적 실체를 바로 법인으로 보지 않고 사회에서 역사 · 사회적으로 거래의 주체가 되는데 가치가 있는 경우에 한해서 법인격을 인정하였다. 즉 법인의 실체는 "권리주체에 적합한 법률적 조직을 가지고 있는 조직체(Organisation)로서 실재하는 것"이라는 입장으로 미슈우(Michoud), 살레이유(Saleilles) 등이 주장하였다. 본 설은 법률적 조직에 대하여 법인격을 인정했다는 점에서 의미가 있으나, 국가가 어떠한 기능의 단체에 법률상의 법인격을 인정할 것인가에 대한 문제점을 밝히지 못한 한계가 있다.

3) 제도설

조직체설 이후의 프랑스에서 주창된 일반적 학설이다.

4) 사회적작용설(사회적가치설)

---

208) Hölder, Pandekten, S. 114 ff.

본설은 조직체설의 한계를 극복하기 위하여 국가가 법인격을 인정할 만한 사회적작용을 법인이라 하여, "法人은 자연인과 같이 사회적 작용을 담당함으로써 권리능력의 주체에 적합한 사회적 가치를 가지는 것"이라는 입장으로, 독일의 Kohler, Duguit, 일본의 와가즈마(我妻榮)에 의하여 주창되었고 현재 일본과 우리나라의 통설이다. 그러나 본설도 조직체의 사회적 기능 및 범위, 그밖에 이에 대한 국가의 태도 등을 밝히지 않으면 상기한 ①,②,③의 주장과 구별의 실익이 없다는 한계가 있다.

4. 세 가지 契機論

일본의 시노미아(四宮和夫)에 의하여 주창된 이론[209]이고 우리나라에선 김주수 교수[210] 등이 이 입장을 따르고 있다. 이설은 종래의 어느 한정된 특정설에 구애받지 않고 법인을 구성하는 세 가지 계기 즉 "실체적계기 · 가치적계기 · 기술적계기"를 고려하면서 타당한 해결을 꾀해야 된다고 보는 입장이다. 이 입장은 ① 사회 · 경제적 관점에서 자연인이 아니고 거래의 주체가 되는데 적합한 實體(社團 · 財團)가 存在해야 하고(實體的契機), ② 이러한 실체가 당연히 법인이 되는 것이 아니고 실정법이 정책적 견지에서 가치판단을 하여, 그 사회의 역사적 · 사회적 사정하에서 거래의 주체가 될 만한 가치가 있다고 판단한 것에 한하여 법인격을 부여하며(價値的契機), ③ 마지막으로 法人은 자연인이 아닌 존재를 권리의무의 통일적인 귀속점으로 하는 기술이며 이러한 技術的契機야 말로 거래의 평면에서 법인의 본질(法人格=權利能力)을 이루는 것이다(技術的契機)는 것이다.

5. 최근의 독일학설

1) 목적재산공동체설

법인은 목적재산공동체라고 규정하고 법인의 본질은 "구성원과 일정한 목

209) 四宮, 75.
210) 김주수, 143; 同旨, 장경학, 286; 고상용, 164.

적에 바쳐진 목적재산의 결합"이라고 본다. 이설은 Rhode에 의하여 제창되고 Lehmann에 의하여 지지를 받고 있다.

2) 목적의인설

통일적 의사의 주체인 조직체에 법인격을 부여하는 것이라고 설명한다. Nipperdey에 의하여 주창되었다.

3) Wollf설

독일의 Wollf는 "법인은 곧 입법자의 목적적 창조물"이라고 본다.

6. 학설의 실익

법인 의제설의 입장에선 법인의 목적범위를 엄격히 제한함으로 법인 자체의 행위능력을 부인하는데 반하여, 실재설의 입장은 목적범위를 넓게 인정하므로 법인 자체의 행위능력를 인정하고 있다. 그러나 이상의 학설에서 살펴

표 2-36 법인학설의 주창자

法人否認論	種 類	內 容	主張學者
	目的財産說	法人의 本體는 일정한 目的에 바쳐진 無主體의 財産이라고 하는 說, 일명 無主財産說	Brinz
	享益者主體說	法人으로부터 利益을 얻고 있는 多數의 個人이 法人의 本體라고 보는 說	Jhering
	管理者主體說	現實的으로 法人財産을 管理하고 있는 者가 法人의 本體라는 說	Hörder Binder
法人實在說	有機體說	團體意思가 있는 社會的 有機體를 法人으로 把握하는 說	O. v. Gierke
	組織體說	法人의 實體를 權利主體 임에 適合한 法律上의 組織體라고 보는 說	Michoud Saleilles
	社會的價値說	團體·目的財産도 自然人과 마찬가지로 構成員 個人을 떠나서 獨自的으로 社會的 作用을 할 수 있으므로 社會的 價値라는 側面에서 法人이 된다는 說	Kohler Duguit 我妻榮 (와가즈마)

본 것처럼 법인의 법기술적 측면에서의 법인의제설과 법인부인설, 법기능적 측면에서의 법인실제설의 양면성이 있다. 상기한 주장들은 따지고 보면 법인의 이면성 가운데서 어느 일면만을 파악하여 이론구성하고 있어 어느 설도 타당할 수가 없는 한계를 안고 있다. 이에 대하여 일본의 星野英一교수가 「법인이론을 논의하는 시대는 지났다」라고 주장한 것처럼[211] 법인의 기술적 인식으로부터의 다양성과 상대성을 파악하여 개개의 구체적 문제들이 法人을 통하여 타당한 해결책을 모색하고 배후의 사회적 실체를 찾아내는 끊임없는 과정에 있다고 정리한다면, 법인이론은 시대와 법의 변천에 따라 재검토할 필요성을 안고 있다고 강조한다.

표 2-37 법인 의제설과 실재설의 비교

내 용	법인 의제설	법인실재설
1) 기본적 관점	대외관계처리의 법 기술로서 구성원이나 기관개인의 독립성에 주목	실재로서의 단체성에 주목하고 구성원이나 기관개인은 그 가운데 몰입
2) 기 관	代理人	代表者
3) 행위능력	理事라고하는 代理人에 의하여 행위를 할 수 있고, 법인 자체의 행위는 존재하지 않음	기관의 행위는 법인 자체의 행위로 평가
4) 불법행위능력	법인의 불법행위는 존재하지 않으므로, 민법 제35조는 타인의 행위에 의한 책임규정	법인은 기관을 통하여 불법행위를 행하며, 민법 제35조는 당연규정
5) 법인의 활동 범위	엄격히 제한	넓게 認定
6) 법인설립	법률의 요건에 대한 충족 여부를 중시	통일체로서의 실체의 존재를 중시

7. 법인격부인의 법리

단체에 법인격을 부여함이 오히려 불법·부당한 결과를 초래하여 오히려 법인을 설립한 취지에 반하는 경우, 단체로서의 존재 자체는 인정하면서 해

---

211) 星野英一, 民法論集 IV, 134면.

당 법률관계에서는 법인의 베일을 벗겨 그 배후의 실체를 찾아 법적 처리를 하는 경우를 법인격부인의 법리라 한다. 예컨대 어느 주식회사가 사실은 개인기업 이면서 겸업금지의무, 세금대책, 기타 법률의 금지규정, 계약상의 의무 등을 회피하기 위한 방편 기타 債權者 사해, 강제집행의 면탈 등 여러가지 필요에 따라서 형식적으로 법인격을 갖게 된데 지나지 않는 경우가 있다. 이 경우 회사와 거래하는 상대방으로서는 개인과 거래하였는지, 아니면 회사와 거래한 것 인지가 분명하지 않은 경우가 있으며, 특히 채권자를 침해할 목적으로 법인형식을 악용하는 경우(法人格을 남용)도 있을 수 있다. 이러한 경우에 법인격을 부인하여 그 배후에 있는 사회적 실체를 파악함으로써 法人과 거래한 相對方을 보호하기 위하여 상대방이 법인격을 부인하고 실질적인 책임자인 개인의 책임을 추궁하도록 하자는 것이 법인격 부인의 법리이다. 이는 실정법상 근거는 없으나, 우리민법상의 신의성실의 원칙과 권리남용금지의 원칙(제2조 1항과 2조 2항)에 근거하고 있다.

또한 법인격 남용의 정도는 아니지만 법인의 형식을 이용하는 자와 법인이 실제적으로 동일한 (법인격의 형해화) 경우, 예컨대 회사의 운영방식이나 요건을 준수하지 않는 일인회사나 친 회사에 의한 사내거래 등으로 자회사의 경영권을 남용하는 등의 경우에 법인의 형식을 무시하고 그 실체에 따라서 거래의 상대방을 보호하기 위하여 법적 처리를 하는 경우가 있다.

이에 관하여 서울고법은 "피고가 대표이사로 되어있는 소외 회사는 회사의 운영이나 기본재산의 처분에 있어서 주식회사 운영에 관한 법적절차, 예컨데 주주총회, 이사회의 결의, 감독권의 발동, 기타 절차는 거의 무시되고, 대표이사인 피고의 단독재산, 단독기업과 같이 운영되고, 다만 외형상 회사형태를 유지하고 최소한의 극히 불실한 회사명목을 유지하였음에 불과하다"고 하여 "이러한 소외 회사는 형해에 불과한 법인이고, 그 배후에 실존하는 기업주는 피고 자신이므로, 위 회사는 법인격을 부인 받아야 할 것이며, 따라서 본건 회사의 채무는 피고가 단독으로 부담하거나 또는 위 회사와 공동으로 부담하는 것이 타당하다"[212]고 판시하고 있다. 그러나 본건 서울고법의 판결에 대하여 대법원은 "피고가 위 회사의 대표이사로서 원판시와 같이 적

212) 서울고법 1974. 5.8. 72 나 2582.

법절차에 의하여 회사운영상 필요로 하는 주주총회 등의 절차를 무시하고 등한히 하였다고 인정하기 어렵고, 더구나 1인 주주인 소위 1인회사도 해산사유로 보지 않고 존속한다고 보는 것이 본원의 태도이고 보면, 원심이 위 소외회사를 형해에 불과하다고 본 것은 잘못이고, 判決에 영향을 미친 것이라 아니할 수 없다"[213]고 하여 파기환송 하였다.

그러나 그 후 대법원은 해운회사가 해운기업상의 편의를 위하여 다른 나라에 단지 형식적으로 개인의 명의 또는 회사를 설립하여 그 회사의 명의로 선적을 두는 이른바 "편의치적"을 하고 있는 회사가 조선소의 수리대금채권에 기한 선박 가압류에 대하여 제3자 이의의 소를 제기한 데 대해서 "원고 및 토우체스트 십핑 리미티드는 이 건 선박의 실제상 소유자인 칩스테드 리미티드가 편의치적을 위하여 설립한 회사들로서 실제로는 사무실과 경영진 등이 동일하므로 이러한 지위에 있는 원고회사가 법률의 적용을 회피하기 위하여 별개의 법인격을 가지는 회사라는 주장을 내세워 제3자 이의의 소를 제기하는 것은 신의성실의 원칙에 위반하거나 법인격을 남용하는 것으로 허용되어서는 안된다고 할 것이다"[214]라고 법인격부인의 법리를 인정하고 있다.

대법원 77.9.13 74다954 판결, 〔서울고법 72나2582 공570.10285(1) 집25(3민)〕

【판시사항】

- 법인형해론의 입장에서 본 법인격부인의 요건

【재판요지】

- 피고가 소외회사의 대표이사로서 위법 또는 부당한 절차에 의하여 회사 운영상 필요로 하는 주주총회 등의 절차를 무시하고 등한히 하였다고 인정하기 어렵다면 위 회사를 "형해"에 불과하다고 하여 그 법인격을 부인할 수 없다.

213) 대판 1977. 9.13, 74 다 954.

214) 대판 1988. 11.22, 87 다카 1671.

대법원 88.11.22 87다카1671 판결〔대구고법 87.6.4 86나1100 공839.17(5)〕

【판시사항】

1. 편의치적을 위하여 설립된 선박회사와 실제상 소유자인 선박회사와의 법인격의 동일성 여부
2. 선박우선특권 있는 채권에 기한 선박가압류의 적부(소극)

【재판요지】

1. 선박회사인 갑, 을, 병이 외형상 별개의 회사로 되어 있지만 갑 회사 및 을 회사는 선박의 실제상 소유자인 병회사가 자신에 소속된 국가와는 별도의 국가에 해운기업상의 편의를 위하여 형식적으로 설립한 회사들로서 그 명의로 선박의 적을 두고 있고(이른바 편의취적), 실제로는 사무실과 경영진 등이 동일하다면 이러한 지위에 있는 갑회사가 법률의 적용을 회피하기 위하여 병회사가 갑회사와는 별개의 법인격을 가지는 회사라는 주장을 내세우는 것은 신의성실의 원칙에 위반하거나 법인격을 남용하는 것으로 허용될 수 없다.
2. 선박우선특권 있는 채권자는 선박소유자의 변동에 관계없이 그 선박에 대하여 채무명의 없이도 경매청구권을 행사할 수 있으므로 채권자는 채권을 보전하기 위하여 그 선박에 대한 가압류를 하여 둘 필요가 없다.

제4절 법인의 종류

Ⅰ. 공법인과 사법인

독일에서는 "設立行爲가 公法에 의하여 행하여지는 것이 公法人이고 私法에 의하여 행하여지는 것이 私法人 이라고 정의하는 것이 보통이다"(K. Larenz; Tühr). 우리나라에서도 구분을 긍정하는 입장과 부정하는 입장이(김/안) 있다. 생각컨대 公·私法의 구별이 곤란할 뿐만 아니라 현대국가처럼 중간적 법인(한국은행·대한주택공사·농업협동조합, 등의 특수법인과 사회복

지법인, 로동조합 등의 사회법인 이라 할 수 있는 중간법인)의 출현 등을 고려하여 택일적으로 公法·私法을 정할 것이 아니라, 法人에 관계된 법률관계를 개별적으로 고려하여 公·私法關係를 정하는 입장(이영섭, 곽, 김증)이 타당하다 생각한다.

- 공법인 : 국가·지방자치단체·공공단체 등이며, 영조물법인이 공법인가 여부에 관해서는 異說이 있다.
- 사법인 :
  - 사단법인: 영리사단법인(민사회사, 상사회사)
  - 재단법인: 언제나 비영리재단법인

표 2-38 公私法人區別의 實益

구 분 / 내 용	공법인	사법인
1) 법인에 관한 쟁송	행정소송	민사소송
2) 부담금의 징수방법	세법상의 강제징수	민사소송법상의 강제집행
3) 형법상 瀆職罪(122조 이하)	성립가	성립불가
4) 문서 위조·변조	공문서 위·변조	사문서 위·변조
5) 불법행위의 적용법규	국가배상법의 적용	민법적용(720조 이하)

Ⅱ. 영리법인과 비영리법인

1. 영리법인

영리법인은 주로 구성원이 사익을 꾀하고 법인의 기업이익을 구성원 개인에게 분배하여 경제적 이익을 주는 법인을 말한다. 상법상 각종회사는 거의 여기에 해당한다(商法 제46-47조). 따라서 공익사업을 목적으로 하여도(교통·통신·보도 등) 그 이익의 분배가 가능한 법인이면 영리법인이 된다. 따라서 이익분배가 불가능한 재단법인은 영리법인이 될 수 없다.

2. 비영리법인

비영리법인이란 영리아닌 사업 즉, 학술·종교·자선·사교 등을 목적으로 하는 社團法人과 財團法人이 여기에 해당한다. 그러나 목적이 비영리성이므로 수단의 영리성은 인정되나 어떠한 이유로도 구성원의 이익분배가 불가능한 법인이다. 보통은 공익을 목적으로 하나, 반드시 공익을 요하는 것은 아니다.

3. 구별의 실익

설립절차 · 대외적 관계 · 감독기관 등에서 차이가 있다. 민법상의 법인은 반드시 비영리법인 이어야 하고(영리법인은 상법 46-47조의 규정에 따라 설립된다) 그 외 특별법에 의하여 성립하는 특수 비영리법인이 존재한다.

민법 제39조에서의 민사회사는 상행위 이외의 농업 · 어업 · 광업 등의 영리를 목적으로 하는 社團法人을 칭하나, 그러나 오늘날 商法에서는 민사회사를 상인으로 보아(商法 제5조 2항), 상사회사와 마찬가지로 다루고 있으므로(상법 제169조), 양자의 구별의 실익이 없다. 따라서 민법 제39조는 무의미한 규정이다(동지 高, 郭).

영리법인과 비영리법인의 區別

영리법인	상사회사 : 주식회사, 유한회사, 합자회사, 합명회사
	민사회사 : 상행위 이외의 영리를 목적으로 하는 사단법인
비영리법인	재단법인
	학술 · 종교 · 사교 · 기타 영리 아닌 사업을 목적으로 하는 사단법인

Ⅲ. 사단법인(Verein)과 재단법인(Stiftung)

1. 의 의

일정한 목적을 위하여 결합한 사람의 단체로서 법률상 권리 · 의무의 귀속주체일 수 있는 단체를 사단법인이라고 한다. 반면에 재단법인이란 일정한 목적을 위하여 제공된 재산이라고 하는 실체에 법인격을 부여한 것이다. 따라서 사단법인은 인이 중추적 존재이지만, 다수재산의 결합인 재단법인에는 인 즉 사원이 존재하지 않는다(민법 제40조, 43조 참조).

2. 차이점

사단법인은 「2인 이상의 사원으로 구성된 인적결합을 본체로 하는 자율적 법인」이기 때문에, 단체의사에 기하여 자율적으로 활동하는데 반하여, 재단법인은 「일정한 목적에 바쳐진 재산을 본체로 하므로, 설립자의 의사에 의하여 타율적으로 구속되는 점」이 강하다. 따라서 양자는 설립행위·의사기관·목적 내지 정관의 변경·해산사유 등에서 근본적으로 차이가 있다.

Ⅳ. 내국법인과 외국법인

우리나라의 법인이 내국법인이고 우리나라 법인이 아닌 법인을 외국법인이라한다. 양자의 구별은 학설이 나뉘는데, ① 준거법설(김기선, 131; 장경학, 290; 현승종, 73; 김현태, 211; 곽, 289)은 설립지에 따라 내국법에 의한 설립이면 내국법인 외국에서 설립된 경우 외국법인이라고 한다, ② 주사무소 소재지가 어디냐에 따라 내·외국 법인을 구별하는 주소지설, ③ 설립자의 국적에 따라서 구별하는 설립자국적표준설 ④ 준거법설과 주소지의 합일주의를 취하는 절충설(이영섭, 231; 김·안, 219; 김증한, 179; 김용한, 206) 등이 있다. 생각컨데 한국법에 준거해서 설립된 법인은 당연히 국내에 주소를 두게 되므로(제33조·제36조·제49조 제1항) 절충설을 취할 필요가 없이 준거법설이면 족하다 할 것이다. 상법은 제614조 이하 에서 외국상사법인에 관하여 규정하고 있다. 외국법인의 능력에 관하여 민법은 규정한 바가 없으므로 외국인의 능력에 따라 취급하여야 한다고 본다.

제5절 법인의 설립

Ⅰ. 입법주의

法人의 設立에 관하여 시대와 국가에 따라 다르게 변천되어 왔으며, 여러 가지 입법주의가 병용되고 있다. 우리민법은 허가주의(제32조)를 취하고 있다. 그러면 法人의 設立에 관하여 설립이 비교적 쉬운 쪽에서부터 살펴보도록 하겠다.

1. 자유설립주의

법인의 설립에 관하여 아무런 법률적·행정적 제한 없이, 법인으로서 실체만 갖추면 당연히 법인격을 인정하고 법인이 설립되는 주의를 말한다. 예컨데, 스위스민법이 비영리사단법인의 설립(Art. 60; Art. 80 ZGB) 에 있어서 세계유일하게 본 주의를 취하고 있다. 이는 법인실재설의 이론적 근거가 된다. 이 입장은 법인으로서의 실체를 필요로 한다는 점에서 준칙주의와 큰 차이가 없으며, 오히려 확실한 조직상의 요건이 없기 때문에 문제가 있다는 비판이 있다. 우리민법은 민법 제32조에서 허가주의를 취하므로 본 주의를 배제하고 있다.

2. 준칙주의

법률이 규정하는 요건을 미리 정해놓고 이를 충족한 때에 법인이 당연히 성립한 것으로 보는 입법주의를 말한다. 자본주의체제하에서 상공업의 확장과 증가에 따라 회사설립의 필요성에 의거, 일정한 규칙에 따라 사단을 조직하는 경우 자유롭게 법인의 설립을 허용하는 주의로서, 1867년 프랑스가 최초로 회사의 설립에 관하여 준칙주의를 취했으며, 1901년에는 비영리법인에까지 확대하고 있다. 독일에서도 1870년 상법에서 회사와 영리조합에 준칙주의를 채용하고 있으며, 스위스에선 1881년의 구 채무법에서 회사와 공익법인에 준칙주의를 취하고 있다. 본 주의도 법인실재설이 이론적 배경이 된다. 독일민법은 비영리사단법인의 설립에서 준칙주의를 취하고 있다(§ 21 BGB). 준칙주의는 행정관청의 지나친 간섭을 배제할 수 있다는 장점이 있으나, 반면에 그 성립의 여부가 외부에서 인식하기 힘든 관계로 일반거래의 안전을 해할 염려가 있다는 점이 단점으로 지적되고 있다. 따라서 이러한 단점을 보완하기 위하여 그 조직과 내용을 공시하도록 하기 위하여 등기를 성립요건으로 하고 있다. 예컨대 우리민법은 영리법인(상법 제172, 민법 제39조), 상사회사(상법 제172조), 노동조합(동 법 제9조)의 설립에서 본 주의를 취하고 있다.

3. 인가주의

법률이 정하는 일정한 요건을 갖추고, 주무관청의 인가를 얻음으로써 법인이 성립하는 주의를 말한다. 인가주의와 상기한 준칙주의의 차이는 인가주의에서 행정관청의 사전심사절차가 있다는 점이다. 본 주의는 허가주의와 달리 요건을 갖추면 인가권자는 반드시 인가하여야 한다.

법무법인(辯護士法 제31조)·지방변호사회(동 제50조)·대한변호사협회(동 제62조)·상공회의소(동법 제7조)·농업협동조합(동법 제16조)·중소기업협동조합(동법 제28조)·수산업협동조합(동법 제18조)·자동차운수사업조합(동법 제64조)·수출(동법 제9조) 및 수입조합·해운조합(동법 제9조)·약사회(동법 제12조)·의사회(동법 제27조) 등이 여기에 속한다. 독일은 비영리재단법인의 설립에 인가주의(§ 80 BGB)를 취하고 있다.

4. 허가주의

행정관청의 자유재량에 의한 허가를 통하여 법인의 설립을 허용한다. 독일이 비영리사단법인에 허가주의를 채용하고 있으며, 현행 우리민법상의 비영리법인에 대해서 허가주의를 취하고 있다(제32조).[215] 그밖에 학교법인(사립

215) 이에 관하여 행정관청의 자유재량에 의하여 허가를 요하는 것은 단체설립의 자유에 반하며, 결국 권리능력 없는 사단·재단을 발생케 하는 원인이 되므로 준칙주의 혹은 인가주의로의 전환을 주장하는 입장이 있다; 고, 175; 장, 303; 김증, 178.

학교법 제10조)·증권거래소의 설립(증권거래소법) 등에서 본 주의를 취하고 있다. 본 주의는 법인이 비영리를 목적 하에 두고 부당한 행위를 방지하는데 목적이 있으나, 비영리성의 감독여부는 행정감독으로 행해져야 하는데, 법인격의 인정 여부를 행정관청의 자유재량에 두는 것은 단체형성자유의 원칙에 반할 뿐만 아니라 허가를 받지 못한 단체들이 법인격 없는 단체로 남는 결과를 초래하여 권리능력 없는 단체로 전락하게 하는 문제점이 있다. 따라서 우리나라의 경우도 비영리법인에 대해서는 준칙주의나 인가주의로의 전환이 절실하다.

5. 특허주의

특허주의는 법인설립을 위하여 특별법의 제정을 필요로 하는 입법주의 이다. 이는 프랑스혁명 이후 자유주의와 그의 시대적 배경 하에서 개인 이외의 권리주체로 국가만을 인정하는 한편, 사단은 개인의 자유에 대한 구속을 의미한다고 하여 그 설립을 원칙적으로 부정하고, 다만 부득이한 경우에만 특허에 의하여 그 설립을 허용했던 주의이다. 이는 법인의제설이 그 이론적 배경이다.

한국은행·한국산업은행·한국주택은행·한국수출입은행·중소기업은행·국민은행·대한석탄공사·한국전력공사·한국토지개발공사·대한주택공사·한국방송공사·한국도로공사·한국관광공사·한국과학기술원·한국가스공사·한국과학재단·건설공제조합·한국마사회 등은 특허주의에 의한 법인이다. 외환은행은 1990년 시중은행으로 전환되었기 때문에 특허주의에서 제외되었다.

6. 강제주의

법인의 설립을 국가가 강제하는 입법주의이다. 이 주의는 법률상 일정한 범위에 있는 자가 법인을 설립하도록 강제하며, 또한 일정한 법인이 설립되면 일정한 범위에 있는 자는 이러한 법인에 당연히 가입한 것으로 본다.

의사회·치의사회·한의사회·간호사회·변호사회·변리사회·약사회·수의사회·대한상공회의소 등이 그 예이다.

Ⅱ. 비영리사단법인의 설립

1. 목적의 비 영리성

학술 · 종교 · 자선 · 사교 기타 영리 아닌 사업을 목적으로 하여야 한다(民法 제 32조). 따라서 어떠한 경우든지 구성원의 이익을 목적으로 하지 않아야 한다. 이에 관하여 구민법(제34조)은 공익사업을 목적으로 했지만, 현행민법에선 “적극적으로 공익을 목적으로 할 것”을 요치 않는다. 물론 “비영리사업의 목적을 달성하는데 필요한 영리자금을 얻기 위한 한도”에서 법인의 본질에 반하지 않는 한도 내의 영리행위는 할 수 있지만, 그 수익은 어떤 형식으로든 구성원에게 분배해서는 안된다.

2. 설립행위가 있을 것

사단법인을 설립하려면 2인 이상의 설립자가 법인의 기본규칙을 정하여 이를 서면에 기재하고, 기명 · 날인하여야 한다(민법 제40조). 이 서면을 정관(Satzung)이라고 하며, 이를 작성하는 행위가 사단법인의 설립행위 이다.

여기서 설립행위의 성질에 대한 논란이 있다. 즉, 설립행위를 ① 단체법적 효과발생을 목적으로 하는 특수한 계약이라고 하는 입장(장경학, 306)과 ② 공동으로 조직체를 창조하고 표의자는 스스로 그 조직체의 구성원으로 되는 것을 내용으로 하는 계약이라고 하는 입장(김증한, 130; 이영준, 155, 180), ③ 계약과는 달라서 설립이라는 동일목적을 향하여 협동으로 하는 단독행위라는 입장, ④ 설립행위는 설립자가 상호 대립하는 것이 아니고 상호 합동하여 법인설립의 공동목적에 협력하는 것으로 각 당사자에게 발생하는 법률효과는 동일한 의의를 가지게 된다. 따라서 2인 이상의 합의를 필요로 하기 때문에 계약도 아니고, 단독행위도 아닌 합동행위(Gesamt- akt)[216]라는 입장이 다수설이다(이영섭, 184; 김기선, 141; 김현, 170; 곽, 232; 김용, 158, 김주 158, 방순원 98 등) 등이 있다.

---

216) 합동 행위론은 독일의 Johannes Emil Kunze에 의하여 처음 주장된 이론이다. 이에 관한 자세함은; 고상용, 178면이하 참조.

상기한 사단법인의 설립행위는 2인 이상의 설립자를 필요로 한다는 점에서 일응 계약과 비슷하나, 계약당사자가 대립하여 서로 채권·채무를 발생시키는 계약과는 달리, 사단법인의 설립은 설립자 전원이 법인설립이라는 목적에 협력하는 일종의 합동행위라고 분류해서 생각함이 타당하다 생각한다.

물론 설립행위를 계약으로 보든 합동행위로 보든 민법 제108조와 제124조가 사단법인설립행위에는 적용되지 않는다고 본다. 다만 합동행위의 경우 계약 및 상대방있는 단독행위에만 적용되는 민법 제108·124조는 사단법인 설립행위에는 적용할 수 없다는 입장이고, 계약설은 상기 두 조항의 제도적 취지 내지 목적자체 에서는 사단법인 설립행위에는 적용되지 아니한다고 주장한다.

이영준 변호사는 합동행위를 인정하는 것이 법률행위에 있어서 단체관계의 면을 부당하게 끌어들이는 결과만 초래할 뿐 아무런 실익이 없다고 주장하나, 계약설이야 말로 법의 사회적 기능을 무시한 태도로서 비판받아야 마땅하다고 본다.

3. 주무관청의 허가가 있어야 한다.

이것은 우리민법이 허가주의를 취하고 있다는 것을 의미한다. 여기서의 주무관청이란 법인의 목적사업을 주관하는 행정관청을 말한다. 예컨데 학술·종교·기예에 대하여는 교육부장관이 되고, 자선·보건·위생 등에는 보건복지부장관이 된다. 여기서의 허가는 주무관청의 자유재량에 의하고, 두개 이상의 관청에 해당하는 목적의 경우에는 이들 모두의 허가를 취득하여야 한다고 보고 있다.217)

그러나 본인은 비영리법인의 경우 준칙주의를 취함이 바람직하다는 입법론의 측면에서 그 중 하나의 허가만 득해도 족하다는 소수설의 입장을 따른다. 왜냐하면 그렇지 않아도 허가는 주무관청의 자유재량에 속하는 행위이므로 주무관청의 자의에 의해서 허가가 좌우되기 때문에 허가받기가 아주 힘든 우리나라의 상황에서 비영리사단법인을 설립하면서 해당관청 모두의 허가를

217) 同旨, 곽, 238; 이영준, 861; 김주수, 74; 이에 대하여 그중 하나의 허가가 있으면 충분하다는 입장이 있다: 김용한, 160.

취득해야 한다는 입장은 비영리법인의 설립을 희망하는 측에 너무 과중하다고 생각된다. 판례는 "주무관청이 허가를 하지 않아 법인을 설립할 수 없다 하더라도 그 불허가처분의 취소의 소를 제기할 수 없다"는 입장을 취하고 있다.[218)]

4. 설립등기를 하여야 한다.

법인은 주된 사무소의 소재지에 설립등기를 하므로 성립한다. 이는 법인의 설립을 공시케 함으로써 법인에 관한 법률관계를 간단·명료하게 할 수 있기 때문이다. 여기서 주된 사무소란 법인의 수뇌부가 있는 곳을 말한다. 설립등기는 법인의 성립요건이다.

Ⅲ. 비영리재단법인의 설립

1. 영리 아닌 사업목적(제32조)

이는 상기한 비영리사단법인의 경우와 동일하다.

2. 설립행위(재산출연을 하고 정관작성)

설립자는 일정한 재산을 출연(민법 제47-48조)하고 재단법인의 근본규칙을 기재한 서면(정관)을 작성하여 기명날인하여야 한다(민법 제43조). 여기서 출연재산의 종류는 불문하며, 무상으로 출연하면 된다. 생전행위로 출연한 경우는 증여(47조 1항, 557, 559조), 유언으로 출연한 경우 유증에 관한 규정(47조 2항, 1060조 이하)이 준용된다. 재단법인의 설립행위는 상대방없는 단독행위이다. 따라서 수인이 공동으로 재단법인을 설립하는 경우도 우연한 단독행위의 경합으로 봄이 합당하다.[219)]

218) 大判 1979. 12. 26, 79 누 248.
219) 이영섭, 191; 김증, 191; 김용, 161; 김현, 176; 곽, 247; 이영, 866; 이 경우도 합동행위로

재단법인 출연재산의 귀속시기

재단법인의 출연재산의 귀속시기에 관하여 민법 제48조는 생전처분으로 재단법인을 설립한 경우 출연재산은 법인이 성립된 때부터 법인에 귀속되고(제48조 1항), 유언으로 설립한 때에는 유언의 효력이 발생한 때로부터 귀속한다고(제48조 2항) 보고 있다. 여기에서 귀속시기에 관하여 형식주의와의 관계에서 학설이 대립되고 있다.

즉 본 조(48조 2항)에 의하여 출연재산은 당연히 재단법인에게 귀속되지만, 출연재산이 부동산인 경우는 등기(제186조), 동산의 경우에는 인도(제188조), 지시채권의 경우에는 배서 · 교부(제508조), 무기명 채권인 경우 교부(제523조)를 요하는지가 문제이다. 이에는 등기 · 인도 · 배서 · 교부를 요한다는 소수설과,[220] 요하지 않는다는 다수설[221]이 있다. 판례(1960-1970년대)는 다수설의 입장을 취하다가[222] 1979년 대법원합의체판결에서 입장을 바꾸어 "제48조의 규정은 출연자와 법인과의 관계를 상대적으로 결정하는 기준에 불과하므로 출연부동산에 대하여도 법인과 출연자간에는 출연하면 곧 법인이 성립하지만, 제3자와의 관계에선 출연행위는 법률행위이므로 출연재산이 법인에 귀속함에는 등기를 필요로 한다"고 판시하고 있다.[223]

생각컨대 민법 제48조의 입법취지가 출연 부동산을 직접 가능하면 신속하게 법인에 귀속시켜 설립자의 의사와 법인재산을 보호하기 위하여 제186조의 예외규정으로 제48조를 신설하고 있다. 이에 관하여 독일에서는 「재단법인의 설립이 허가된 경우 설립자는 그가 설립행위로 약속한 재산을 재단법인에게 이전할 의무를 진다」고 규정하고 있으며, 이러한 의무는 단지 채권적인 효력

보는 경우가 있다; 방순원, 101; 김기선, 138.

220) 「재단법인의 설립행위는 법률행위 이므로, 이러한 해석은 법률행위로 인한 부동산물권변동은 등기하여야 그 효력이 생긴다고 하는 물권변동에 관한 대원칙(제186조)에 배치된다」고 전제한 다음, 「제48조의 규정은 물권변동에 관하여 의사주의를 취했던 舊民法의 規定(구민 제42조)을 부주의 하게 답습한 것이라고 해석하는 것이 옳을 것이다」고 비판하면서, 따라서 「부동산물권과 같이 그 이전에 등기를 요하는 것은 법인의 성립 또는 설립자의 사망 시에 법인의 출연재산이전청구권이 생길뿐이고, 출연부동산이 현실적으로 이전하는 것은 등기를 한 때라고 해석하고 있다」: 김증, 133 이하.

221) 제48조는 등기를 요하지 아니하는 민법 제187조의 「... 기타 법률의 규정」에 해당되기 때문에 등기(또는 引導)없이 물권은 당연히 설립등기를 한 때, 또는 설립자의 사망 시에 법인에 귀속한다고 본다: 곽, 244; 김용, 170; 고, 187; 김기, 148; 김현, 175; 방순, 102; 이영섭, 189; 장, 312; 김주, 163.

222) 「재단법인의 설립자에게 기부한 부동산은 그 법인의 설립과 동시에 그 법인에게 귀속한다」고 판시하고 있다: 대판 1960.7.21, 4292민상773; 同 1973.2.28, 72다2344 · 2345; 同 1976.5.11, 75다1656.

223) 대판 1979. 12.11, 78다481 · 482; 同 1981. 12.22, 80다2762 · 2763.

밖에 없다(nur eine schuldrechtliche Wirkung)고[224]하여 입법적으로 해결하고 있다. 우리의 경우 제48조가 있기 때문에 따로 186조에 따른 등기·인도가 필요없으며, 특히 제48조를 제187조의 "기타 법률의 규정"에 해당하는 것으로 보아 소수설의 입장을 취함이 타당하다 생각된다.

대법원 79.12.11 78다481- 판결

〔**원심은 서울고법** 78.1.24 77나1241,1242 **공**626.12479(1) **집**27(3민).212〕

【판시사항】

- 재단법인의 설립에 있어서 출연재산의 귀속시기

【판결요지】

- 민법 48조는 재단법인의 설립에 있어서 재산출연자와 법인과의 간의 관계에 있어서의 출연재산의 귀속에 관한 규정이므로(동 규정은 그 기능에 있어서 출연재산의 귀속에 관해서 출연자와 법인과의 관계를 상대적으로 결정함에 있어서 그의 기준이 되는 것에 불과하여)출연재산은 출연자와 법인과의 관계에 있어서 그 출연행위에 터 잡아 법인이 성립되면 그로써 민법의 위 조항에 의하여 법인 성립 시에 법인에게 귀속되어 법인의 재산이 되는 것이라고 할 것이고 출연재산이 부동산인 경우에 있어서도 위 양 당사자 간의 관계에 있어서는 위요건(법인의 설립)외에 등기를 필요로 하는 것은 아니라 할 것이나, 제3자에 대한 관계에서는 출연행위가 법률행위이므로 출연재산의 법인에의 귀속에는 부동산의 권리에 관해서는 법인 설립 외에 등기를 필요로 하는 것이라고 함이 상당하다.

---

224) H. Hübner, AT des BGB, 1985, S. 147.

표 2-39 재단법인의 출연재산의 귀속시기

학 설	내 용
물권적귀속설 (다수설)	① 민법 제48조에 의거 당연히 구속. ② 설립자의 의사존중. ③ 민법 제48조는 민법 제187조의 기타 법률규정에 해당된다고 봄. ④ 채권적귀속설(소수설)에 의하면 재산의 등기·인도가 있을 때까지는 재산 없는 재단법인이 되기 때문에 재단법인의 본질에 반한다고 비판.
채권적귀속설 (소수설)	① 재산은 일반 물권변동 방식인 등기와 인도에 의하여 법인에 귀속된다. ② 재단법인의 설립행위도 법률행위이기 때문에 민법 제186조가 적용된다. ③ 민법상 물권변동에 관한 형식주의(등기)는 관철되어야 한다. ④ 재단이 채권적 재산이전청구권을 가지고 있으므로 다수설 ④의 批判은 부당하다.
판 례 대판 (전원합의체, 1979.12.11, 78다481· 482)	① 상대적 귀속설 이라 한다. ② 출연자와 법인간에는 민법 제48조가 적용되고, 제3자와의 관계에서 민법 제186조가 적용된다. 즉 출연자·법인간에는 법인 설립 시 혹은 유언의 효력이 발생할시 출연재산이 귀속하나, 제3자에게 대항하기 위해선 등기와 인도가 필요하다(대판 1979.12.11, 78다481·482). ③ 학자들은 판례가 의사주의의 향수에 빠져있다고 비판하고 있다.

3. 주무관청의 허가를 얻어야 한다(제32조).

이 경우는 사단법인의 경우와 동일하다. 독일에서는 재단법인의 설립에 관하여 인가주의를 취하고 있다.

4. 설립등기(민법 제33조)

이 경우도 사단법인의 경우와 같다.

제6절 법인의 능력

Ⅰ. 서 설

법인도 자연인과 마찬가지로 권리의 주체이므로 권리능력과 행위능력 및 불법행위능력을 가진다. 단지 자연인과는 달리 법인의 경우는 어떤 관념적인 존재를 만들어 법률관계를 간명하게 처리하기 위한 법기술로서 인정된 제도이기 때문에, 자연인과 같이 의사표시를 전제로한 의사능력은 법인에서는 문제가 되지 않으나, 법인의 능력에서의 범위결정 즉 권리능력, 행위능력, 불법행위능력은 설립목적이 중심요소가 된다 할 것이다. 우리민법은 강행규정(제34조-35조)을 두어 명문으로 이를 인정하고 있다. 그러나 법인 본질론과의 관계에서 해석상 문제가 있다.

Ⅱ. 법인의 권리능력

우리민법은 법인의 권리능력에 관하여「법인은 법률의 규정에 좇아 정관으로 정한 목적의 범위내에서 권리와 의무의 주체가 된다(제34조)」고 하여 자연인과는 달리 법인의 권리능력에 일정한 제한이 있음을 명문으로 규정하고 있다. 자연인의 경우도 권리능력평등의 원칙 하에서는 제한이 없으나, 외국인의 권리능력에서 항공기 소유권, 선박소유권 등에서 제한이 있음을 위에서 확인한 바 있다. 법인의 경우에도 이처럼 법인의 권리능력이 법률의 규정과 정관의 목적에 의하여 제한되며, 그밖에도 자연인과는 달리 성질상의 제한이 있다.

1. 법률에 의한 제한

법인격이 법률에 의하여 부여되므로(제31조), 법인의 권리능력은 법률에 의하여 제한됨은 당연하다(명령에 의하여는 제한하지 못한다). 현행법상 일반적으로 법인의 권리능력을 제한하는 법률은 없으며, 개별적인 이유에 의하여 제한이 있을 뿐이다. 예컨대, ① 청산법인의 권리능력은 「청산의 목적범위내」에서만 권리능력이 인정되며(제81조), ② 파산법인도 「파산의 범위내」에서만 권리능력이 인정되고(파산법 제4조), ③ 회사는 다른 회사의 무한책임사원이 되지 못한다(상법 제173조). 그밖에 특수법인의 경우 법인의 성립을 인정하고 있는 법률자체가 당해 법인의 사업범위를 특정하여 권리능력을 제한하는 경우가 있는데(예컨대, 신용금고에 관한 상호신용금고법 제17조, 사립학교법 제16조·제28조 등), 이 경우의 업무범위의 제한은 행위능력의 제한으로 봄이 합당하다 하겠다.[225)]

2. 성질에 의한 제한

법인은 성·연령 또는 친족관계와 같은 신분관계에는 권리능력이 없다. 신분관계에는 권리능력이 없음을 스위스 민법에서는 명문으로 규정하고 있다(스민 제53조). 따라서 법인은 생명권·친권·신체권·정조권 등을 가지지 못하며, 다만 그러한 성질을 전제로 하지 않는 재산권·성명권·명예권과 같은 인격권은 인정된다고 본다. 우리 민법은 법인의 상속권을 인정하지 않고 있으나(스위스 민법은 제466조에서 상속권을 인정하고 있다), 포괄유증을 받음으로써 상속과 동일한 효과를 거둘 수 있다(민법 제1078조).

3. 목적에 의한 제한

1) 권리능력의 「목적의 범위」

우리민법은 제34조에서 「법인은 ... 정관으로 정한 목적의 범위내에서 권리와 의무의 주체가 된다」고 규정하고 있는데, 연혁적으로 동 규정은 일본민법 제43조를 본받은 것이다. 이 일본민법 제43조는 소위 영·미법상의 ultra vires의 이론[226)]을 도입한 것이고(통설), 권리능력·행위능력의 개념은

---

225) 고상용, 전정판, 204면.

226) 19c중엽 영국의 판례법에서 인정되던 것으로, 법인에게는 추상적으로 어떤 목적이 있으며, 법률은 그 목적의 범위 내에서만 법인으로 인정하기 때문에, 그 목적의 범위 내에서만 권利와 의무의 주체가 된다는 이론이다. 이 원칙이 확립된 배경은 유한책임의 특권을 가지는 주식회사에 대한 적의로 기업이 압살 당하는 경우를 걱정하여 법원이 특별법상

독일민법[227]에서 도입된 것으로서, 일본민법의 이 입장을 우리민법 제34조가 수용하여, 결국 우리민법 제34조는 영·미법상의 ultra vires이론과 독일법상의 권리·행위능력의 법리가 이중적으로 도입되어 이원적 요소로 구성된 제도임을 알 수 있다. 우리나라의 통설과 판례는 제34조를 권리능력과 행위능력을 제한하는 것으로 풀이하고 있다.

그러나 영·미법상의 ultra vires 이론은 오늘날에는 영국에서 조차도 거래안전을 해치는 결과를 초래하여 그 기능이 점차 빛을 잃어가고 있는 실정이다.[228] 그런데 우리나라에서는 아직도 ultra vires 이론이 마치 법인 그 자체의 본질에 관계된 것처럼 일반화하여 추상적인 원리로서 민법 제34조에서 이를 도입하였고 학설도 이 입장을 따르고 있는 실정이다.

2) 통설과 판례의 견해

민법 제34조의「목적의 범위 내」의 의미에 관하여는 견해의 대립이 있다. 통설은 「목적의 범위 내」라는 의미를 권리능력·행위능력의 제한규정으로 보고 있으며, 이에 대하여 곽윤직 교수는 권리능력의 제한으로 보지 않고 입법정책적 규정으로 파악하여 "소극적으로 그의 목적에 위반하지 않는 범위 내에서 모든 권리능력을 형유한다"고[229] 해석하고 있다. 또한 「목적의 범위내」라는 의미를 "법인의 목적으로서 정관에 열거한 사항에 한하는 것이 아니라"는 데 학설은 의견이 일치하고 있으나,「목적의 범위내」의 기준에 관하여

의 회사나 일반회사의 활동을 원칙에 의하여 제한하려고 한 것이다. 즉 특정의 목적을 위하여 설립된 회사는 그 목적 이외의 목적을 위하여 회사자금을 사용해서는 안되며, 이에 반하는 계약은 무효라는 것이다. 그러나 이 원칙은 후에 정관기재의 목적사항이 포괄적인 문언으로 기재되어「기타 모든 적법한 거래」와 같은 일반조항으로 기재되기에 이르렇고, 판례는 기재사항과 유사한 기재가 있어야 한다는 「동종의 원칙(Iusdem generies rule)」 까지도 배척하기에 이른다.

227) 독일민법에서는 법인의 권리능력을 목적의 범위내로 제한하는 규정은 없으며, 법인의 이사의 대리권도 당연히 제한되는 것이 아니고, 다만 이사의 대리권(die Vertretungsmacht des Vorstandes)을 정관으로 제한할 수 있을 뿐이다(§ 26 BGB). 따라서 독일에서는 비영리법인의 정관에 정한 목적은 권리능력의 제한을 의미하는 것이 아니며, 일반법인의 정관에 정한 목적도 권리능력의 제한이라고 하지 않는다. 다만 제3자에게 대항하기 위해서는(제26조 후단) 이를 등기하여야 한다(제64조).

228) 이에 관한 자세함은 砂田卓士, 「ultra vires 法理の發生とその衰退」, 現代社會と民事法(打田畯一先生古稀記念), 403면 이하 참조.

229) 곽윤직, 244면.

① 구성원의 이익의 측면에서 "적극적으로 목적을 달성하기 위한 범위내"라고 하는 소수설(이영 198; 이태 146; 김증 143), ② 거래의 상대방 보호의 측면에서 "소극적으로 좀더 넓게 목적에 위반하지 않는 범위내"라고 하는 다수설(김기 153; 방 107; 김현 179; 김주 170; 장 319; 김용 173; 곽 244) 이 있다.

종래의 판례는 "목적사업을 수행함에 필요한 행위가 목적의 범위내"라고 판시하여 실제 적용에서는「목적의 범위」를 좁게 해석하는 소수설의 입장을 따르다가, 최근에는 이를 넓게 해석하는 입장으로 전환하고 있다.[230]

3) 입법적 검토

우리 민법전의 제정당시 이에 관한 「초안이유서」조차 없고, 국회에서도 정부의 초안(제33조) 대로 이의 없이 통과되었기[231] 때문에, 민법 제34조에 관한 입법자의 의사를 확인할 수가 없다. 결국 우리민법은 일본민법 제43조("법인은 법령의 규정에 좇아 정관 또는 기부행위로 정한 목적의 범위내에서 권리가 있고 의무를 부담 한다")의 규정을 자구수정만 하여 받아들인 것으로 본다.[232]

일본민법 제43조에 관한 일본민법 제정당시의 기초자의 입법취지를 살펴보면 당시 영국 유학파 출신인 호르미 진쥬 박사가「법인은 국가와 법률의 창설에 의한 것이며, 어떤 목적을 위하여 존재하는 것이므로, 그 권리능력도 법률의 규정 및 그 목적의 범위 내 에서만 존재하며, 그 한계 이외에서는 법률상 존재하지 않는다. ... 중세 이래 흔히 법인의 의제를 부당하게 확장하여 법인은 자연인과 대등한 능력이 있다고 했지만, 근대에 이르러서는 법인은 한정능력이 있는 것이며 그 능력은 설립목적에 의하여 한계가 있다는 설에 대하여 의심을 갖는 사람은 거의 없다. 따라서 법인의 행위에 대하여 그 설립목적의 범위 외에 있는 것은 이른바 월권행위이며, 이것을 무효로 해야 한다는 것은 논할 필요도 없다」[233]라고 밝히고 있다. 그 후 일본민법 제34조

230) 즉 "정관에 명시된 목적 자체에 국한되는 것이 아니고 그 목적을 수행하는데 있어서 직접 또는 간접으로 필요한 행위는 모두 포함되며 목적수행에 필요한지 여부도 행위의 객관적 성질에 따라 추상적으로 판단할 것이지 행위자의 주관적, 구체적 의사에 따라 판단할 것은 아니다"고 하여 통설의 입장을 따르는 듯하다: 대판 1991. 11.12, 91다882111, 공보 912호(1992.1.15).

231) 제26회 「국회정기회의속기록」 제43호, 10면.

232) 고상용, 198면.

233) 법전조사회, 민법주사회의사속기록, 제4卷, 주사 4의 127면 참조.

에 대하여 동경대학의 명예교수 성야영일 교수는 「법인의제설의 입장에서 영미법상의 ultra vires이론에 따라 기초된 것」이라고 말하고 있으며, 이에 대하여는 이설이 없다.

표 2-40 목적의 범위 내에 관한 비교법적 검토

문제점	우리민법 제34조의 문제점	동조는 상기한 바처럼 이원적요소로 되어있다
비교법적 고찰	1) 일본민법 제43조	일본민법 제43조도 이원적요소로 되어있는 입법예 이다. 동 규정은 법인의제설의 입장에서 영미법상의 ultra vires 이론에 따라 기초 되었다는게 통설의 입장이다. 일본민법이 독·불등 대륙법의 영향을 받아 제정되었으나, 법인의 능력에 관하여 영·미법의 영향을 받고 있는 이유는 당시 영국에서 유학을 마친 수적진중(호르미 진쥬) 박사에 의하여 기초되었다는 점이다. 학설은 ① 권리능력제한설 ② 권리능력·행위능력제한설 ③ 행위능력제한설 ④ 이사대표권제한설 등이 대립되나 현재는 ③·④설이 유력시 되고 있다. 판례는 ②설을 취하면서 영리법인의 경우는 좁게 해석하다가 점점 넓게 해석하고 있다. 비영리법인의 경우 비교적 엄격히 해석하여 비영리법인을 보호하고 있다.
	2) 영미법상 ultra vires 이론	이는 19c 중기에 영국의 판례에서 특별법상의 회사에 대하여 전개되었고 다음에 일반회사까지 적용되었다. 이는 특정한 목적을 위하여 설립된 회사는 그 목적 이외의 목적으로 회사자금을 사용해서는 안되며 이에 위반한 계약은 무효라는 것이다. 그러나 동 이론은 목적사항이 "기타 모든 적법한 거래"와 같은 일반조항이 기재되기에 이르러, 결국 동원칙은 그 기능을 상실하고 있다.
	3) 독일민법 제26조	법인의 권리능력과 정관의 목적과의 관계에 대해서 독일민법은 정관에 정한 목적은 법인의 권리능력을 제한하지 못함은 물론 법인의 이사의 대리권도 당연히 제한되는 것이 아니다. 다만 이사의 대리권을 정관으로 제한할 수 있을 뿐이다. 이 경우 등기를 해야만 제3자에게 대항할 수 있다(제64조)
再檢討		목적의 범위 내 라는 ultra vires 이론은 원래 법인의 본질과는 관계없이 생성발전 되어 왔으며, 현재는 그 기능이 상실되었다 해도 과언이 아니다. 또한 독일에도 법인의 권리능력을 제한하는 규정이 없다. 따라서 정관소정의 목적이 법인의 권리능력을 제한하는가의 여부는 논의의 실익이 없고, 대표기관의 행위가 정관의 목적범위 외의 행위인 경우 개별적·구체적인 판단에 따라 검토해야 한다고 본다.
비 고		우리 민법도 입법론적으로 검토할 필요성이 있는 조문이다.

4) 현대적 과제

상기한 설명에서 확인할 수 있듯이 우리민법 제34조의「목적의 범위내」라는 ultra vires이론은 원래 법인의 본질과는 관계없이 생성 발전되어 왔으며, 현재는 영국에서 조차 그 기능이 쇠퇴한 제도임을 살펴볼 수 있었다. 또한 독일의 경우도 법인의 권리능력을 제한하는 제도가 없다는 점이다. 이 점은 제34조를 "일반적 · 추상적인 규정으로 논의할 것이 아니고, 오히려 법인을 둘러싸고 있는 이해관계를 기초로 하여 정관의 목적범위 이외의 행위를 이사가 행한 경우에 대내적 · 대외적으로 법적 제재를 인정함이 타당한가를 개별적 · 구체적으로 검토하는 것"이 바람직하다고 본다.[234)]

Ⅲ. 법인의 행위능력

법인은 관념적 존재이기 때문에 자연인과 같이 법인 그 자체가 스스로 법률행위를 할 수 없다. 따라서 법인의 행위가 인정되는가의 문제가 제기되고, 만일 있다면 누가 어떠한 행위를 했을 때에 법인의 행위로 인정할 수 있는 것인가가 문제된다. 이는 법인의 본질에 관계되는 문제로서 상기한 바처럼 자연인과 달리 법인은 관념적 존재이기 때문에 법인 자신은 자연인처럼 어떤 행위를 할 수 없다. 따라서 법인을 위하여 누군가가 행위를 해야만 하는데 그 방법의 문제로「행위능력」의 문제가 생긴다. 따라서 엄밀한 의미에서 자연인의 행위능력과는 별개의 의미임을 알 수 있다. 따라서 법인실재설(통설 · 판례의 입장)을 따를 경우에는 대표기관인 이사 등이 법인의 행위능력의 범위 내에서 행위를 하게 되는 것이다. 여기서 누가 대표기관이 되는가는 법인의 내부조직에 관한 것이며, 비영리법인의 경우 원칙적으로 이사가 대표기관 이며(제57조), 해산법인의 경우는 청산인이 된다(제82조). 그리고 이사가 없거나 결원이 생긴 경우 법원이 선임한 임시이사(제63조), 법인과 이사의 이익이 상반되는 경우에는 특별대리인(제64조)이 대표기관이다.

---

234) 고상용, 201.

이처럼 대표기관이 행하는 행위는 법인 자신의 행위로 이를 법인의 대표라 한다. 여기서 대표기관의 대표는 우리민법이 「대리에 관한 규정을 준용한다(제59조 2항)」고 규정하고 있으므로 현명주의에 입각하여 「법인을 위한 것임」을 표시할 필요가 있다(제114조 1항). 예컨대, 갑 법인 이사 을이라는 형식이 일반적으로 쓰인다.

우리민법에는 법인의 행위능력에 관하여 아무런 규정을 두고 있지 않다. 그러나 법인은 그의 목적에 반하지 않는 범위 내에서 권리능력을 가지므로, 여기서의 권리능력을 동시에 행위능력으로 보아 민법 제34조의 규정은 행위능력에도 준용된다고 봄이 타당하다.

Ⅳ. 법인의 불법행위능력

1. 민법 제35조의 성질

우리민법은 제35조 1항에서 "*법인은 이사 기타 대표자가 그 직무에 관하여 타인에게 가한 손해를 배상할 책임이 있다*"고 하여 법인의 불법행위책임을 명문으로 규정하고 있다. 물론 상기한 법인론에서 실재설을 취하느냐, 의제설을 취하느냐에 따라서 그 이해의 범위가 확연하게 다르게 나타난다.

법인실재설은 법인 고유의 불법행위가 존재하므로, 제35조 제1항은 주의적 규정에 불과하며, 따라서 그 해석도 넓게 인정된다. 반면에 법인의제설의 입장에선 법인이 불법행위를 하는 것은 결코 법인의 목적 범위 내일 수는 없는 것이고, 단지 피해자를 보호할 필요에서 동조 제1항을 부가시킨 것으로 엄격하게 해석하고 있다.

대위책임(vicarious liability)**의 원리**

법인의제설이 주류를 이루는 영미법에선 판례법상 "타인의 행위에 대하여 본인이 책임을 진다는 대위책임의 일반원칙"[235]에 의하여 법인은 대리인·사

---

235) 이에 관한 자세함은 한웅길, 「대위책임(Vicarious Liability)에 관한 소고」, 동아법학 제3호(1986), 293면 참조.

용인 등이 그 사업집행 중에 한 불법행위에 대하여 그 책임을 진다. 즉 영미법에선 법인의 대위책임을 인정하여 피해자를 보호하고 있다.

2. 불법행위의 요건

1) 대표기관의 행위일 것

제35조 제1항은 「이사 기타 대표자」가 한 행위임을 요한다. 여기서의 「기타 대표자」란 임시이사(제63조)·특별대리인(제64조)·청산인(제82조, 제83조) 등을 가리키며, 특정행위를 위해 이사가 임의로 대리권을 수여한 이사의 임의대리인(제62조)은 여기에 포함되지 않는다. 따라서 이 경우 제3자에게 손해를 입혔을 경우 법인은 사용자로서의 책임 내지 계약체결상의 과실책임을 지게 될 뿐이다(통설). 그러나 이에 대하여 이영준 변호사는 “대표는 본질상 대리이므로 대표기관이 아니라 하더라도 이사의 대리인의 행위에 관하여도 본조를 유추적용함이 타당하다고 보고 있다”.[236] 그러나 민법 제756조 제1항 단서의 해석상 통설이 타당하다고 생각된다.

생각컨대 법인의 불법행위책임의 매개자를 대표기관으로 한정하는 것은 잘못이다. 따라서 법인의 대표기관이 아닐 지라도 그 불법행위에 대하여 법인의 책임을 인정함이 타당하다고 생각 한다.[237] 물론 사원총회와 감사는 대표기관이 아니므로 그들의 행위는 법인의 불법행위가 성립하지 않는 것은 당연하다(통설).

2) 대표기관이 그 직무에 관하여 타인에게 손해를 가했을 것

(1) 직무에 관하여의 의미

대표기관이 그 직무에 관하여 타인에게 손해를 가하여야 한다. 여기서 직무에 관하여란 외형상 기관의 직무행위라고 볼 수 있는 행위 및 직무행위와 사회 관념상 견련성을 가짐을 말한다.[238] 그러나

236) 이영준, 870면.
237) 동지, 김용, 178; 고, 207; 김주, 193; 四宮, 111.
238) 통설의 입장; 판례도 동지, 대판 1974.5.28, 73다2014.

판례는 대표기관의 행위가 외형상 그 직무행위에 속하는 경우에도 상대방이 그 직무에 속하지 아니하는 것을 알고 있을 경우에는 법인의 책임을 부인하는 입장을 취하고 있다.[239]

(2) 직무권한남용의 문제

대표기관이 권한을 남용한 경우, 판례는 상대방보호를 위하여 일정한 요건 하에 법인의 불법행위를 인정하고 있다.[240] 여기서 제126조의 표현대리와의 관계, 대표기관이 권한 내에서 개인의 이익이나 제3자의 이익을 꾀할 목적으로 한 행위에 대하여 법인의 책임이 문제된다.

(3) 법인의 불법행위책임과 표현대리책임

제35조와 제126조와의 관계에서 ① 거래관계에 의한 법률행위를 우선 고려하여 126조를 우선적용하고, 그 적용이 부정되는 경우에 제35조를 적용하여야 한다는 "제126조 우선적용설"[241] ② 대표기관의 권한 외 행위가 법률행위에 의한 경우, 제35조는 법인의 불법행위를 규정한 것이므로 거래행위에 의한 상대방을 제35조에서 보호하는 것은 입법취지에 반할 뿐만 아니라, 동 제35조는 상대방의 선의를 요치 않기 때문에 지나치게 상대방보호에 치중하여 문제가 있고, 따라서, 제126조가 적용되어야 한다는 "제126조 적용설"[242] ③ 양조항은 적용요건과 효과에서 별 차이가 없으므로 어느 것을 선택하든 관계없다는 "선택적 적용설"[243] 등의 견해가 있다.

③ 설은 양 규정의 효과상의 차이가 있기 때문에 상대방의 선택에 임의로 적용함은 타당치가 않고 따라서 오히려 ①설이 타당하다고 생각된다. 물론 이 경우 제126조를 적용함이 강행법규에 반하여 이행의 어려움이 있는 경우에는 제35조를 적용할 수도 있겠다. 그러나 판례는 "행위의 외형상 법인 대표자의 직무행위라고 인정

239) 대판 1983.6.28, 83다카 217.

240) 대판 1975.8.19, 75다666; 대판 1968.1.31, 67다2785.

241) 장, 327; 곽, 248; 김증, 148; 아처, 165; 성야, 48; 유성균, 법인의 불법행위와 표현대리, 사법논집 제7집, 23.

242) 川島, 235; 服地, 168.

243) 황적, 112; 川井, 93.

할 수 있을 것이라면 설사 그것이 대표자 개인의 사리를 도모하기 위한 것이거나 혹은 법령에 위배된 것이더라도 위의 직무에 관한 행위에 해당 한다"고 판시하여, 표현대리의 법리를 적용하지 아니하고 법인의 불법행위를 인정하고 있다.[244]

표 2-41 第35조와 第126조의 효과상의 이동

	第35조	第126조
손해배상의 방법	손해액을 한도로 한 금전배상 원칙	법률행위가 유효하므로 이행책임이 인정됨
과실유무	상대방과실이 있을시 과실상계	상대방에게 선의 무과실인 경우 적용됨
책임의 범위와 소멸시효	상대방(피해자)은 법인과 대표자 개인의 책임도 추급할 수 있다. 이경우 민법 제766조의 단기소멸시효에 걸린다.	본인책임만을 묻는다. 이경우 일반채권의 소멸시효기간이 적용된다.

(4) 대표권남용과 진의 아닌 의사표시

대표기관이 「대표권의 범위 내에서」 한 행위이나 실은 자신의 개인적 이익 혹은 제3자의 이익을 위하여 업무를 집행한 경우에 그 법률효과는 누구에게 귀속되는가? 여기서 무권대리의 법리를 그대로 적용한다면 상대방의 이익이 침해되는 결과를 가져올 것이다. 이에 대하여 대법원은 "상대방이 주의 하였더라면 대표권의 남용을 알 수 있었을 경우"에는 진의 아닌 의사표시(민법 제107조 1항 단서)를 유추적용하여 대표기관에게 책임을 지우고 있다.[245] 이 경우 실제적으로 법인과 상대방간의 이익관계를 비교형량하여 판단할 문제이기 때문에 이사의 대표권남용에 따르는 위험을 누가 떠맡느냐는 관점에서 파악하여야 할 것이다. 여기서 이사는 법인의 이익을 위하여 존재하는 대표기관이고, 반대로 상대방에게 이사의 권한남용여부를 파악케 하는 것은 무리라 생각되므로 상대방의 권

244) 대판 1968.8.26, 68다2320.
245) 대판 1975. 3.25, 74다1452, 대판집 23. 1, 민 124.

리행사가 중과실·악의 등에 의하여 신의측에 반하는 경우에만 권리행사를 부인하는 것이 타당하다 생각 된다.[246] 이에 관하여 독일에서는 종래 상대방의 유책성·과실의 정도 등을 가지고 대표권의 남용의 근거로 하다가 최근에는 "남용의 명백성문제"로 법인의 책임문제를 다루고 있다.[247]

3) 이사 기타 대표자의 행위가 불법행위의 일반적요건(제750조)을 충족할 것

법인이 배상책임을 지는 것은 그 대표기관의 불법행위에 의한 것이므로 대표기관인 이사 등은 ① 책임능력이 있어야 하고(통설), ② 고의 또는 과실이 있어야 하며, ③ 가해행위가 위법한 것이어야 하고 ④ 피해자가 손해를 입어야 한다. 물론 대표기관의 책임능력에 관하여 민법 제117조의 규정을 유추적용하여 대표기관의 책임능력의 요건성을 반대하는 립장이 있다.[248]

(1) 이상의 요건이 갖추어지면 법인은 피해자에게 그 손해를 배상하여야 한다.

법인의 불법행위가 성립하는 경우 가해행위를 한 기관 개인은 법인과 경합하여 배상책임을 진다. 법인의 배상책임으로 대표기관이 자기의 손해배상책임을 면하지 못한다는 규정(제35조 제1항 후단)은 이러한 취지이다. 따라서 피해자는 법인 또는 대표기관에 대하여 선택적으로 손해배상을 청구할 수 있다. 따라서 법인과 대표기관은 부진정 연대채무 관계가 발생한다고 본다.[249] 물론 법인이 피해자에게 배상한 경우 법인은 기관 개인에 대하여 구상권을 행사할 수 있다(제65조). 이것은 기관의 법인에 대한 선량한 관리자의 주의의무를 묻는 것이다(제61조).

(2) 법인의 불법행위가 성립하지 않는 경우

246) 고, 216 이하.
247) Flume, AT des BGB, Bd. II, 3. Aufl., 1979, S. 789 ff.
248) 이영준, 873 면.
249) 동지, 이영, 873; 김주, 178면.

법인의 불법행위가 성립하지 않는 경우, 즉 대표기관이 「목적범위 이외의 행위로 인하여」 손해를 발생시킨 경우에는 법인의 불법행위는 성립하지 않지만 그 대표기관은 민법 제750에 의하여 책임을 진다. 여기서 우리 민법은 피해자 보호를 두텁게 하기 위하여 민법 제760조에 의한 공동불법행위의 성부를 묻지 않고 그 사항의 결의에 찬성하거나 그 의결을 집행한 사원과 이사, 집행이사 기타의 대표기관은 언제나 연대하여 배상책임을 질 것을 규정하고 있다(제35조 2항).

기업책임과 기업체적 구성

민법 제35조의 법인의 불법행위를 일종의 무과실책임으로 인정하는 입장이다. 이는 현대사회에서 처럼 대기업이 발달하여 기업활동에 따른 사고가 빈번하게 발생하게 되는데, 이 경우 대표자 개인이나 구성원의 과실을 통하여 기업책임을 논하지 않고 기업자체를 불법행위자로 보아 기업자신에게 책임을 묻는 기업체적 구성에 입각한 책임논이 제창되고 있다. 이 입장에서 보면 기업도 민법 제750조의 주체가 될 수 있다는 견해가 성립한다. 최근에 일고 있는 공해사건 · 제조물책임에서 본 이론을 적용할 경우 실무적으로 적절하고 간편한 것으로 주목을 받고 있다.[250)]

제35조와 사용자책임(제756조)과의 관계

법인의 불법행위는 대표기관의 불법행위에 의한 경우(제35조) 뿐만 아니고, 一般 피용자의 불법행위에 의한 경우(제756조)에도 책임을 진다. 결국 기관 이외의 자가 불법행위를 한 경우 민법 제756조의 사용자책임에서 다루고 있다. 그러나 법인은 제35조의 책임을 지든, 제756조의 책임을 지든 이론상은 차이가 있으나 그 기능은 유사함을 확인할 수 있다. 최근의 대법원 입장은 제756조에 있어서 피용자의 주관적 태도도 고려하여 피해자에게 악의 또는 중대한 과실이 있을 경우에는 법인에 대하여 사용자의 책임을 물을 수 없다고 판시하고 있다.[251)] 이는 법원이 피해자를 무조건적으로 보호하던 태도를 바꾸어 법인의 이익도 고려하여 양자간의 조화를 시도한 사려 깊은 판결이라 볼 수 있다.

250) 四宮, 113; 김주수, 민법개론 82면; 고상, 218.
251) 대판 1983.6.28, 83다카 217.

제7절 법인의 기관

Ⅰ. 총 설

1. 기관의 의의

자연적 생활체가 아닌 법인이 사회적 생활을 함에는 법인 자체로는 활동이 불가능하기 때문에 법인 내외의 사무를 처리하기 위해서는 자연인으로 구성이 되는 기관을 필요로 하게 된다. 기관은 마치 자연인에 있어서의 두뇌나 수족처럼 법인이라는 조직체의 구성부분이 되어 법인의 의사를 결정하고 법인의 행위를 하는 것이다. 다만 이 기관과 법인과의 법적 지위의 문제가 실재설의 입장을 취하느냐 의제설의 입장을 취하느냐에 따라 다르다.

2. 기관의 성질

법인 의제설에 의하면 법인과 기관은 별개로 취급하여 법인의 기관은 법인의 외부에서 이를 대리하는 대리인으로 본다. 극단적으로 말하면 법인의 기관이란 개념자체를 부인한다. 그러나 법인 실재설에 의하면 기관은 법인의 구성분자로 본다. 따라서 기관은 법인과 별개의 것이 아니라 법인의 내부에서 활동하는 일체로 이해된다.

3. 기관의 종류

기관에는 법률상 반드시 두어야 하는 필수기관과 반드시 둘 필요까지는 없는 임의 기관이 있다. 이사는 사단법인. 재단법인 가릴 것 없이 법인 내부의 사무를 집행하고 외부에 대하여 법인을 대표하는 필수기관(notwendige Organe)이고, 감사는 감독기관으로서 임의기관(단 예외적으로 주식회사의 경우 감사가 필수기관 임)이다. 그리고 사원총회는 사단법인만에 있어서의 필수기관으로 법인의 최고의사결정기관이다. 이상이 민법이 규정한 기관인데 이외에도 임의기관(freiwillige Organe)으로 정관에 의하여 기관을 둘 수 있다.

Ⅱ. 이 사(Vorstand)

1. 의 의

이사는 대외적으로 법인을 대표(대표기관)하고, 대내적으로 법인의 사무를 집행하는(집행기관) 상설적 필수기관이다. 理事의 수에는 제한이 없으므로 (제57조, 제58조 제2항), 정관에서 임의로 정할 수 있다(제40조, 제43조). 물론 자연인 만이 理事가 될 수 있으나 형법 제43조에 의하여 자격정지 이상의 형을 받은 자는 理事가 될 수 없다.

2. 임 면

理事의 임면에 관한 사항은 정관의 필요적 기재사항이므로, 이사 임면의 방법은 정관에 규정된다(제40조 제5호, 제43조, 제44조, 제57조). 사단법인의 경우에는 사원총회에서 이사를 임명하는 것이 일반적이다. 理事 선임행위의 성질은 법인과 理事 사이의 위임에 유사한 계약이다.[252] 법인을 외부에서 관찰할 때에는 理事는 법인의 기관으로서 법인의 활동을 담당하는 자이며 법인의 밖에서 존재하는 것은 아니다. 그러나 법인의 내부조직을 관찰할 때는 理事는 법인과의 사이에 계약에 의하여 권리를 취득하고 의무를 부담한다. 따라서 理事는 선량한 관리자의 주의로서 그 직무를 수행하여야 하며 (제61조 · 제681조), 理事가 그 임무를 해태한 때에는 법인에 대하여 연대하여 손해배상책임을 진다.

理事의 성명 · 주소는 등기하여야 한다(제49조 제2항 8호). 理事의 해임 및 사임은 정관에 규정된 것 이외에는 위임의 규정을 준용한다(제127조. 제669조). 理事가 될 자격조건은 특별히 정해진 것은 아니나, 이론상 자연인에 한하며 자격정지 · 자격상실의 형을 받은 자는 理事가 될 수 없다. 법인에는 반드시 理事를 두어야 하며(제57조), 理事는 1인 이건 수인이건 그 수에는 제한이 없다(제58조 제2항).

---

252) 우리나라는 법인의 설립에 관하여 실재설을 취하면서 통설이 법인과 理事의 관계를 위임관계로 보아 정관에 별단의 사정이 없으면 위임에 관한 규정을 준용한다.

3. 직무권한

1) 법인의 대표(대외적 권한)

(1) 대표권

理事는 원칙적으로 법인의 모든 사무에 관하여 법인을 대표한다(제59조 제1항 본문). 즉 법인의 행위능력에 속하는 모든 사항에 관하여 대표권을 가짐을 원칙으로 한다. 수인의 대표가 있을 때라도 각자가 단독으로 대표할 수 있음을 원칙으로 하며, (대표의 형식에 관하여) 대리에 관한 규정이 준용되므로(제59조 제2항), 현명주의에 입각하여 법인의 명칭을 표시하면 된다. 따라서 제34조에서「목적의 범위내」의 제한은 곧 대표기관의 대리권의 제한이라는 의미로 풀이해야 한다.

(2) 대표권의 제한

理事의 대표권은 법인의 모든 사무에 미치는 것을 원칙으로(제59조 1항 본문) 하므로, 법인의 대표권이 법인의 목적에 의하여 제한되고 있다는 것을 전제로 하지만, 그밖에도 아래와 같은 제한이 있다.

① 정관 또는 총회의결에 의한 제한(제59조 1항 단서)

정관에 규정한 취지에 위반할 수 없고 특히 사단법인은 사원총회의 의결에 의하여야 한다. 대표권의 제한은 등기하지 아니하면 제3자에게 대항하지 못한다(제69조). 여기서 제3자는 선의의 제3자에 한정되는 것인지(방 116, 김현 189, 곽 254), 선·악을 구분하지 않고 모든 제3자를 의미하는 것인지(다수설)가 문제이다. 전자는 악의자를 보호할 필요가 없다는 이유에서(곽, 254)이고, 후자 즉 다수설은 등기의 강제적 의미 및 법인에 관한 다른 등기(제50조 내지 제52조, 제54조)와의 균형 및 법률관계의 간명을 그 이유로 들고 있다.

이러한 학설의 대립은 구민법 제54조에서「선의의 제3자」라고 규정하였던 것을 현행민법이 "선의"를 삭제한데서 연유한다. 생각건대 「정관으로 理事의 대표권을 제한」하는 경우란 우리

민법이 이사의 단독대표의 대원칙을 취하고 있기 때문에, 제59조 단서에서 대표이사 이외의 理事의 대표권을 제한할 수 있는 길을 마련한 것이다. 이 경우 법인의 일방적인 편의로 대표권을 제한하므로 제3자가 불측의 손해를 입지 않도록 하기 위하여 적어도 제3자에게 공시하는 방법(등기)을 갖추어야 하므로, 등기가 없는 경우에도 제3자와의 관계에선 적어도 단독대표로 유효하게 되고, 이는 선·악에 관계가 없는 것으로 보아야 한다. 따라서 다수설의 입장이 타당하다.

물론 사원총회의 결의에 의하여 새로운「대표」이사를 선출하고 다른 이사의 대표권을 제한할 수 있음은 가능하다. 단 이 경우는 정관에 기재를 하여야 하는 바, 이는 정관의 변경을 거쳐야 하므로 실제로 ① 총회에서의 정관변경 결의(제42조 제1항), ② 주무관청의 허가(동 제2항) 등 절차상의 어려움이 있다. 또한 등기를 해야만 제3자에게 대항할 수 있다.

② 법인과 이사간 이익이 상반되는 사항에 관한 제한(제64조)

이사개인의 채무에 관하여 법인이 보증인이 되는 등의 사항에 관하여는 당해 이사는 대표권이 없고 다른 이사든지, 다른 이사도 없는 때에는 이해관계인이나 검사의 청구에 의하여 법원은 특별대리인을 선임하여야 한다(제64조 후4단). 본 조의 취지는 타인과의 신뢰관계의 입장에서 타인의 사무를 처리하는 자가 부담하는 충실의무[253)]에 관한 문제이다. 제64조는 주) 207에서 四宮이 제시한 충실의무 중 ①과 ②를 포함한 것으로 보는 입장이 있다.[254)] 통설은 이에 관하여 이사의 수가 수인인 경우에 그 중 일부의 이사와 법인 사이에 이익이 상반되는 사항이 있다면, 특별대리인을 선임할 필요가 없이 다른 이사가 법인을 대표하며, 다른 이사도 없는 경우에만 특별대리인이 법인을 대표한다

253) 충실의무는 ① 본인과의 이익상반의 지위에 있어서는 안되고, ② 본인의 불이익으로 제3자의 이익이 되도록 해서는 안되고, ③ 사무처리에 의하여 스스로 이익을 얻어서는 안된다는 3원칙을 포함하고 있다고 본다(四宮, 106).

254) 고상용, 227면.

고 풀이하고 있다. 이사가 제64조에 위반하여 법률행위를 하였을 때에는 무권대리행위가 된다.

③ 복임권의 제한

理事는 원칙적으로 자신이 대표행위를 하여야 한다. 단지 예외로서 정관 또는 총회의 결의로 금지하지 아니한 사항에 한하여 타인으로 하여금 특정행위를 대리하게 할 수 있다(제62조). 따라서 포괄적인 복임권은 인정되지 않는다. 이에 반하는 복임은 무효가 된다. 이렇게 복임된 자의 선임은 이사가 법인의 이름으로 선임하는 것이 아니고 理事 자신의 이름으로 선임하는 것이기 때문에 그러한 대리인은 법인의 기관이 아니다(통설). 물론 理事는 이러한 대리인의 선임·감독에 대하여 책임을 진다(제121조 1항). 이 경우 법인은 제756조에 의한 사용자 책임을 지게 된다.

2) 법인의 사무집행(대내적 관계)

이사는 법인의 사무를 집행하며(제58조 1항), 理事가 수인의 경우에는 정관에 다른 규정이 없으면 법인의 사무집행은 理事의 과반수로서 결정한다(제58조 2항). 理事가 집행할 사무의 중요한 것을 들면, ⓐ 법인의 등기를 하는 일(제97조1호) ⓑ 재산목록의 작성 및 비치(제55조 1항) ⓒ 사원명부의 비치(제55조 1항) ⓓ 사원총회의 소집(제69조, 제70조) ⓔ 사원총회 의사록의 비치(제76조) ⓕ 법인해산의 경우에 청산인이 되는 일(제82조) ⓖ 법인의 채무가 초과한 때는 파산신청을 하는 일(제79조) 등이다.

Ⅲ. 이사회

法人의 업무집행에 관한 의사를 결정하기 위하여 理事 전원으로 구성됨이 보통이나 법인의 당연기관은 아니다. 그러나 공익법인과 상사회사인 주식회사에 있어서는 필수상설기관이다(공익법인법 제6조).이사회의 소집·결의·

의사록의 작성 등에 관하여는 정관에 특별한 규정이 없는 한 사원총회에 관한 규정(제71조 이하)을 준용한다.

Ⅳ. 임시이사

理事가 전혀 없게 되거나, 정관에 정하고 있는 정원에 결원이 있는 경우에, 그 보충의 지연로 인하여 법인 또는 타인에게 손해가 생길 염려가 있을 때에는 법원은 利害關係人[255] 이나 검사의 청구에 의하여 臨時理事를 선임하여야 한다(제63조). 이러한 臨時理事는 정식의 이사가 선임될 때까지 만 이사인 임시 기관인 것 외에는 理事와 동일한 권한을 갖는다.

Ⅴ. 특별대리인

법인과 理事의 이익이 상반되는 사항에 한하여 理事는 대표권이 없기 때문에 법원은 이해관계인이나 검사의 청구에 의하여 법인이 선임하여야 하는 임시기관이다(제64조). 이러한 기관은 상기한 임시이사의 경우처럼 법인의 기관이기는 하지만 임시기관이다.

Ⅵ. 감 사

1. 의의 · 임면

감사는 사단 · 재단법인의 재산 및 사무집행의 상태를 감독하는 법인의 감독기관으로서 정관 또는 사원총회의 결의에 의하여 1인 또는 수인의 감사를 둘 수 있는 임의기관이다(66). 왜냐하면 법인의 목적 · 규모 등의 사정으로 감

---

255) 判例는 그 法人의 正當한 最後의 理事였다가 退任한 자이거나, 그 理事選任申請時에 그 法人의 登記簿上의 理事로서 同法人의 業務處理를 담당해온 者도 利害關係人에 해당된다고 본다; 大決 1976.12.10, 76마 394, 대판집.

독기관을 둘 필요가 없는 경우도 있을 수 있기 때문에 주식회사의 경우를 제외하고는 이사의 경우와는 달리 임의기관 이다. 따라서 감사는 법인의 대표기관이 아니므로 외부에 대하여 법인을 대표하지 않기 때문에 제3자의 이해에 영향을 끼칠 염려가 적으므로, 그의 성명·주소는 등기사항이 아니다. 그리고 감사와 법인과의 내부관계는 理事와 법인과의 관계와 마찬가지로 자격, 선임방법, 선임행위의 성질, 해임 및 퇴임 등은 理事의 경우와 같다. 다만 감사의 직무의 성격상 理事가 감사의 직을 겸할 수는 없다.

2. 직무권한

감사는 법인의 내부에 관하여 理事의 업무집행을 감독한다. 우리민법에 명문규정은 없으나 선임행위의 성질상 감사도 이사와 마찬가지로 선량한 관리자의 주의의무로 직무를 행해야 함은 당연하다. 따라서 선관주의 의무에 위반한 경우 채무불이행에 따른 손해배상책임을 지게 된다(민법 제390조 참조). 그러나 감사가 수인의 경우에도 감독기관의 특성상 단독으로 직무를 행하기 때문에 이사의 경우와는 달리 연대하여 손해배상의 책임을 묻지 않는다는 것이 통설의 입장이다.

1) 우리민법은 감사의 직무로서 제67조에서 다음과 같은 4개항을 열거하고 있다.

(1) 법인의 재산상황을 감사하는 일,
(2) 이사의 사무집행상황을 감사하는 일,
(3) 재산상황 또는 사무집행에 관하여 부정·불비한 것이 있음을 발견한 때에는 이를 총회 또는 주무관청에 보고하는 일,
(4) 위의 보고를 하기 위해 필요가 있는 때에는 총회를 소집하는 일

2) 그러나 제67조의 (1)호, (2)호, (3)호, (4)호는 예시적 규정이고, 그밖에도 감사는 감독자의 직무를 수행하기 위하여 필요하다고 생각되는 경우는 (1), (2), (3), (4)이외의 사항도 할 수 있다고 해석하여야 할 것이다.

Ⅶ. 사원총회(Mitgliederversammlung)

1. 의 의

사원총회는 사원전원으로써 구성되는 사단법인에 있어서의 최고·필수의 의사결정기관 이므로 정관으로서도 폐지할 수 없다. 사단법인은 사원이 그 지배적 요소가 되므로 사단법인의 내부적·외부적 활동은 사원의 의사에 따라서 결정된다. 따라서 사단법인의 사무는 정관으로 理事 또는 기타 임원에게 위임된 사항을 제외한 모든 것이 사원총회의 결의에 기하여 행해져야 한다(제68조).

사원이 없는 재단법인에는 그 성질상 사원총회가 존재하지 않으며, 재단법인의 경우 최고의사는 정관에 定해진 바에 따른다.

2. 총회의 종류

사원총회는 그 활동형태인 회의로서 통상총회와 임시총회로 나누어진다.

1) 통상총회

통상총회는 적어도 매년 1회 이상 일정한 시기에 소집되는 사원총회를 말한다(§ 69). 사단법인의 사원은 평상시 그 사무의 집행을 理事에게 일임하므로 정기적으로 이사로부터 사무집행의 보고를 받고, 감사보고를 받으며 기타 주요사항에 관한 결의를 함으로써 사단의 의사를 결정할 기회를 가질 필요가 있다. 소집 시기는 일반적으로 정관에 정하고 있으나, 그렇지 않은 경우 총회의 결의로 정할 수 있고 총회의 결의도 없을 때는 이사회에서 임의로 결정할 수 있다.

2) 임시총회

임시총회는 일시적인 필요에 따라 소집되는 사원총회를 말하며, 소집의 시기가 통상총회와 다를 뿐 결의사항 등은 통상총회의 경우와 같다. 임시총회를 소집할 수 있는 경우로서 民法은 ① 理事가 필요하다고 인정하는 때(§ 70

I), ② 총사원의 5분 1 이상이 회의의 목적사항을 제시하여 청구하는 때(§ 70 II), ③ 감사가 필요하다고 인정하는 때(§ 67 IV), ④ 기타 사원청구가 있은 후 2주일 내에 이사가 소집절차를 밟지 않아 법원의 허가를 얻은 때에 소집되는 사원총회를 말한다.

상기 ②의 경우 1/5이라는 정족수는 정관으로써 증감할 수는 있으나, 이를 완전히 박탈 할 수는 없다(§ 70 II 후단). 이를 소수사원권이라 한다. 이러한 경우란 통상 理事들이 임시총회의 소집을 하여야 할 사정이 있음에도 불구하고 이를 소집하지 않은 경우에 사원들 스스로 임시총회를 소집할 수 있도록 하여 「소수사원권」을 보호하기 위한 것이다.

3) 총회의 소집절차

(1) 소집권자는 통상은 理事이지만, 상기한 바처럼 감사가 소집할 수 있는 경우도 있고(제67조 제4호), 또는 사원 스스로 소집할 수 있는 경우도 있다(제 70조 제3항).
(2) 소집은 「일주간전」에 그 회의의 목적 사항을 제시하여 정관 소정의 방법에 의하여 사원에게 통지 하여야 한다(§ 71조). 「일주간전」의 계산방법은 기간의 계산방법의 소급계산(제157조 본문)으로 한다. 특히 주의 기산점은 초일이 산입되지 않으므로 이를 유추 적용한다. 제71조의 규정은 우리민법상 의사표시의 효력발생시기에 관한 도달주의의 예외적 조항이며, 특히 총회소집의 통지는 관념의 통지로서 준법률행위이다. 여기서 일주간의 기간은 단축하지 못하며 정관에 적당한 기간으로 연장하는 것은 무방하다.

3. 총회의 권한

1) 정권을 정관으로 理事 또는 그 밖의 임원에게 위임할 수가 있다(제68조).
2) 그러나 정관변경(제42조) 및 임의해산(제77조 제2항)은 사단법인의 근본적인 변경 이므로 반드시 총회의 결의에 의하지 않으면 안 된다. 그리고 총회는 의결기관이므로 내부적인 사무집행권이나 대외적인

대표권을 가지지 아니한다.

3) 총회의 권한으로 사원의 권리를 박탈 또는 제한할 수 있는가의 문제가 있는데, 사원의 고유권(Sonderrecht)은 단체의 개인에 대한 불가침의 영역(독민법 § 35)으로서 사원의 동의 없이는 정관의 규정 혹은 총회의 의결로서 제한 또는 박탈할 수 없다. 왜냐하면 이는 사단법인의 본질적 성격에 반하기 때문이다.

4. 총회의 결의

1) 총회의 성립

총회가 성립함에는 적절한 절차에 의하여 소집되고, 정족수에 관하여 정관에 규정이 없는 때에는 2인 이상의 사원의 출석으로 성립(이영준, 881; 곽윤직, 268)한다. 이에 대하여 민법 제75조 제1항에 기하여 총사원의 과반수의 출석이 필요하다고 주장하고 있으나(김증한, 217면; 이영, 213), 여기서의 정족수는 의사정족수이지 총회성립의 정족수가 아님을 알아야 한다. 서면이나 대리인으로 결의권을 행사하는 경우에는 반드시 출석하지 않아도 출석한 것으로 한다(제75조 제2항)

2) 결의사항

총회의 결의사항은 정관에 다른 규정이 없으면 미리 통지한 사항에 한한다(§ 72).

3) 결의권

각 사원은 원칙적으로 평등한 결의권을 가진다(§ 73조 제1항). 다만 이 원칙에 대하여는 정관에 다른 규정을 둘 수 있지만(동조 제3항), 결의권은 사원의 고유권 이므로 그것을 완전히 박탈할 수는 없고, 사원의 고유권을 박탈하지 않는 범위 내에서 정관으로 변경할 수 있다(§ 73 I). 그리고 법인과 어느 사원과의 관계사항을 의결하는 경우에는 그 사원은 결의권이 없다. 정관에 다른 규정이 없으면 서면이나 대리인으로 결의권을 행사할 수 있다(§ 73조 2항).

4) 결의의 성립

민법이나 정관에 다른 규정이 없으면 출석사원의 과반수로서 결의한다(§ 75조 1항). 다만 정관변경.임의해산에 관하여는 정관에 다른 규정이 없으면 총사원의 2/3 또는 3/4 이상의 다수를 필요로 한다(§ 42조 1항. § 78조).

5) 의사록의 작성

주된 사무소에 총회의 의사에 관하여 의사록을 작성하여 비치하여야 한다(제76조).

5. 사원권

사단법인을 구성하는 사원이 사원으로서 지위에 기인하여 법인에 대하여 가지는 포괄적인 권리를 사원권이라고 부른다. 따라서 사원이 사원의 자격으로서 법인에 대하여 가지는 개개의 권리·의무는 이러한 포괄적 법률관계로부터 파생되어 나오는 지분권능에 지나지 않는다(통설). 이러한 사원권은 재산권, 가족권 또는 인격권의 어느 것에도 속하지 않는 특수한 권리이며 그 내용은 각 법인에 따라 현저히 다르다.

1) 사원의 지위에 따른 권능과 의무

사단법인의 사원 자신은 기관이 아니다. 그러나 사원은 사단법인의 존립의 기초를 이루고 최고기관인 사원총회를 구성한다. 그 지위에는 여러가지의 권리와 의무가 따른다.

(1) 권리는 공익권과 자익권으로 나누인다.

① 共益權

共益權은 사단법인의 관리·운영에 참여하는 것을 내용으로 하는 권리를 말한다. 이는 법인 자체 또는 사원공동의 목적을 위하여 존재하는 권리로서 결의권·소수사원권·각종의 감독권·

업무집행권 등이 그 예이다. 비영리법인의 경우는 공익권이 주를 이룬다.

② 自益權

영리법인의 경우는 자익권이 주목적이 되는데, 자익권은 사원 자신의 경제적 利益을 보장하기 위하여 존재하는 권리로서, 영리법인에 있어서 이익배당청구권·잔여재산분배 청구권, 비영리법인에 있어서의 시설이용청구권 등이 그 예이다.

(2) 의 무

사원의 의무로서는 출자의무·회비납부의 의무 등이 있다.

2) 통설과 주주권 부인론

오늘날 통설은 이 사원의 지위는 사단의 사업에 참여하는 권리를 중심으로 하는 하나의 포괄적인 권리이며 여러가지 권리는 이것으로부터 유출되는 지분적 권리에 지나지 않는다고 하여 이것을 사원권이라고 부른다. 그러나 이 사원의 지위, 즉 사원권의 내용은 각종의 법인에 따라 크게 다르다. 영리법인 중의 주식회사의 사원권은 자익권만이 강하게 나타나고, 합명회사의 그것은 공익권과 자익권의 량자 모두 강하다. 그리고 비영리법인에 있어서는 공익권만이 전면에 나타난다. 따라서 이러한 모든 종류의 사단법인을 통하여 하나의 사원권이라고 하는 본체를 인정하여야 할 것인가의 여부는 논의의 여지가 있는 문제이며 근래의 유력한 학설에서는 이를 부인하려고 하는 것도 있다.

3) 사원권의 이전성의 유무

사원권의 내용이 각종의 법인에 있어서 다르기 때문에 그 이전성의 유무에 차이가 있다. 즉 공익권이 중요한 내용을 이루는 것에 있어서는 양도·상속이 인정되지 않는 경우가 많다. 합명회사는 그 적례이다(상법 제197조). 비영리법인도 원칙적으로 그렇다고 보아야 할 것이다. 민법은 "사단법인의 사원의 지위는 양도 또는 상속할 수 없다(§ 56)"고 규정하였다. 이에 반하여 자익권이 중요한 내용을 이루는 것에 있어서는 원칙적으로 양도·상속이 허용된다. 예컨대 주주의 지위가 그 적례이다(商法 제335조).

제8절 법인의 주소

법인의 경우에도 자연인과 마찬가지로 일정한 장소를 주소로 정할 필요가 있나. 또한 재판관할 등의 편의 때문에 민법은 "법인의 주된 사무소의 소재지를 법인의 주소(제36조)"로 하여 법률효과를 인정하고 있다. 여기서 주된 사무소란 법인의 수뇌부가 있는 주사무소를 말하며, 수개의 사무소가 있는 경우 그 중추가 되는 사무소가 주된 사무소이다. 그런데 정관에 기재된 사무소(제40조 3호)와 사실상 주된 사무소의 기능을 하는 사무소와 일치하지 않는 경우에는 사무소가 이전된 것으로 본다(통설). 법인의 설립등기는 주사무소의 소재지에서 하여야 하고(제54조 1항), 사무소를 이전하면 이을 등기하여야 제3자에게 대항할 수 있다(제54조 1항). 기타의 효과는 자연인의 주소와 같다.

제9절 법인의 정관변경(Änderung der Satzung)

Ⅰ. 정관변경의 필요성

법인의 조직은 정관에 의하여 정하여 지기 때문에 법인의 조직변경은 곧 정관변경의 문제가 된다. 정관변경이란 법인의 동일성을 유지하면서 그 조직을 변경하는 것을 말한다. 그러나 정관은 법인의 기본규칙이므로 이를 함부로 변경할 수는 없고, 법인의 동일성을 상실하게 할 위험성이 없는 범위 내에서의 엄격한 요건 하에서의 정관의 변경이 필요하게 된다.

사단법인은 인적 결합체로 최고의 의사결정기관이자 최고기관인 사원총회의 결의에 따라서 자율적으로 운영되는 법인이기 때문에 법인으로서의 동일성만 유지 된다면 자주적으로 정관변경이 가능하다 하겠다.

반면에 재단법인은 설립자가 정한 정관의 목적 범위 내에서 타율적으로 운영되기 때문에 원칙적으로 정관변경이 불가능 하다. 그러나 재단법인의 경우도 원칙적으로 정관변경의 가능성을 완전 배제해 버린다면, 사회의 변화에 따른 적응력이 있는 법인으로서의 활동을 기대할 수 없을 것이며, 재단법인의 목적이 이미 달성되었거나 혹은 목적달성이 불가능한 경우와 재산보전을 위하여 필요한 경우에는 정관의 변경을 인정해야 할 것이다. 우리민법은 제45-46조에서 재단법인의 정관변경을 인정하고 있다.

Ⅱ. 사단법인의 정관변경

1. 요 건

사단법인의 정관변경은 사원총회의 결의와 주무관청의 허가가 필요하다.

1) 사원총회의 결의

정관의 변경에는 총사원의 2/3 이상의 동의를 필요로 한다(제42조 1항 본문). 단 이 정족수에 관하여 정관에 다른 규정이 있는 때에는 그 규정에 의한다(동항 단서). 사단법인의 정관변경은 총회의 전권사항이므로 정관에 총회의 결의 이외의 방법으로 정관변경의 가능성을 규정한 경우에도(예컨대 이사회의 결의) 이러한 정관의 규정은 무효이다.

2) 주무관청의 허가

정관의 변경은 주무관청의 허가를 얻지 않으면 그 효력이 없다(제42조 제2항). 허가의 여부는 법인설립허가에 있어서와 같이 주무관청의 자유재량에 속한다.

3) 제3자에 대한 대항력

다만 변경사항이 등기사항(제49조 2항)인 경우에는 그 내용을 등기하여야 제3자에게 대항 할 수 있다(제54조).

2. 사단법인 정관변경의 한계

정관에 변경금지규정이 있는 경우에도 정관을 변경할 수 있는가의 문제에 있어서, 사단법인의 성질상 총사원 전원의 동의하에 변경할 수 있다고 본다(통설). 법인의 목적변경도 가능한가에서 사단법인의 자률성을 고려할 때 가능하다는 것이 통설의 입장이나, 적어도 전사원의 동의가 있어야 가능하다고 본다. 그러나 민주주의 사회에서의 사단법인에서 만장일치는 거의 힘들기 때문에 법인의 목적변경은 거의 불가능하다고 생각된다. 만장일치의 경우에만 목적변경이 가능하므로 "찬성하지 않는 사원은 언제나 탈퇴할 권리가 있다고"풀이하고 있는 국내 학자들의 주장은 이론상 모순이다. 반대한 사원이 있으면 이미 목적변경은 불가능하기 때문이다. 이에 대하여 우리민법에 영향을 준 독일민법은 제33조에서 정관변경의 정족수를 총사원의 3/4의 결의로 하고 있으며, 목적변경의 경우는 만장일치를 그 요건으로 하고 있다(§ 33 Abs. 2 BGB). 그러나 법인의 목적변경이 어느 경우에도 가능한 것은 아니다. 비영리성을 영리성의 목적으로 변경한다는 것은 법인의 동일성을 상실한 변경으로 이러한 경우의 변경은 할 수 없음은 당연하다고 하겠다(이설 없음).

Ⅲ. 재단법인의 정관변경

상기한 바 처럼 재단법인의 성질상 정관을 변경할 수 없음이 원칙이나 다음과 같은 경우 예외적으로 이를 인정하고 있다.

1. 정관에 규정이 있는 경우

민법 제45조 1항에 따라 설립자가 정관에 그 변경방법을 규정한 때에는 그 방법에 따라 변경할 수 있다(제45조 1항). 이 경우의 변경은 그 성질상 정관의 실행이라 함이 오히려 적합하다고 본다. 이 변경은 물론 주무관청의 허가를 얻어야 효력이 있으며(제45조 3항), 혹 그 내용이 등기사항(제49조 2항)이면 등기하여야 제3자에게 대항할 수 있다(제54조).

2. 정관에 규정이 없는 경우

정관에 그 변경방법의 규정이 없는 경우라도 재단법인의 목적달성 혹은 재산보전을 위하여 적당한 때에는 명칭이나 사무소의 소재지를 변경할 수 있다(제45조 2항). 이러한 경우에도 상기 1)의 경우와 같이 주무관청의 허가를 받아야 하고, 그 내용이 등기사항인 경우 등기하여야 제3자에게 대항 할 수 있다(제54조).

3. 재단법인의 목적 기타의 변경

재단법인이 그 목적을 달성할 수 없는 때에는 설립자나 이사는 주무관청의 허가를 얻어 설립의 취지를 참작하여 그 목적 기타 정관의 규정을 변경할 수 있다(제46조). 원래 재단법인은 목적을 달성할 수 없으면 해산할 수밖에 없지만(제77조 1항), 가능한 한 재단을 존속시킴이 설립자의 뜻에도 합당하고 사회경제적으로 재단을 해산하는 것보다는 존속시키는 것이 유익하기 때문에 예외적인 규정을 둔 것으로 생각된다. 물론 이 경우 설립의 취지가 전의 목적과 유사하여야 하는 것은 아니나 목적변경의 경우 특히 설립의 취지는 참작하여야 한다고 본다. 이 경우도 등기하여야 제3자에게 대항할 수 있다(제54조).

4. 기본재산의 처분과 정관의 변경

재단법인은 기본재산이 법인의 실체이자 법인의 목적을 달성하기 위한 수단이다. 따라서 재단법인의 기본재산의 증가 혹은 감소 기타 처분행위는 정관의 변경에 해당한다고 볼 수 있으며, 이 경우도 학설과 판례[256)]의 입장은 주무관청의 허가가 있어야 유효하다고 하는데 이설이 없다.

---

256) 대판 1982.9.28, 82다카 499, 대판집 30.3, 민 114.

大法院 82.9.28 82다카499 판결
(원심판결: 大邱高法 82.3.4 81나558 공693.1012(10) 집30(3민).114)

【판시사항】
- 재단법인 명의로 소유권이전등기가 경료된 부동산이 재단법인의 기본재산이라고 하기 위하여 주무부장관의 허가가 있었다는 점을 입증하여야 하는지 여부(적극)

【판결요지】
- 재단법인의 기본재산에 관한 사항은 정관의 기재사항으로서 기본재산의 변경은 정관의 변경을 초래하기 때문에 주무부장관의 허가를 받아야 하고, 따라서 이미 기본재산으로 되어 있는 재산을 처분하는 행위는 물론, 새로이 기본재산으로 편입하는 행위도 주무부장관의 허가가 있어야만 유효하다고 할 것이므로 어떤 재산이 재단법인의 기본재산에 편입되었다고 인정하기 위하여서는 그 편입에 관한 주무부장관의 허가가 있었음이 먼저 입증되어야 한다.
- 원심판결을 파기·환송한 이유는 「1961년 12월 15일 Y법인 앞으로 소유권이전등기가 경료 된 본건 부동산이 어떤 경위로 기본재산이 되었는지도 알 수 없을 뿐만 아니고 그 기본재산으로서 편입에 관하여 주무관청의 허가가 있었다고도 볼 자료도 전혀 엿보이지 않는다」고 판시하여 원심이 이를 판단하지 않았다는 이유이다.

제10절 법인의 소멸

Ⅰ. 법인의 소멸이란 무엇인가?

법인의 소멸(Ende der juristischen Personen)이라 함은 자연인이 사망한 것처럼 법인이 그 권리능력을 상실한 것을 말한다. 여기에 해당하는 경우란 법인의 목적이 달성되어 버렸거나 아니면 목적달성이 불가능한 경우 등 법인을 소멸시킬 필요가 생긴 경우가 되겠는데, 이에는 법인의 재산관계를 정리하는 해산・청산절차가 있다. 해산 후 청산절차 종료시까지 법인은 제한된 범위에서의 권리능력을 가진다(제81조). 이러한 법인을 청산법인이라 하며 본래의 법인과 동일성이 인정된다.

Ⅱ. 법인의 해산

법인의 해산이란 법인이 본래의 목적달성을 위한 적극적인 활동을 정지하고 청산절차에 들어가는 것을 말하며, 해산사유는 다음과 같다.

1. 사단・재단법인 공통의 해산사유(제77조 1항)

1) 존립기간의 만료 기타 정관에 정한 해산사유의 발생

법인의 존립 시기나 해산사유는 사단법인의 경우에는 정관의 준필요적 기재사항이므로(제40조 7호), 이를 정한 때에는 반드시 정관에 기재 하여야 하고, 그러한 사유가 발생하면 법인은 해산한다. 그러나 재단법인의 경우는 임의적 기재사항이므로 이를 정하더라도 반드시 정관에 기재할 필요가 없으나 해산사유가 발생하면 법인은 해산한다.

2) 법인이 목적을 달성했거나 혹은 목적달성이 불가능한 경우

법인의 목적이 달성된다든가 혹은 목적달성이 불가능한 경우에 법인은 존속할 필요가 없게 된다. 목적달성의 불가능 여부는 그 시대의 사회적 관념에 따른다 할 것이다. 물론 목적달성이 불가능한 경우라도 정관을 변경하여 해산을 하지 않을 수는 있다(제42조, 제45조 2항).

3) 파 산

법인이 채무를 완제하지 못하게 된 때 理事는 지체 없이 파산신청을 하여야 한다(제79조). 여기에서의 파산원인은 채무초과로 족하며 자연인의 경우처럼 지급불능을 요치 않는다(파산법 제116조, 제117조). 여기서(파산법 제

117조 내지 제118조)의 채무초과란 소극재산(채무)이 적극재산(채권)을 넘는 재산 상태를 말하며, 이러한 경우 법인의 존속은 제3자에게 손해를 줄 염려가 있기 때문에 이러한 위험을 미연에 방지하기 위하여 理事가 지체 없이 파산선고를 신청하도록 하고 있으며, 이를 해태한 때에 과태료의 처분을 받도록 하고 있다(제97조 6호).

4) 설립허가의 취소

법인이 ⓐ 그 목적 이외의 사업을 하거나 ⓑ 설립허가의 조건에 위반하거나 ⓒ 기타 공익을 해하는 행위를 한 때에는, 주무관청은 그 허가를 취소할 수 있다(제38조). 이 설립허가의 취소는 장래에 향하여 법인의 존재를 부인하는 것이기 때문에 소급효가 없다.

2. 사단법인 특유의 해산사유(제77조 2항)

1) 사원이 없게 된 때

사원이 1명도 없게 되면, 자연인의 집합체인 사단법인의 성질상 당연히 해산된다.

2) 총회의 결의

이 경우의 해산은 임의해산이라고 하며 총회의 전권사항이다. 해산의 결의는 총 사원 3/4 이상의 동의를 요한다(제78조 본문). 물론 그 정족수는 정관에서 다르게 규정할 수 있다(동조 단서). 그러나 제3자를 해할 염려가 있는 기한부・조건부 해산결의는 허용되지 않는다(통설).

Ⅲ. 법인의 청산(Liquidation)

1. 의 의

청산이란 해산법인의 재산관계를 정리하여 법인이 완전 소멸할 때까지 잔무를 처리하고 그 재산을 정리하는 절차를 말한다. 청산은 파산을 원인으로 해산한 경우에는 파산법이 정한 절차에 따라서, 기타의 원인으로 해산한 경우에는 민법이 규정한 절차에 의한다. 청산절차는 제3자의 이해관계에 중대한 영향을 미치기 때문에 본 규정은 강행규정으로, 정관에 이와 다른 규정을 두더라도 효력이 없다.

2. 청산법인의 능력(§ 81)

청산법인은 청산의 목적범위 내에서만 권리를 가지고 의무를 부담한다(제81조). 이 범위는 해산 전의 법인의 능력에 관한 「목적의 범위 내」에 준하며, 법인의 본질과 청산절차의 성질에 비추어 적절하게 풀이하여야 한다. 따라서 청산법인은 해산 전의 법인에 비하면 그 능력이 제한되나 그 동일성은 유지된다.

3. 청산법인의 기관

청산법인의 기관에는 청산인·감사·총회가 있다.

1) 청산인

(1) 지 위

청산인은 대외적으로 청산법인을 대표하고 대내적으로 청산사무를 집행한다(제87조 2항). 즉, 본래의 이사와 같은 지위에 선다. 따라서 본래의 理事의 사무집행방법(제58조 2항), 대표권(제59조), 대표권에 대한 제한의 대항력(제60조), 주의의무(제61조), 대리인선임(제62조), 특별 대리인의 선임(제64조), 임무해태(제65조), 임시총회의 소집(제70조) 등에 관하여 모두 청산인에게 준용된다(제96조).

(2) 선 임

청산인이 될 수 있는 자는 파산의 경우를 제외하고는 본래의 이사이다(제82조 본문). 물론 정관이나 총회의 결의로 달리 정한 바가 있으면 그에 의한다(동조 단서). 그러나 理事가 없거나 청산인이 될 자도 결정되지 아니한 경우 법원은 직권 또는 이해관계인 이나 검사의 청구에 의하여 청산인을 선임할 수 있다(제83조).

(3) 퇴 임

중요한 사유가 있는 때에는 법원은 직권 또는 利害關係人이나 檢事의 청구에 의하여 청산인을 해임할 수 있다(제84조). 여기서 「중요한 사유」란 청산인이 법인의 재산을 횡령 했다거나, 일부 채권자의 이익을 꾀한 다거나, 그밖에 중병으로 직무를 수행할 수 없는 등의 경우에 이러한 사유가 제3자에게 미치는 영향이 크기 때문에 법원의 감독권을 강화한 것이다.

2) 기타의 기관

감사와 총회는 청산법인의 경우에도 그대로 계속하여 마지막까지 그 지위를 가진다.

4. 청산사무

청산인은 청산의 본질상 필요한 모든 사항을 처리할 수 있다. 민법에 규정된 중요한 것들을 열거하면 다음과 같다.

1) 해산의 등기와 신고(제85조 1항, 제86조 1항)

청산인은 파산의 경우를 제외하고는 그 취임 후 3주간 안에 해산의 사유 및 년 월일, 청산인의 주소·성명, 그리고 청산인의 대표권을 제한한 때에는 그 제한 등을 주된 사무소와 분사무소의 소재지에서 등기하고(제85조 1항), 같은 사항을 주무관청에 신고하여야 한다(제86조1항). 그리고, 청산 중에 취임한 청산인은 그 주소·성명을 주무관청에 신고하여야 한다(제86조 2항).

청산 중 해산등기사항에 변경이 생기면 3주간 안에 변경등기를 하여야 한다(제86조 제2항·제52조 참조). 파산에 의한 청산에 있어서는 등기는 법원이 직권으로써 등기소에 촉탁하고(파산법 제110조), 법원이 주무관청에 통지하게 되므로(동법 제115조), 청산인은 등기나 신고를 할 필요가 없다.

2) 현존사무의 종결(제87조 제1항 제1호)

이는 해산 전부터 착수된 사무를 완결하는 것을 의미하므로, 신규의 사업을 시작하는 것은 허용되지 않는다. 그러나, 현존사무를 종결시키기 위하여 새로 법률행위를 하는 것은 무방하다.

3) 채권의 추심(제87조 1항 2호)

채권의 추심은 법인외부의 사람에 대한 채권뿐만 아니라 사원의 회비징수와 같은 것도 포함한다. 변제기가 도래하지 않은 채권이나 조건부 채권과 같이 즉시로 추심할 수 없는 채권은 양도·환가처분 등 적당과 방법으로 환가하여야 할 것이다(민사소송법 제574조).

4) 채무의 변제(제87조 1항 2호 후단, 제88조92조)

이에 관하여는 청산절차를 되도록 빨리 매듭짓고 동시에 제삼자의 이익을 보호하기 위하여 자세한 규정을 두고 있는데(제88조~제92조), 이를 보면 다음과 같다.

(1) 채권신고의 독촉
청산인은 취임한 날로부터 2월내에 3회 이상의 공고로 채권자에 대하여 2월 이상의 기간 안에 그 채권을 신고할 것을 최고하여야 한다(제88조 제1항). 여기의 「2월 이상」의 채권신고기간은 제척기간(☞ 권리의 존속기간이 예정되어 있어서 그 동안에 권리를 행사하지 않으면 그 기간의 경과로 인하여 권리가 당연히 소멸하는 것) 이며, 이 기간 안에는 채무를 변제하지 못한다(제90조). 이 공고에는 채권자가 期間 안에 신고하지 않으면 청산으로부터 제외된다는 것을 표시하여야 한다(제88조 2항). 그리고, 공고는 법원의 등기사항공고와 동일한 방법으로 하여야 한다(제88조 제3항·제54조, 비송사건절차법 제194조~제196조). 위의 공고는 청산인이 알지 못하는 一般 채권자에게 채권신고를 독촉하기 위한 것이므로, 알고 있는 채권자에 대하여는 개별적으로 채권을 신고할 것을 최고하여야 한다(제89조).

(2) 변 제

청산인은 위에서 말한 채권신고기간 안에서 채무를 변제하지 못한다(제90조 본문). 민법의 이와 같은 규정은 채권신고기간 안에 채무를 변제할 수 있게 하면 그 기간을 설정한 의미가 없을 뿐만 아니라 변제노중에 지급불능의 사태가 발생하면 채권자 사이의 공평을 해칠 염려가 있기 때문에 두게 된 것이다. 그 결과 채권자는 변제기가 도래한 후에도 채권신고기간이 경과할 때까지는 변제받을 수 없게 되어 법인의 이행지체가 되므로(제387조), 법인은 그러한 채권자에게는 지연손해배상을 하여야 한다(제90조 단서).

청산 중 법인은 변제기에 이르지 아니한 채권에 대하여도 변제할 수 있다(제91조 1항). 기한은 채무자의 이익을 위한 것으로 추정되고(제153조 1항), 그 利益은 포기가 가능하므로(제153조 제2항 본문), 제91조 제1항은 이러한 원리에 따른 것으로 당연하다. 따라서 변제한 때부터 변제기까지의 중간이자는 공제할 수 없으며(상법 제259조 참조), 반면에 변제기 전에 변제함으로써 채권자의 이익을 해하는 경우에는 청산법인은 그 손해를 배상하여야 할 것이다(제153조 제2항 단서). 그리고 조건 있는 채권·존속기간이 불확실한 채권, 그 밖의 가액이 불확정한 채권에 관하여는 법원이 선임한 감정인의 평가에 의하여 변제하여야 한다(제91조 2항).

채권신고기간 안에 신고하지 않은 채권자는 청산에서 제외되나, 이 제외된 채권자는 법인의 채무를 완제한 후 귀속 권리자에게 인도하지 않는 재산에 대하여서만 변제를 청구할 수 있다(제92조). 단 청산인이 채권자임을 알고 있는 경우에 대하여는 비록 그가 신고하지 않았더라도 청산에서 제외하지 못하며, 반드시 변제하여야 한다(89조 단서). 만일에 채권자가 변제를 수령하지 않으면 공탁하여야 한다(제487조 이하 참조).

5) 잔여재산의 인도(제87조 제1항 3호)

법인의 형태에 따라 달리하나 제1차로 정관에 정한 자나 이사 또는 청산인이 주무관청의 허가를 얻어(사단법인의 경우 총회의 결의로 - 제80조 제2항 단서), 법인의 목적과 유사한 목적을 위하여 처분할 수 있다. 그러나 위의 어느 경우에도 처분할 수 없는 경우에는 잔여재산은 국고에 귀속한다(제80조 제3항).

6) 파산신청(제93조 1항)

청산중의 법인의 재산이 그 채무를 완제하기에 부족한 것이 분명하게 된 때에는 청산인은 지체 없이 파산선고를 신청하고, 이를 공고하여야 한다(제93조 1항). 이 공고에는 법원의 등기사항의 공고방법을 준용한다(제88조 제3항 · 제54조). 법인의 파산으로 파산관재인이 정하여 지면 청산인은 파산관재인에게 그 사무를 인계하여야 하는데, 이로써 그의 임무는 종료한다(93조 2항). 그러나, 여기서 파산관재인에게 인계되는 것은 파산재단에 관한 사무에 한하므로, 그 밖의 사무에 관한 청산인의 임무는 그대로 존속함을 주의해야 한다(통설).

7) 청산종결의 등기와 신고(제94조)

청산이 종결하면 3주간 내에 이를 등기하고 주무관청에 청산인이 신고하여야 한다. 그러나 채권의 추심이나 채무의 변제가 아직 끝나지 아니한 동안 청산인이 청산종결등기를 하고 주무관청에 그 뜻을 신고한 경우에 대하여, 판례는 비록 청산종료등기가 이루어 졌다 할지라도 청산사무가 종료되지 아니한 경우에는 청산법인으로 존속하는 것으로 보고 있다.[257]

제11절 법인의 등기(Register)

Ⅰ. 법인등기의 의의

법인도 자연인과 마찬가지로 사회생활 가운데서 존재하는 실체이기는 하

257) 大判 1980. 4.8, 79다2036, 대판집 28. 1, 민 211.

나 자연인과 달리 명확한 외형을 가지는 것이 아니므로, 그 존재나 내용은 일반 제삼자가 용이하게 이를 인지할 수 없는 경우가 많다. 그러므로, 거래의 안전을 꾀하기 위하여서 법인의 조직이나 내용을 등기하여 일반에게 공시하는 것이 필요한 바, 이것이 이른바 법인의 등기제도이다. 법인등기의 절차는 비송사건절차법(제127조 이하)에 규정되어 있다. 등기한 사항은 법원이 지체 없이 이를 공고하여야 한다(제54조 2항).

Ⅱ. 등기의 종류

1. 설립등기(효력요건)

법인설립의 허가가 있은 때에는 허가서가 도착한 날로부터 3주내에 주된 사무소의 소재지에서 설립등기를 하여야 한다(제53조 · 제55조 이하 참조).

2. 분사무소설치 및 사무소이전의 등기(대항요건)

주된 사무소의 소재지나 분사무소의 소재지에서 3주간 내에 등기하여야 한다. 허가사항의 경우 허가서가 도착한 때로부터 기산한다(제53조).

3. 변경등기와 해산등기

설립등기사항의 변경이 있으면 3주간 내 변경등기를 하여야 한다(제52조). 청산인은 파산의 경우를 제외하고는 그 취임 후 3주간 내 등기하여야 한다. 파산의 경우에는 법원이 직권으로 등기소에 촉탁하여 파산등기를 하므로(파산법 제110조), 청산인이 별도의 등기신청을 할 필요가 없다.

제12절 법인의 감독과 벌칙

Ⅰ. 법인의 감독

1. 업무감독

업무의 감독은 설립허가관청, 즉 주무관청이 담당하며, 감독의 내용은 법인의 사무 및 재산상황의 검사, 설립허가의 취소 등이다(제37조-38조).

2. 해산청산의 감독

법인의 해산과 청산의 감독은 법원이 담당하며, 감독권행사의 내용은 필요한 검사·청산인의 개임 등이다(제95조, 제84조). 해산·청산은 제삼자의 이해관계와 밀접하기 때문에 업무감독과 달리 법원이 감독기관이 된다.

Ⅱ. 법인에 대한 벌칙

1. 법인벌칙의 의의

법인의 감독을 완전하게 하기 위하여 설립허가를 취소하고, 청산인을 해임할 수 있는 권한을 감독기관에게 주고 있으며, 법인의 의무 불이행에 대하여 법인의 대표기관에 5만원 이하의 과태료의 처분을 과할 수 있다. 과태료는 형법상의 형벌은 아니며, 민법상의 질서를 유지하기 위한 일종의 질서벌이다.

2. 벌칙의 부과 처분

법인의 理事·監事·淸算人 등이 그 직무를 해태 한 경우 과태료의 처분을 한다. 이 경우는 일종의 질서벌이며, 비송사건절차법에 따르고(제324조 이하), 결정의 형식으로 재판하며, 즉시항고가 가능하다. 과태료의 재판은 검사의 명령으로 집행한다.

제13절 권리능력 없는 사단과 재단

Ⅰ. 총 설

1. 인격 없는 법인의 의의

인격 없는 법인이라 함은 그 실체가 사단법인 내지 재단법인과 동일함에도 불구하고 법인격이 부여되지 않는 것을 말하는데 이를 권리능력 없는 사단·재단이라고 한다.

2. 인격 없는 법인의 존재 및 그 취급

구민법하에 있어서는 사단 또는 재단의 목적이 공익이 아닌 것은 법인으로 할 수 없으므로 인격 없는 사단 및 재단이 될 수 없었으나, 현행민법은 법인의 목적을 공익에 한하지 않고 비영리로 하였으므로 적극적으로 공익을 목적으로 하지 않더라도 법인이 될 수 있다. 그러나 법인이 ① 설립에 필요한 절차를 취하지 않는 경우도 있고, ② 구태여 법인격을 취득할 필요성을 느끼지 않거나, ③ 법인이 되는 것이 오히려 불편한 단체인 경우 의식적으로 법인격의 취득을 기피하는 경우도 있을 것이다. 그러므로 현행·민법하에서도 권리능력이 없는 법인은 여전히 존재하게 된다.

상기한 바처럼 인격 없는 법인이 사실상 다수 존재하고 사회일반에 크게 공헌을 하고 있음에도 불구하고 현행 우리민법은 인격 없는 재산의 소유를 총유로 한다는 규정을 두고 있을 뿐(§ 275), 그밖에 이에 관한 특별규정을 두고 있지 않다. 민사소송법(§ 48)과 부동산 등기법(§ 30 I)에서 각각 당사자 능력 및 등기 명의인이 될 수 있음을 규정하고 있을 뿐이다.

Ⅱ. 권리능력 없는 사단

1. 인격 없는 사단의 존재 이유

그 실체가 사단인데도 불구하고 법인격을 가지지 아니한 사단을 인격없는 사단 혹은 권리능력 없는 사단이라고 한다. 구민법하에서는 공익도 영리도 아닌 즉 주로 구성원의 비영리적 이익을 목적으로 하는 사단으로서 특별법에 의하여 법인으로 인정된 것이 아닌 것은(예컨데 사교구락부,운동단체,동창회, 동향인이나 동종파의 친목단체 등) 법인으로 할 길은 없고 이른바 인격 없는 사단으로 머물 수밖에 없었으나, 법인을 비영리법인과 영리법인으로 나누는 현행 민법하에서는 이러한 단체도 법인이 될 수 있게 되었다. 그렇다고 인격 없는 사단이 생길 가능성이 전혀 봉쇄된 것은 아니다. 예컨대 사단법인과 동일한 실체를 갖추고 있을 지라도 법인설립의 절차를 밟지 않고 있는 것은 모두 인격 없는 사단이며, 사회에서는 사단법인이 될 수 있는 실체를 지니고 있으면서도 ① 구태여 법인격을 취득할 필요성을 느끼지 않거나 또는 ② 법인이 되는 것이 오히려 불편하기 때문에, 또한 ③ 민법(제32조)이 사단법인의 설립에 관하여 허가주의를 취하고 있기 때문에, 그 실체는 사단이면서도 허가를 취득하지 않거나 못한 경우 권리능력 없는 사단으로 남게 된다. 결국 현행 민법하에서 상기와 같은 원인에서 인격 없는 사단은 존재하게 될 수밖에 없기 때문에 이를 어떻게 다룰 것인가의 문제는 여전히 남는다.

2. 인격 없는 사단의 법적 성질

인격 없는 사단의 법적 성질에 관하여는 종래 많은 학자들 사이에서 논쟁의 대상이 되어오던 것으로서 독일 보통법시대에 있어서는 이를 일반적으로 조합으로 보았으나, 그 후 O. v. Gierke와 같은 학자에 의하여 이는 조합과 그 본질을 달리 하는 것이라는 점이 규명되기에 이르렀다. 양자의 중요한 차이점은 다음과 같다.

첫째, 인격 없는 사단은 개인적 목적을 초월하여 사단으로서의 독자적인 목적을 가지는 독립한 단일체 이므로 구성원의 개성이 약한 단체이나, 조합은 조합의 개인적인 목적을 위하여 조합원 상호간의 계약관계에 의하여 결합하는 것이므로 단체로서의 단일성 보다는 구성원의 다수성이 표면에 강하게 나타난다.

둘째, 인격 없는 사단은 조합과 달리 그 단체성이 강하므로 구성원의 교체가 있더라도 사단의 단일성에는 아무런 변경을 가져오지 아니하나, 조합은 대인적 계약관계 이므로 조합원의 탈퇴 등에 의하여 그 동일성에 변경을 가져온다.

셋째, 인격 없는 사단의 행위는 그 기관에 의해 행해지고 그 법률효과는 사단 자체에 귀속하며 개개 구성원에게는 귀속되지 아니한다. 또한 사단의 구성원은 총회를 통하여 다수결의 원리에 의하여 기관의 행위를 감독하며 사단의 운영에 참여할 수 있을 뿐이다. 이에 반하여 조합에 있어서는 그 행위는 구성원 전원 또는 전원으로부터 대리권을 수여 받은 자에 의하여 행하여지고 그 법률효과는 전원에게 귀속한다. 그러므로 인격 없는 사단의 법률상의 취급은 조합에 관한 규정의 적용 보다는 사단법인에 관한 규정을 준용하는 것이 타당할 것이다.

3. 인격 없는 사단의 법률관계

1) 요 건

인격 없는 사단이라고 할 수 있기 위하여 비록 법인격을 부여받지 못했지만 다수의 단체원을 가지고 대표의 방법. 총회의 운영. 재산의 관리 그 밖의 사단으로서의 중요한 점이 근본규칙에 의하여 정해져 있어야 한다. 판례에서 권리능력 없는 사단으로 보는 것으로는, 문중 또는 종중(성과 본을 같이하는 혈연단체)・교회(성당은 권리능력 없는 사단이 아니라는 판례가 있다)[258]・동리 등이 있다. 최근의 판례는 아파트 입주자대표회의에 대해서도 권리능력

258) 大判, 1966. 9.20, 63다30: 피고 신태인천주교회는 신자들 단체라는 면에서 보더라도 내부적으로 단체의사를 결정할 수 있는 자율적기관이 없고 대표자의 정함이 있는 단체라고 볼 수 없고 외부적으로 보더라도 그 단체를 구성하는 개개 신자의 개성을 초월하여 자기재산을 가지고 독립한 사회적 활동체로 존재하는 단체라고는 볼 수 없으므로 본조 규정의 법인 아닌 사단이나 재단에 해당하는 것이라고 할 수 없다.

없는 사단임을 판시하고 있다.[259)]

2) 내부관계

인격 없는 사단의 내부관계는 민법의 사단법인의 규정을 준용하여 총회를 최고의사결정기관으로 하여 처리하여야 한다. 총회의 다수결은 모든 사원을 구속하며 그 다수결은 규칙에서 특별히 정하고 있지 않으나 과반수로서 성립한다고 보아야 한다. 그리고 총회에 의하여 선임되는 업무집행기관은 총사원의 수임자로서 모든 업무집행에 관하여 선량한 관리자의 주의의무를 부담한다(§ 681). 그 밖의 내부관계에 관하여는 규칙에서 특별히 정하고 있지 않는 한 사단법인에 관한 규정을 준용하여야 한다.

3) 외부관계

사단의 권리능력 · 행위능력 · 대표기관의 권한과 그 대표의 형식 · 대표기관의 불법행위로 인한 사단의 배상책임 등은 모두 사단법인의 규정을 준용하여도 무방하다. 이렇게 하더라도 제3자에게 불이익을 미칠 염려가 없기 때문이다. 인격 없는 법인도 그 대표자가 정하여져 있으면 소송상의 당사자 능력을 가진다. 따라서 소송 및 강제집행에 있어서는 권리능력 없는 사단과 사단법인간에 아무런 차이가 없다. 그밖에도 원칙적으로 등기능력을 가지는 것에 관하여도 부동산등기법에 규정이 있다.

4) 재산귀속관계

사단의 자산은 사단에 총유적으로 귀속하고 사단원 각자는 총회를 통하여 그 관리에 참여할 따름이다. 사단의 부채는 사단에 총유적으로 귀속하고 사단의 총유재산만이 그 책임을 진다. 특히 규칙에 규정이 없는 한 제3자에게 불이익을 미칠 염려가 거의 없으므로 사단원은 회비 그 밖의 부담금 이외에는 책임을 지지 않는다고 해석된다.

---

259) 대판 1991, 4. 23 〔91 다 4478〕, 법원공보 91호, 1475면.

Ⅲ. 권리능력 없는 재단

1. 인격 없는 재단의 의의

인격 없는 사단의 경우와 마찬가지로 재단법인의 실체가 되는 재단으로서의 실질을 가지고 있으면서 법인격을 취득하지 못한 재단을 인격 없는 재단 혹은 권리능력 없는 재단 또는 법인이 아닌 재단이라고 한다. 종교재단은 그 좋은 예이다. 우리 민법에는 인격 없는 재단에 대하여도 아무런 규정이 없으나 재단법인에 관한 규정을 준용하는 것이 타당할 것이다. 인격 없는 재단도 소송법상 당사자 능력이 있고 그 재단의 명의로 부동산등기를 할 수 있는 것은 인격 없는 사단의 경우와 마찬가지다.

2. 인격 없는 재단의 법적 성질

(1) 독자적인 목적을 위하여 존재하는 재단의 집단이 특수한 사회적 작용을 담당하고 사실상 사회생활의 한 단위가 되어 그 소유자 내지 관리자가 누구인가를 묻지 아니하고 그 스스로 독자적인 활동을 하게 된다. 그러므로 그 실질에 있어서는 재단법인과 동일하여 어느 정도 독립성이 인정된다.

(2) 결국 인격 없는 재단에 있어서는 그 재산은 실질상 재단 자신의 재산임에도 불구하고 재단이 법률상의 권리·의무의 주체가 되지 못함으로 그 결과 인격 없는 재단은 재산출연자로부터 그 관리자에게 신탁된 재산으로 보아서 신탁상의 수탁자로서 권리·의무를 가진다고 새겨야 할 것이다.

제3편 권리의 객체

제1장 총 설

제1절 권리[260] 객체의 의의

권리의 객체(Rechtsobjekt)란 권리내용을 실현하기 위하여 법률상·힘이 미칠 수 있는 권리의 대상(Rechtsgegenstand)을 말한다. 우리민법은 그중 물건에 관하여만 규정하고 있다. 그러나 이러한 권리의 객체는 매우 다양하다. 예컨대 ① 물권의 객체는 물건이고, ② 채권의 객체는 채무자의 행위(급부), ③ 형성권의 객체는 법률관계, ④ 항변권의 객체는 청구권, ⑤ 무체재산권의 객체는 저작·발명 등의 정신적 산물, ⑥ 인격권의 객체는 권리주체 자신(예컨대 신체 · 명예 · 자유 등), ⑦ 상속권의 객체는 상속재산, ⑧ 친족권의 객체는 친족법상의 지위,[261] ⑨ 권리상의 권리(예 전세권상 저당권, 권리질권 등)에 있어서는 권리가 그 객체이다. 이처럼 권리객체는 다양하고 사회의 발달에 따라 권리의 객체도 증가하고 있다.

제2절 민법의 규정

민법은 권리의 객체에 관하여 일반규정을 두지 않고 총칙편에 물건에 관해서만 통칙적 규정을 두고 있다(제98조 이하). 왜냐하면 다양한 권리의 객체에 관하여 통칙적 규정을 둔다는 것은 불가능하고, 물건은 간접적으로는 채

260) 일반적으로 권리란 "일정한 이익을 享受할 수 있는 법률상의 힘"이라고 봄이 통설이다. 이는 Merkel의 法力說을 따른 것이다.

261) 김증한 교수는 이를 "일정한 친족관계에 있는 자"라고 보고 있다.

권(특정물에 대한 매매) 과도 관계가 되기 때문이다. 물건에 관한 규정도 입법정책적 으로는 물권편에 규정하는 것이 바람직하다 할 것이다.[262] 왜냐하면 물권법의 물권의 변동(제 186조 이하)과 소유권(제211조 이하) 에서 물건의 구체적인 기능들이 규정되어 있기 때문이다.[263]

외국의 경우 특히 우리민법에 상당한 영향을 주고 있는 독일민법 제1초안[264]과 스위스의 경우가 물권편(Art. 642-645, 655, 713 ZGB)에 물건에 관한 규정을 두고 있는 것이 우리에게 시사하는 바가 크다 하겠다.

최근 민법개정위원회의 토론과정에서 본조에 관하여 ① 동물에 관한 규정을 추가하자는 견해(김상용, 서민, 소재선, 하경효 교수 등),[265] ② 제98조 물건의 정의에 "정보"를 추가하자는 견해(서민 교수, 소재선 교수), ③ 온천수, 광천수를 광물과 동일하게 다룰 것인지를 결정(감상용 교수), ④ 제98조 물건의 의의를 "유체물 및 기타 관리 가능한 자연력"으로 개정하자는 의견이 제기되고 있다. ①은 최근 동물보호에 관한 규정의 증가추세와 유전공학의 발달에 따른 동ㆍ식물의 구분을 위한 법적 규율이 요청된다고 하는 점에서, ②는 최근의 사회가 정보사회로의 진입으로 그 중요도가 더해가기 때문에 물건의 개념에 "정보"를 추가할 필요성이 강조되고 있으며 ③은 온천수를 경제적 독립재화로 인정할 필요에서, ④는 전기는 관리가능하기 때문에 굳이 첨가할 필요가 없다는 이유에서 상기한 의견이 제기된 것으로 풀이된다.

262) 同旨, 김용한, 214면; 이영준, 896 면.

263) 同旨 이영준, 896; 곽, 292.

264) Motive zu dem Entwurf eines BGB, Bd. III, S. 32, 36 ff.

265) 독일의 경우 민법 제90조의a에서 "동물은 물건이 아니다. 동물은 특별법에 의하여 보호된다. 달리 규정되지 아니한 물건에 적용되는 규정은 동물에 준용할 수 있다"고 하여 동물을 물건으로 보지 않도록 명문으로 규정하고 있다.

제2장 물 건

제1절 물건의 의의

민법은 「본법에서 물건(Sache)이라 함은 유체물(köperliche Sache) 및 전기 기타 관리가능한 자연력(natürliche Kraft)을 말한다」고 정의하고 있다(제98조). 따라서 민법상의 물건은 다음과 같은 요건이 필요하다.

Ⅰ. 유체물 또는 관리가능한 자연력일 것

물건은 유체물 또는 관리가능한 자연력이다. 물건은 크게 유체물(köperliche Sache)과 무체물(unköperliche Sache)이 있다. 무체물이란 형체가 없는 물체로서 전기·열·광·향기·에너지 기타 권리 등을 말하며, 유체물은 형체를 가지고서 공간의 일부를 차지하면서 사람의 오감으로 지각할 수 있는 물질 즉 고체·액체·기체를 말한다. 민법은 유체물과 무체물 중 관리가능한 자연력만을 물건으로 하고 있다. 여기서 관리가능하다는 것은 배타적지배가 가능한 것을 의미하며, 이는 유체물의 경우에도 요구되는 사항이다. 우리민법의 본 규정은 스위스민법(Art. 713 ZGB)과 같은 입장이며, 기타의 대륙법 국가, 즉 로마법과 프랑스법(Art. 516, 526, 529 C.c)은 모든 무체물을 물건으로, 독일민법(§ 90 BGB)과 우라나라의 구민법(제85조)은 유체물만을 물건으로 규정하고 있다. 우리민법이 스위스와 같이 무체물중 관리가능한 자연력을 물건에 포함시키면서 현대사회에서 중요한 물건에 해당된다고 볼 수 있는 특허권·상표권·저작권·무체재산권·인격권 등을 포함시키지 않은 것은 입법상의 흠결로 보아야 할 것이다.[266)]

Ⅱ. 관리(배타적지배)가능성

유체물이라 하더라도 인간이 배타적으로 지배할 수 있어야 한다. 따라서 민법이 자연력에 대해서만 「관리할 수 있는」이라 규정하고 있으나, 유체물의 경우에도 당연히 관리(지배)가 가능한 것이어야 함은 당연하다 하겠다(이설 없음). 따라서 일 · 월 · 성진과 같은 우주천체나 해양[267] 등은 비록 유체물이라 할지라도 사람의 배타적 지배 · 관리가 불가능하기 때문에 법률상의 물건이라 볼 수 없다. 그러나 배타적 지배가능성은 시대적으로 변하는 상대적인 것이기 때문에, 암스트롱에 의해 달이 정복되고 우주왕복시대에 천체들의 일부도 점차 관리가능한 것으로 되어가고 있다. 그러나 엄밀한 의미에서 민법에서의 지배가능성은 "거래의 대상이 되는 지배가능성"에 한정하는 것으로 봄이 타당하다 생각된다.[268]

Ⅲ. 외계의 일부(비인격성)

1. 생존한 사람 또는 인체의 일부는 물건인가?

생존한 사람 또는 인체의 일부는 물건이 아니다(노예제도는 우리민법 제103조에 의해 무효이다). 따라서 생존한 사람의 신체의 일부나 자신의 신체의 일부도 소유권을 취득하는 것이 허용되지 않는다. 따라서 모발 · 치아 · 혈액 들이 신체에 부착된 동안은 물건이 아니며, 그러나 그 일부가 신체로부터 분리된 경우 물건이 되며, 분리 전의 사람의 소유에 속한다. 의사에게 수술을 받기 위하여 인체의 일부를 분리하는 계약이나 절단된 물건의 처분행위는 민법 제103조의 사회질서에 반하지 않는 한 유효하다 하겠다(통설). 특히 최근의 뇌사와 관련하여 안구 · 심장 등의 장기와 심지어는 치아의 이식수술까지 가능해진 시대적 상황에서 수술이 사회질서에 반하지 않는 한 허용된다고 본

---

266) Münchener Komm., § 90 BGB, Rn. 5; 同旨, 이영준, 894면; 反對, 고상용, 280-281.

267) 大判 1957.12.26, 4290민상 262: 본 판결에서 海濱地帶에 砂土의 堆積으로 인하여 일정한 면적에 蘆草가 생성하고 다년간 그를 점유하여 蘆草를 수확한 사실이 있다 하더라도 潮水의 出入으로 아직 海面으로 볼 수 있는 한 그에 대한 소유권은 취득할 수 없다고 한다.

268) 고, 281.

다. 의안·의치·의족의 경우 물건의 객체이지만 일단 인체에 고착이 되어있는 한 물건이 아니며, 헌혈에 의해 수집된 혈액이나 타인의 신체에서 분리된 심장 등이 체내에 수혈이 되거나 고착되면 곧 신체의 일부에 해당되므로 물건이 되지 않는다.[269)]

2. 시체와 유골은 물건인가?

우리의 학설은 대부분 이를 긍정하고 있다(통설). 그러나 그에 대한 소유권의 성립여부에 대해서는 찬(다수설)·반(방순원, 138)으로 학설이 나뉘고 있다. 다수설의 입장도 오로지 시체·유골은 매장·관리·제사공양의 객체가 되는 것이며, 소유권의 인정도 그 목적을 위한 것이고 따라서 소유권의 포기가 인정되지 않는다는 이른바 특수소유권설을 주장되고 있으며, 소수설은 시체·유골에 대한 권리는 소유권이라 할 수 없고 매장·제사하는 권리에 지나지 않으며, 양도 포기도 할 수 없는 것이라 하여, 소위 관습법상의 관리권이라 보고 있다.

결국 양자의 내용상의 주장은 다를 게 없고 단지 권리의 귀속상 차이가 있다. 다수설은 상속인에게 귀속(곽윤직, 287), 소수설은 시체·유골에 대한 관리권은 관습상 상주에 귀속된다고 본다. 생각컨데 오늘날처럼 장남=상주의 개념이 점점 희박해지는 시대적 상황을 감안해 볼 때에 또한 가족법의 개정으로 호주상속이 호주승계로 개정된 상황에서 호주상속인 또는 특수한 소유권이란 그 의미를 잃고 있다고 본다.[270)] 독일의 경우 대체적으로 시체의 물건성을 부정하고 있다.[271)] 여기서 시체의 처분행위는 무효라 할 것이나, 생전에 자기의 유해를 처분하는 것은 선량한 풍속 기타 사회질서에 반하지 않는 한 유효하다고 본다. 그리고 시체의 취급에 관하여는 경범죄처벌법(제1조 6호)과 형법(제159조 내지 제161조), 매장 및 묘지 등에 관한 법률(1961.12.5, 법률 제799조)이 적용된다.

---

269) 고, 282; 곽, 287; 장, 360.

270) 이영, 895; 김상, 316.

271) Staudinger, § 90 Rn. 19 등에서 물건성을 부정하고 있으나, 유일하게 Münchner-Komm. § 90 Rn. 31에서 시체를 물건으로 보고 있을 뿐이다.

Ⅳ. 독립성(단일성)이 인정될 것

물건은 배타적으로 지배 가능해야 하기 때문에 그 전제조건으로 독립성(Selbständigkeit)이 요구된다. 여기서 독립성의 판단은 사회통념과 관념에 따라 결정하여야 할 것이다. 특히 물권관계에서는 독립된 물건으로 보느냐가 아주 중요한 요소가 된다. 왜냐하면 물권은 일물일권주의 원칙이 적용되기 때문이다.

제2절 물건의 분류방법

Ⅰ. 물건의 일부

물건의 일부는 원칙적으로 권리의 객체로 될 수 없다. 그러나 물건의 일부에 대하여 물권을 인정할 필요가 있고, 또한 공시가 가능하거나 공시와 관계없는 경우에는 물권의 객체가 될 수 있다고 본다. 물건의 구성부분인가 또는 독립된 물건인가의 구별은 용이하지 않으나 이는 사회통념·거래관념상 결정할 문제이다.

독일민법의 경우 물건을 구성하고 있는 부분(Sachbestandteil)을 본질적 구성부분(wesentlicher Bestandteil) 즉 어는 부분을 훼손하거나 본질을 변화시키지 않고서는 분리할 수 없는 것 - 예컨대 토지의 정착물, 종자와 식물은 모두 토지의 본질적 구성부분에 속하고, 건물의 완성을 위하여 부가된 물건도 그 건물의 본질적 구성부분에 속한다 - 와, 그렇지 않은 비본질적 구성부분(unwesentlicher Bestandteil)으로 나누고 있다. 본질적 구성부분은 독립한 권리의 객체가 되지 못하며(독민 제93조), 주종을 구분할 수 없는 소유권은 공유로 본다. 물론 비본질적 구성부분도 독립한 권리의 객체가 될 수 있다.

Ⅱ. 단일물

단일물(Einzelsache)이란 형체가 단일한 일체를 이루고 각 구성부분이 개성을 잃고 있는 물건을 말한다. 예컨대, 책 한권, 닭 한마리, 소 한마리 등. 단일물은 원칙적으로 1개의 물건이다.

Ⅲ. 합성물

각 구성부분들이 개성을 잃지 않고 결합하여 단일한 형체를 이루는 물건을 말하며, 건물 · 선박 · 자동차 · 보석 등이 여기에 속한다. 합성물도 단일물과 동일하게 1개의 물건이나 소유자가 각각 다른 물건이 결합하여 합성물이 되면 부합 · 혼화 · 가공의 법리에 따라 소유권이 변동한다.

Ⅳ. 집합물

집합물(Sachgesamtheit)이라 함은 하나하나가 단일물 혹은 집합물인 다수의 물건이 집합하여 경제적으로 단일가치를 가지고 거래상으로는 일체로서 다루어지는 다수물건의 집합을 말한다. 원래 일물일권주의의 원칙상 집합물 위에는 하나의 물권이 성립할 수 없으나, 집합물을 하나로 다루어야 할 사회경제적 필요성이 인정되고 또한 적절한 공시방법을 갖추고 있다면 굳이 하나의 물권으로 인정하지 않을 이유가 없다 하겠다. 최근 일본에서는 통설과 판례에서 집합건물의 양도담보를 인정하고 있음은 우리에게 시사하는 바가 크다 하겠다. 우리나라에서도 산업계의 요청에 따라 각종의 특별법 즉 광업재단저당법 · 공장저당법 등을 통하여 예외적으로 집합물을 법률상 하나의 물건으로 취급하고 있다.

제3절 물건의 분류(강학상의 분류)

Ⅰ. 융통물 · 불융통물

사법상 거래의 객체가 될 수 있는 물건을 융통물이라 하고, 거래의 객체가 될 수 없는 물건 〔공용물(관공서의 건물이나 국공립학교처럼 국가 · 공공단체의 소유에 속하며, 국가나 공공단체에 의하여 공적목적에 사용되는 물건) · 공공용물(도로 · 하천 · 공원 · 항만 · 공항처럼 공중의 일반적 사용에 제공되는 물건)〕을 불 융통물 이라한다. 그밖에도 법령의 규정에 의하여 거래가 금지된 금제물(예컨대 아편 · 음란문서 · 위조통화 등)과 문화재보호법에 의하여 거래가 금지 또는 제한되는 국보 · 천연기념물 · 지정문화재 등이 있다.

Ⅱ. 가분물 · 불가분물

물건의 가치 혹은 성질을 현저히 손상 시키지 않고도 분리 할 수 있는 물건(예컨대, 금전 · 토지 · 곡물 등)을 가분물 이라 하고, 그렇지 않은 물건을 불가분물 이라고 한다(소 · 말 · 건물 · 골동품 등). 이 구별은 공유물의 분할(제269조 2항), 다수당사자의 채권관계(제408조 이하)에서 그 의미가 있다.

Ⅲ. 대체물 · 부대체물

거래상 개성이 중요시되지 않으며 동질 · 동종 · 동량의 물건으로 바꾸어도 급부의 동일성이 바뀌지 않는 물건(금전 · 서적 · 곡물 · 술 등)으로 소비대차(제598조 이하), 소비임치(제702조 이하)의 목적이 될 수 있다. 반면에 골동품이나 부동산처럼 대체성이 없는 물건을 부대체물 이라고 한다.

Ⅳ. 특정물 · 불특정물

물건의 개성에 착안하여 당사자의 의사에 따라 목적물로 정한 경우에 특정물이 된다. 따라서 부대체물은 특정물로서, 다른 물건으로 바꿀 수 있는 물건인 대체물은 불특정물로서 거래되는 것이 보통이다. 구별의 실익은 채권 목적물의 보관의무(제374조), 채무변제장소(제467조), 매도인의 담보책임(제570조 이하) 등에 있다. 특히 당사자의 의사에 의하여 주관적으로 구별되는 개념이다.

Ⅴ. 소비물 · 비소비물

소비물은 물건의 성질상 그 용도에 따라 한 번 사용하면 다시 동일 용도에 사용할 수 없는 물건이며, 소비대차의 목적물이 될 수 있다. 반면에 비소비물은 물건의 용도에 따라 반복 사용수익 할 수 있는 물건이며, 사용대차 · 임대차의 목적이 될 수 있다. 구별의 실익은 소비물(소비대차) · 비소비물(사용대차 · 임대차)에서 나타난다.

제4절 민법총칙상의 분류

물건의 분류로서 우리나라 민법총칙편은 「부동산과 동산」(제99조), 「주물과 종물」(제100조), 「원물과 과실」(제101-102조) 으로 규정하고 있다.

제5절 물건의 종류

Ⅰ. 동산과 부동산

1. 서 설

민법은 물건을 동산과 부동산으로 구분하고 있는데 이는 객관적인 표준에 의하여 정하여진다. 동산은 비교적 소재를 쉽사리 이전할 수 있는데 반하여 부동산은 그 자연적 성질을 변동함이 없이는 한 장소에서 다른 장소로 이동할 수 없다는 특성을 가지고 있다.

이와 같이 동산과 부동산의 자연적 성질상의 차이점은 거래상 여러 법령역에 걸쳐 그 법률상의 취급을 달리하게 되었다. 부동산은 그 경제적 가치에 있어 동산보다 클 뿐만 아니라 자본주의 사회에 있어 물적 신용의 기초를 이루게 됨으로 특별한 취급을 받게 되었다. 특히 부동산 중에서도 토지는 량적으로 유한할 뿐만 아니라 재생산이 불가능하기 때문에 그 취급의 특수성이 요청되고 있다.

그런데, 부동산의 개념이나 종류, 그 법률상의 취급에 있어서 특수성도 시대와 장소에 따라 변천을 거듭해 왔으며 거래에서 새로운 부동산의 종류와 거래형식이 끊임없이 발생되고 있다. 서양에서는 "*지상물은 토지에 따른다*"는 *法彦*에 따라 토지의 정착물, 특히 건물을 토지의 본질적 구성부분으로 보아 그 독립성을 인정하지 않았다. 이에 반하여 동양에서는 건물을 토지와 별개의 부동산으로 취급하고 있다. 현대에 와서는 동산의 부동산화 현상도 두드러지고 있어, 자동차. 항공기. 선박. 중기 등을 부동산으로 의제(준부동산)하여 동산과 달리 취급하고 있음은 그 좋은 예이다. 한편, 동산 중에서도 금전은 물건으로서의 가치에 그 본질이 있는 것이 아니라 그것이 표상하는 액면가에 의하여 그 가치가 평가되기 때문에 역시 보통의 동산과는 다르게 취급되고 있다.

Ⅱ. 동 산

1. 의 의

동산 이라함은 부동산 이외의 물건을 말한다(§ 99 II). 다시 말하면 토지와 그 정착물 이외의 모든 물건이 동산이다. 따라서 토지에 부착한 물건이라도 정착된 물건이 아니고 쉽게 그 소재를 이전할 수 있는 가식의 수목・판자

집 · 공중전화함 등은 동산에 해당된다. 관리가능한 자연력, 즉 전기 · 열기 · 냉기 · 향기 등의 무체물도 동산에 속한다.

2. 특수한 동산

금전도 그 존재형태에 있어서는 동산이지만 보통의 동산과는 달리 일정한 양의 가치의 표상수단에 불과하다. 따라서 금전은 물건으로서의 개성을 지니지 않는 추상적 가치 자체이므로 동산에 적용되는 규정가운데는 그 대부분이 금전에는 적용되지 않는다고 보아야 할 것이다. 즉 금전에 관하여는 물권적 청구권(제213-214조, 제204-206조) 과 간접점유가 인정되지 않는다. 따라서 타인의 점유에 속한 금전에 대해서는 언제나 소비대차계약, 사용대차계약 또는 부당이득에 기한 동종, 동액의 채권적 반환청구권이 인정될 뿐이다.

금전은 점유와 소유가 일치하고 있으므로 금전의 수령자는 언제나 그 소유권을 취득하게 된다. 따라서 금전은 선의취득(제249조: 평온, 공연하게 동산을 양수한 자가 선의이며 과실 없이 그 동산을 점유한 경우에는 양도인이 정당한 소유자가 아닌 때에도 즉시 그 동산의 소유권을 취득한다)의 대상이 되지 않는다.

Ⅲ. 부동산

1. 의 의

부동산이라 함은 토지 및 그 정착물을 말하는데 입법례에 따라서는 토지만을 부동산으로 하고 토지의 정착물이나 지상물은 이를 독립한 부동산으로 다루지 않는 나라도 있다(독일 §94, 스위스§ 655 · 667, 프랑스§ 517).

2. 토 지

1) 민법에서 말하는 소유권의 객체로서 토지란 무한하게 전개되는 물리적 지표가 아니라 인위적으로 구분되고 토지 대장에 1필의 토지

로 등록된 일정범위의 지면을 말한다.

2) 또한 토지의 구성물(암석 · 토사 · 지하수 등)은 토지와 별개의 독립한 물건이 아니며 토지의 소유권은 당연히 그 구성물에도 미친다.

3) 일정한 범위의 지면에 정당한 利益이 있는 범위 내에서의 상하(공중과 지하)를 포함한다(제212조). 다만 지하의 미채굴 광물은 토지소유권이 미치지 않고 광업권이라는 별개의 배타적인 권리의 목적이 된다. 그러나 여기서 미채굴 광물의 성질에 관하여 학설이 대립하고 있다. 다수설은 이를 독립된 부동산으로 보지 않고 국가의 배타적인 미채취득 허가권의 객체라고 주장하나 소수설은 국유에 속하는 독립된 부동산으로 본다.
생각건대 미채굴의 광물에 대하여 국가로 채굴취득 허가권을 가지려면 소유권이 전제되어야 할 것이므로 이론상 소수설이 타당하다고 본다.

4) 해면이나 하천은 토지와 어떤 관계에 있는가? 해면은 사소유권의 객체는 되지 않고 다만 어업권 · 공유수면 매립 등의 이용권이 성립할 뿐이다. 그리고 바다와 토지와의 분계는 어떻게 결정되는가의 문제가 있는데 공유수면관리법 제2조 제2항에서 만조수위선이 바다와 토지의 분계선임을 규정하고 있다. 하천도 역시 국유에 속하며 사인은 관리청의 허가를 얻어 하천구역을 점용할 수 있을 뿐이다.

3. 토지의 정착물

1) 토지의 정착물이라 함은 토지에 고정적으로 부착하여 쉽사리 이동할 수 없는 물건으로서 계속적으로 일정한 토지에 부착시켜서 사용되는 것이 그 물건의 거래상의 성질로 인정되는 것을 말한다. 그리고 정착물은 모두 부동산이지만 그 취급에 있어서 차이가 있다. 종래에는 거래의 관념상 토지로부터 독립성의 정도에 따라 토지와 별개의 독립된 부동산이 되는 것(건물)과, 정착하고 있는 토지의 일부에 지나지 않는 것(교량 · 돌담 · 둑)으로 분류하는 것이 일반적인 경향 이었다. 그리고 앞의 것을 독립정착물, 뒤의 것을 종속정착물이

라고 한다. 그런데 근래에 와서는 독립정착물. 종속정착물 이외에 반독립정착물을 별도로 들고 있는 견해가 유력시되고 있다

2) 현행법상 토지와 별개의 부동산으로 다루어지는 정착물에는 다음과 같은 것이 있다.

(1) 건 물

이는 토지에 정착하고 있는 건조물이며 우리나라의 경우 언제나 토지와는 별개의 부동산이다(제99조 1항). 건물은 토지의 정착물 중 가장 중요한 것이며 이를 독립한 부동산으로 다루는 까닭에 토지와는 따로 권리의 객체가 된다.

건축 중에 있는 건물이 언제부터 독립한 부동산으로 되며, 헐고 있는 건물이 언제부터 건물이 아닌 것으로 되느냐 또 건물이 몇 개냐 하는 문제는 일정한 표준이 있는 것이 아니므로 사회통념에 따라 결정할 수밖에 없다.

(2) 수목의 법적지위

① 입목법에 의힌 수목

부동산등기법에는 수목에 관하여 아무런 규정을 두고 있지 않다. 그리하여 산림에의 투자를 촉진하고 거래를 보호할 목적에서 「입목에 관한 법률」(1973.2.6, 법2484호)을 제정하였다. 이에 따라 토지에 부착된 수목의 집단으로서 그 소유자가 본법에 의하여 입목 등기부에 소유권 보존 등기를 받은 것을 "입목"이라 하고 이를 부동산으로 본다. 따라서 입목의 소유자는 토지와 분리하여 立木을 양도하거나 이를 저당권의 목적으로 할 수 있으며(동법 제2조 · 3조), 토지소유권이나 지상권 처분의 효력은 立木에 미치지 아니한다. 소유권보존등기는 반드시 1필의 토지에 생육하는 수목의 집단이어야 하는 것은 아니며 1필 토지 일부분에 부착된 수목의 집단이라도 상관이 없다.

② 명인방법에 의한 수목의 집단

모든 수목의 집단이 立木法의 적용을 받는 것이 아니며 소유자가 원하는 경우에만 그 적용을 받을 뿐이다. 따라서 立木法의 적용을 받지 않는 수목의 집단이 있게 되는데 이러한 수목의 집

단도 어느 정도의 독립성을 가지는 것으로서 관습법상의 명인방법으로 특수한 공시방법을 갖추어서 소유권의 객체가 될 수 있다.

(3) 미분리의 과실

미분리의 과실(과실의 열매 · 엽연초 · 입도 · 상엽 등)은 수목의 일부에 지나지 않으나 이에 대하여 「명인방법」을 갖춘 때에는 독립한 부동산으로 거래의 목적이 될 수 있다. 그러나 이들은 아주 가까운 장래에 쉽게 동산으로 될 것으로 예상이 되므로 이를 동산으로 봄이 타당하다는 의견(곽윤직, 310면)이 있다.

(4) 기타의 수목

입목법에 의한 입목을 제외한 그 밖의 수목이나 수목의 집단의 경우에도 미분리의 과실과 마찬가지로「명인방법」이라는 관습법상의 공시방법을 갖추면 토지와 독립하여 거래할 수 있다.

(5) 농작물

토지에 경작 · 재배되는 각종의 농작물은 토지의 본질적 구성부분으로서 토지의 일부에 지나지 않는다. 다만 정당한 권원에 의하여 타인의 토지에 경작.재배한 경우에는 그 농작물은 토지에 부합되지 않고 토지로부터 독립한 별개의 부동산으로 다루어지게 됨은 부합에 관한 民法 제256조 단서의 규정으로 보아 명백하다. 다만 대법원판례가 농작물에 대하여는 예외를 인정, 비록 권원 없이 재배하였다 하더라도 그 농작물의 소유권은 명인방법에 관계없이 언제나 경작자에게 있다고 보고 있어(대판 1963.2.21, 62다913; 대판 1965.7.20, 65다874; 대판 1967.7.11, 67다893; 대판 1968.6.4, 68다613,614; 대판 1969.2.18, 68도906), 그 한도에서는 농작물은 토지와 별개의 독립된 부동산으로 다룬다. 이러한 판례의 입장에 대하여 곽윤직 교수는 비판적 견해를 가지고 있으나(곽윤직, 311), 오늘날 지가의 상승을 기다리며 경작을 포기한 유휴토지가 적지 않고 또 비록 타인의 토지에 경작했다 하더라도 불과 몇 개월 후면 수확이 가능한 농작물에 대해서는 경작자에게 소유권을 인정하여 경작물의 수확을 보호하는 것이 국가 · 사회경제적으로 타당하다고 생각된다(동지, 김상용 330면).

4. 의제부동산

자동차 · 항공기 · 선박 · 중기 등은 그 본래상의 모습은 동산임에 틀림없으나, 그 경제적 의의가 부동산과 비슷함으로 법률상 특히 부동산으로 다루어지는 경우가 있다. 따라서 이들에 관한 권리관계는 등기 · 등록으로 공시한다.

Ⅳ. 동산 · 부동산 구별의 실익

동산과 부동산은 여러 법 영역에 있어서 다르게 다루어지기 때문에 그 구별은 물건의 분류 가운데에서도 가장 기본적이고 또한 중요한 것이다. 양자의 법률상의 차이 내지는 구별의 실익은 다음과 같다.

1. 공시방법

동산은 그 장소를 이전하기 쉬운데 반하여 부동산은 그러하지 못하다는 자연적인 성질상의 차이로 말미암아 공시방법을 달리한다. 즉 부동산 권리관계는 등기부에 공시하는데 적합하나 동산에 대하여는 그러한 공시가 어렵다. 그리하여 동산에 대하여는 사실적 지배인 점유를 공시방법으로 하고 있다.

2. 물권변동의 효력

부동산 물권변동에 있어서는 등기(민법 제186조)를, 동산의 물권변동에 있어서는 인도(民法 제188조- 제190조)를 그 성립요건으로 한다.

3. 상린관계의 유무

부동산 물권에는 상린관계의 규정이 있으나(제215조-제244조), 동산에는 이러한 규정이 없다.

4. 공신력의 유무

부동산의 등기에는 공신력이 없으나, 동산의 점유에는 공신력이 인정된다(제249조의 선의취득).

5. 소유권의 취득

1) 취득시효 기간

부동산소유권의 취득시효기간은 10.20년이나(제245조), 동산소유권의 경우는 5. 10년이다(제246조).

2) 선점의 효력

무주의 부동산은 선점의 대상이 되지 않고 국유로 되나(제252조 제2항), 무주의 동산은 선점에 의하여 소유권을 취득할 수 있다(제252조 제1항).

3) 부합의 효력

부동산의 부합에 있어서는 부동산 소유자가 부합한 동산의 소유권을 취득한다(제256조 본문). 이에 반하여 동산간의 부합에 있어서는 부합한 동산 사이에 주종을 구별할 수 있는 때와 구별할 수 없는 때로 나누어 그 效力을 달리한다. 주종을 구별할 수 있는 때는 주된 동산의 소유자가 합성물의 소유권을 취득하고(제257조 전단), 주종을 구별할 수 없는 때에는 각 동산의 소유자는 부합 당시의 가액의 비율로 합성물을 공유한다.

4) 가공의 효력

타인의 동산에 가공 한때는 그 물건의 소유권은 원칙적으로 원재료의 소유자에게 귀속한다(제259조 제1항). 부동산에 관하여는 가공은 인정되지 아니한다.

6. 제한 물권의 설정

지상권 · 지역권 · 전세권 · 저당권 등은 부동산 위에(제279조 · 제291조 · 제303조 제1항 · 제356조), 질권은 동산위에 설정된다. 유치권만은 동산 · 부동산 모두에 성립하므로(제320조 제1항), 이점에 있어서는 차이가 없다.

7. 환매의 기간

부동산의 환매의 기간은 5년을 넘지 못하나, 동산의 경우에는 그 기간이 3년이다(제591조).

8. 임대차의 등기

부동산 임대차에 있어서는 당사자 사이에 반대 약정이 없으면 등기할 수 있으나(제621조 제1항), 동산의 경우에는 이러한 특칙이 없다. 부동산 임대차를 등기 한 때는 그 때부터 제3자에 대하여 효력이 있다.

9. 강제집행의 절차

부동산에 대한 강제집행은 강제경매. 강제관리(민사소송법 제599조)에 의하나, 동산의 경우에는 압류에 의한다(민사소송법 제525조).

10. 재판관할의 특칙

부동산에 관한 소는 그 부동산 소재지의 법원에 제기할 수 있으나 동산의 경우에는 이러한 특칙이 없다.

Ⅴ. 주물과 종물

1. 의 의

물건의 소유자가 그 물건의 경제적 가치를 높이기 위하여 자기 소유의 다른 물건을 이에 부속시켜 보조적으로 이용하는 경우가 있는데, 이 경우 그 물건을 주물이라 하고 보조적 물건을 종물이라 한다.

2. 종물의 요건(제100조 제1항)

1) 주물에 부속되어 있어야 한다. 주물·종물은 장소가 밀접한 관계를 지녀야 한다는 것이 통설· 판례[272]의 입장이다.
2) 동산·부동산을 불문하고, 독립한 물건이어야 한다. 따라서 종물은 주물의 구성성분이 아니다.
3) 종물은 주물의 상용에 이바지하여야 한다. 예컨대, 배와 노, 시계와 시계 줄처럼 사회통념상 계속하여 주물의 경제적 가치를 높이는 작용을 하여야 한다.
4) 주물과 종물은 모두 동일한 소유자에게 속하여야 한다. 물론 제3자의 권리를 침해하지 않는 범위 내에서 주물·종물 상호간의 경제적 효용을 중시하여 다른 소유권자에게 속하는 물건도 종물이 될 수 있다(통설).

3. 종물의 효과

1) 종물은 주물의 처분에 따른다(제100조 제2항).
2) 본조는 강행규정이 아니다는 것이 판례의 입장이다.[273]
3) 주물에 저당권이 설정된 경우, 저당권 설정당시와 설정 후의 종물에 저당권의 효력이 미친다(제358조).

4. 종물이론의 유추적용

권리상호간에도 주물과 종물이론은 유추적용된다. 따라서 원본채권이 양

---

272) 대판 1956.5.24, 4288민상 526.
273) 대판 1978.12.26, 78 다 2028.

도되면 이자채권도 양도 된다.[274)]

Ⅵ. 원물과 과실

1. 의 의

물건으로부터 생기는 경제적 이익을 과실이라 하고, 과실이 생기게 하는 물건을 원물이라고 한다. 과실은 물건자체(천연과실)에서 또는 사용대가로부터 발생하는(법정과실) 이익 이므로 권리의 과실(주식배당금, 특허권의 사용료 등)은 과실이 아니다.

2. 천연과실

물건의 용법에 의하여 수취되는 것을 천연과실이라 한다. 이는 자연적으로 생산되는 경우와(과일의 열매, 우유, 말의 새끼 등), 인공적・무기적으로 수취되는 물건(석재・토사 등)이 있다.

1) 천연과실의 귀속

천연과실은 그 원물로 부터 분리하는 때에 이를 수취한 권리자에게 속한다(제102조 제1항).

2) 수취권자

수취권자는 원칙적으로 원물의 소유자(§ 211)이며, 예외적으로 선의의 점유자(§ 201), 지상권자(§ 279), 전세권자(§ 303), 류치권자(§ 323), 질권자(§ 343), 저당권자(§ 359), 매도인(§ 587), 사용차주(§ 609), 임차인(§ 618), 친권자(§ 923), 수유자(§ 1079)에게도 인정된다.

---

274) 同旨, 大判 1992.7.14, 92 다 527.

3) 미분리의 천연과실

미분리 과실도 명인방법을 갖춘 때에는 독립한 물건은 아니지만 독립성이 인정되어 타인의 소유권의 객체가 된다.

3. 법정과실

임대차에서 얻는 사용료처럼, 물건의 사용대가로 받은 금전 기타의 물건을 법정과실이라 한다.

1) 이자는 법정과실인가?: 금전도 물건이므로 그 이용대가인 이자도 법정과실이라는 입장이 다수설이다. 이에 대하여 이자는 물건의 수익이 아니고 원본채권의 수익이므로 법정과실은 아니나, 그 귀속에 관하여 제102조 2항을 유추적용한다는 입장이 있다.
2) 원물은 물건이어야 한다. 따라서 권리사용의 대가 · 주식배당금 · 로동의 대가 등은 법정과실이 아니다.
3) 법정과실은 수취할 권리의 존속기간 · 일수의 비률로 취득한다(§102 II).

著者略歷

蘇 在 先

Ludwig-Maximilans-Universität München(Dr.iur : 法學博士)

- 현 경희대학교법과대학교수
- 사법시험위원 · 행정고등고시위원 · 외무고등고시위원 · 입법고시위원
- 변리사시험위원 · 서울 · 대구 · 대전 · 경기도(지방고등고시) 시험위원
- 행자부5급승진시험 · 공인감정평가사 · 노무사 · 보험중개사 · 공인중개사 등 시험위원 역임
- 법무부민법개정심의위원회위원
- 현 한국민사법학회부회장, 한국법학교수회 이사
- 기타 한국부동산법학회부회장,한국비교사법학회이사 · 한국인터넷법학회섭외이사, 한국가족법학회총무이사 등 역임

신민법총칙론 (상)

발 행 일	초판 1쇄 2006. 3. 15.
	초판 2쇄 2007. 3. 12.
저 자	소 재 선
발 행 인	조 인 원
발 행 처	경희대학교 출판국
등 록 번 호	1977년 11월 8일 제6-5호
주 소	(130-701) 서울시 동대문구 회기동 1번지
전 화	(02) 961-0106 / 7
팩 스	(02) 962-8840
이 메 일	khup@khup.com
홈 페 이 지	http://www.khup.com
인 쇄 처	한다문화 Tel. (02) 961-7500 Fax. (02) 961-7400 Email. handapp@hanamail.net

ISBN 89-8222-224-3(93360) 정가 15,000원